U0084046

清代散見戲曲史料彙編

（詩詞卷・二編）（下）

趙興勤、趙韡　編

目次

陳聶恒

陳聶恒，生卒年不詳。原名魯得，字曾起，一字秋田，江蘇武進人。康熙三十九年（1700）進士，官荔浦縣知縣。遷刑部主事，改檢討。著有《栩園詞》三卷。見《國朝詞綜》卷一七、《（乾隆）江南通志》卷一四二、《詞林典故》卷八等。

【定風波·觀演一種情】

玉鏡臺前誓欲寒。人間聊復博餘歡。畫艇濤聲和夢卷。魂斷。遊仙容易見郎難。　　貧婿如珠應妹伴。休怨。妾身無那是緣慳。燈下兩行紅粉淚。須記。有情原不礙生天。（南京大學中國語言文學系《全清詞》編纂研究室編：《全清詞·順康卷》第十八冊，中華書局 2002 年版，第 10389 頁）

【南浦·春夜演牡丹亭】

細雨落花天，繡簾開，幾縷衣香吹透。春色正嫣然，憑誰說，愁思不勝殘酒。銷魂院本，筵前還與拈紅豆。腸斷牡丹亭畔路，又引淚痕霑袖。　　東風休信多情，但飄綿、拂水便成烏有。纔聽一聲歌，梅梢影、已似畫堂人瘦。關心到此，那須敧枕無憀後。燈下相看渾似夢，也只小眉長鬮。（南京大學中國語言文學系《全清詞》編纂研究室編：《全清詞·順康卷》第十八冊，中華書局 2002 年版，第 10402 頁）

【散天花·汴梁客舍觀女伶演陳圖戲題】

一笑無端倚晚風。戰袍偷著就，面生紅。分明兒女亦英雄。腰肢渾似柳、解彎弓。　　百尺靈旗裊斷虹。木蘭祠畔路，汴州通。花黃貼就一軍空。今宵歌版裏、畫難工。（南京大學中國語言文學系《全清詞》編纂研究室編：《全清詞·順康卷》第十八冊，中華書局 2002 年版，第 10420 頁）

【虞美人·未信堂觀劇】

簷前疏雨筵前舞。添得愁無數。樓頭一任鼓三通。誰說江南肯到、夢魂中。　　文書鍼線空憔悴。負了交紅被。封侯覓與待如何。悔不由人燈下看橫波。（南京大學中國語言文學系《全清詞》編纂研究室編：《全清詞·順康卷》第十八冊，中華書局 2002 年版，第 10430～10431 頁）

程　庭

　　程庭，生卒年不詳。字且碩，號若庵，安徽歙縣人，寄籍江蘇揚州。陸陸堂曰：「君以茂閥而具英姿，於書無所不窺，汰其渣滓，味厥精英，淡宕者如韋，沉著者如杜，縱橫奇闢者於昌黎、昌谷間自標一格。」著有《若庵詩》。見《淮海英靈續集》巳集卷三、《晚晴簃詩匯》卷六四等。

【念奴嬌·六月十五夜集家叔父園亭聽劉蔣諸生絃管】

　　　　槐陰移砌，漸火旗捲盡，楚天初暮。怪底一輪偏皎潔，此夜恰逢三五。素盎調冰，並刀斫鱠，渴飲雄於虎。茫茫宇宙，且休評論今古。　　笑指座上狂奴。龜年懷智，君等差堪語。我頗能聽還善顧。唱到銷魂休誤。響进珠圓，輕憐鶯脆，不絕真如縷。玉簫風起，空庭糝滿清露。（南京大學中國語言文學系《全清詞》編纂研究室編：《全清詞·順康卷》第十九冊，中華書局 2002 年版，第 11102 頁）

【沁園春·秋夜聽客話隋唐遺事】

　　　　清酒盈樽，樺燭成行，散髮披衣。喜茆齋水靜，無煩絲竹，狂奴簪盍，有客雄奇。一代興亡，千秋感慨，大業繁華漫再提。而今剩，剩花名遺觀，國號留堤。　　何堪細數流離。便無數、烽煙葬粉脂。聽清清宛宛，江頭夜語，淒淒戚戚，城上烏啼。話到傷心，人逢小醉，拂袖無言罷酒巵。褰簾看，看長天似墨，細雨如絲。（南京大學中國語言文學系《全清詞》編纂研究室編：《全清詞·順康卷》第十九冊，中華書局 2002 年版，第 11102～11103 頁）

【沁園春·醉後題雉皋女史羅帕】

　　　　夜如何其，街鼓鼕鼕，庭院深深。恰衣纈繽紛，璧人斜倚，湘簾蕩漾，粉月低臨。屏當鷗夷，安排伯雅，不放狂奴淺淺斟。銀箏畔，縱一聲長嘯，作老龍吟。　　暗中雪鬢相侵。盡揮卻、牀頭買笑金。論近婦飲醇，英雄末路，提戈肘印，志士初心。紅袖飄零，青衫潦倒，愁濺柔腸總不禁。相看笑，算茫茫今古，爾我知音。（南京大學中國語言文學系《全清詞》編纂研究室編：《全清詞·順康卷》第十九冊，中華書局 2002 年版，第 11103～11104 頁）

【滿江紅·雙村席上贈陳生用迦陵為陳郎書扇頭韻】

　　　　自哂蕪詞，非秦七、又非黃九。空傳徧、錦堂風月，春江花酒。

倒甕醉余湖海客，調絃愛爾箏琶手。恁清歌，欲覓向人間，何曾有。

蓮漏促，敲還又。玉山映，明還秀。似當年張緒，風流依舊。生為曲師張端文弟子。鳳管淒清逢入破，鸞鎗摘取頻搔首。笑看余，揎袖舞黃鼉，郎當醜。（南京大學中國語言文學系《全清詞》編纂研究室編：《全清詞·順康卷》第十九冊，中華書局 2002 年版，第 11115～11116 頁）

【鵲踏花翻·午日觀劇同海樵禾弟賦】

榴簇紅巾，蒲抽綠劍，雲鬟低顫釵符小。還將半撚輕綃，一寸香羅，砂囊黟虎安排巧。女兒節候最關情，狂奴心性猶年少。　　買笑。喚取龜年賀老。舞衫紈扇清歌繞。怕向翠影簾前，桐花一樹，夢裡閒情攬。畫堂纔徹斷腸聲，蠻箋早定銷魂稿。（南京大學中國語言文學系《全清詞》編纂研究室編：《全清詞·順康卷》第十九冊，中華書局 2002 年版，第 11118 頁）

華　侗

華侗，生卒年不詳。字子願，號鏡幾，江蘇無錫人。著有《春水詞》。見《全清詞·順康卷》第十九冊。

【摸魚兒·和萬紅友登亦園翠巘樓望雪韻時家伶奏粲花主人雜劇】

綴枯林、雪花遮瘦。江梅難把春逗。幾回呵筆尋吟思，怯冷復籠雙袖。冰疊岫。算只有、圍爐佳會消寒九。良朋聚首。即典去焦琴，燒殘絳蠟，須進百壺酒。　　輸君處，壓倒詞壇作手。老余羞附詩叟。瑤卮紅映酡顏好，白髮飄蕭如繡。樓似舊。曾學取、粲花五種教兒奏。風流先後。到舞榭歌臺，撫今追昔，能不黯然否。（南京大學中國語言文學系《全清詞》編纂研究室編：《全清詞·順康卷》第十九冊，中華書局 2002 年版，第 11134 頁）

【千秋歲·聽琵琶婦作伊涼調】

撥如鶴唳。此調悲歡備。青海月，黃塵彎。傳來曹穆手，翻出伊涼吹。方轉軸，離離便有深秋意。　　白髮開元事。紅豆珠簾記。絃下語，風中碎。雪從纖指落，梅自餘音墜。彈再否，老夫已下江州淚。

（南京大學中國語言文學系《全清詞》編纂研究室編：《全清詞·順康卷》第十九冊，中華書局 2002 年版，第 11134 頁）

郭元釪

郭元釪（？～1722），字于宮，號雙邨，江南江都（今江蘇揚州）人。諸生。康熙己卯（三十八年，1699）南巡獻詩，奉旨取入纂修館，預修《佩文韻府》。又奏請編輯《全金詩》，授中書科中書。學博思深，詩筆奇險。商邱宋牧仲舉稱爲異才。著《拙適軒集》四卷、《一鶴菴集》五卷、《牛鳴雙邨集》若干卷。見《淮海英靈集》丙集卷一、《清詩別裁集》卷二五等。

【十番詞】

秋煙絡空月如水，小氎紅雲吹不起。酒闌歌倦燈地紅，溷漾一聲群耳喜。鼓師雙杖懸黃檀，兩手病瘋頭青山。篷奴揭調飛霜吻，不怕空雲裂成粉。雙銅戛手如風颯，間以丁星響嘈雜。紅魚數鳴板稀打，小鑼聲荒大鑼啞。幺頭風韻似聯珠，七事爭能不相下。初如秋檐滴淋漉，又似晴空雲斷續。忽聞萬騎宵同馳，手如急雨心不知。茫洋醉骨蕩無主，似見蓮心柘枝舞。繡窠齊露彩雲飛，風際落花開復聚。迴旋頓折疾於鴻，縱處鼓床疑碎乳。孤程壯士歸飛鳥，老婦鰥魚江浩眇。繁聲促節正宜人，萬籟忽沉天地悄。斟酌橋西半塘寺，紅簾小舫圍珠翠。宣徽弟子有新聲，常恐惺靈畫脂記。何年此曲成金屑，又撇圓鼕彈雨雪。（《江左十五子詩選》卷十五，鄧之誠：《清詩紀事初編》上冊，上海古籍出版社1984年版，第509頁）

林佶

林佶（1660～？），字吉人，號鹿原，福建侯官人。受業於汪編修琬。拔貢入成均，受詩於王尚書士禛。時王司農鴻緒總裁《明史》，延佶與鄞縣萬斯同商訂編輯。康熙乙卯（十四年，1675）舉於鄉，丙戌（四十五年，1706）特旨入直武英殿鈔寫御製詩文集。壬辰（五十一年，1712），欽賜進士第一，官內閣中書舍人。分纂《詩經說傳》、彙纂《子史菁華》，陳相國廷敬、徐司寇乾學、宋冢宰犖先後推轂。家多藏書，乾學刻《通志堂經解》、朱檢討彝尊選《明詩綜》，皆就傳抄。佶博覽群書，爲文尤得於韓、曾，著有《樸學齋詩文集》，潘檢討耒爲之序。又《焦山古鼎詩》、《甘泉宮瓦詩》各一卷，刻入《昭代叢書》。性喜金石，工篆隸、行楷。見《閩中書畫錄》卷一〇、《書畫鑒影》卷一六、《國朝詩人徵略》卷二一、《全閩詩話》卷九等。

【聞大梁歌者】

繁聲入破徵聲傷，嗚咽笙簫斷客腸。不識憲王新樂府，汴京舊曲恁悲涼。(《樸學齋詩稿》卷九，清乾隆九年家刻本)

談九敍

談九敍（1660～？），字功惟，號是山，浙江德清人。康熙年間知歸德府，素負重望。爲政尚雅，治郡舊有文雅臺，相傳孔子過宋桓司馬伐檀處，九敍倡建習禮祠，復自爲文，立碑紀之。後又曾任湖北安陸知府、戶部員外郎、郎中、刑部郎中等。著有《是山詞草》。見《（乾隆）續河南通志》卷四九、《（同治）湖州府志》卷七三等。

【洞仙歌·聞鄰家演劇有懷】

竹爐初暖，正燈昏如醉。深院無人小門閉。問誰家、年少擁座笙歌，偏攪我，一枕薔騰酣睡。　　尋聲知未遠，淡月疏風，咫尺銀牆似天際。依約記前宵，扇底簾邊，橫覷著、兩行紅翠。想此夜、華堂怕分司，只膩粉濃香，鬧轟轟地。(南京大學中國語言文學系《全清詞》編纂研究室編：《全清詞·順康卷》第十八冊，中華書局 2002 年版，第 10467 頁)

【滿庭芳·胡苕山先生席間觀演小忽雷傳奇】

（其一）簪笏三千，笙簫一部，年來合醉歡場。紅尊翠蠟，風物不尋常。更聽新翻樂府，朱絃撥、舊事茫茫。關心處，短歌日短，長恨又情長。　　淒涼。還自解，詩人已老，淪落何妨。況名傳脂粉，焰觸貂璫。只怪檀槽半面，無端甚、釀禍流芳。今宵記，笛邊花底，明月爛秋堂。

（其二）長慶才人，宜春妓女，風流能幾逢場。悲歡寵辱，世事更無常。慣是文章綺麗，傷心極、轉益蒼茫。停杯候，塞笳樓鼓，多半怨宵長。　　疏狂。聊復爾，清平絲管，沉醉何妨。有團圞裙屐，燦爛珠璫。莫問城高韋杜，花間路、蘭菊齊芳。求羊侶，連宵達旦，鄉語熟轟堂。(南京大學中國語言文學系《全清詞》編纂研究室編：《全清詞·順康卷》第十八冊，中華書局 2002 年版，第 10472 頁)

【五福降中天·午日飲一畝園觀劇】

槐陰綠罩歌臺遍，涼過月宮水府。簾是冰垂，盤還玉徹，忘卻薰

風當午。去年此日。有泛座蒲觴，綴釵艾虎。也勝投湘，擘黍學楚人懷古。　　何況今番簫鼓。是相思紅豆，重新譜。畫粉裙兒，銀泥扇子，最好梨園舊部。問誰解得，蘭珮香生，菱舟曲度。客散花闌，恰歌雲致雨。（南京大學中國語言文學系《全清詞》編纂研究室編：《全清詞・順康卷》第十八冊，中華書局 2002 年版，第 10480 頁）

孫在中

孫在中（1660～？），字孚尹，歸安（今浙江湖州）人。康熙甲子（二十三年，1684）舉人，官刑部郎中。見《兩浙輶軒續錄》卷三。

【聲聲慢・聽三絃】

一聲撥刺，似綠窗中，有個絮語商量。那更嬌癡未了，掩抑摧藏。把離愁千萬種，背殘燈、訴出淒涼。撩人處，重衾幽夢，怨煞更長。　　慢撚欲縈紅袖，纖指快彈，恍澗水淙淙。宛轉梁州，入破裏、倍難忘。剩有關山客恨，聽根根、那禁彷徨。香筵散，畫屏銀燭醉誰旁。（南京大學中國語言文學系《全清詞》編纂研究室編：《全清詞・順康卷》第十八冊，中華書局 2002 年版，第 10504 頁）

【河滿子・贈歌妓】

粉臉偏宜酒暈，纖腰似怯羅單。一種幽情空自惜，獨憐吹氣如蘭。妖冶自堪遺世，行雲合住巫山。　　掌上留仙裊裊，江皋解佩珊珊。曲罷泥人無限意，琵琶懶向人彈。記取善和坊裏，芳名舊是端端。（南京大學中國語言文學系《全清詞》編纂研究室編：《全清詞・順康卷》第十八冊，中華書局 2002 年版，第 10505 頁）

【青衫濕・聽琵琶】

紅簾翠幙情搖漾，聽徹小梁州。悽悽如訴，潯陽江上，少婦磯頭。　　檀槽乍切，泠然一曲，深院悲秋。坐中狂客，天涯無侶，且語卿休。（南京大學中國語言文學系《全清詞》編纂研究室編：《全清詞・順康卷》第十八冊，中華書局 2002 年版，第 10518 頁）

【浣溪紗・贈歌童】

秀色天成妬粉腮。月魂花魄兩依依。當筵解語乞新詞。　　花似

六郎花怯豔，柳如張緒柳輸姿。雛鶯啼斷最柔枝。（南京大學中國語言文學系《全清詞》編纂研究室編：《全清詞·順康卷》第十八冊，中華書局 2002 年版，第 10537 頁）

顧嗣協

顧嗣協（1663～1711），字迂客，江南長洲（今江蘇吳縣）人。官新會知縣。其詩才不在令弟秀野太史下。著有《依園詩集》，編有《岡州遺薰》等。見《國朝詩人徵略》卷二〇、《（道光）廣東通志》卷二五七等。

【五月四日舫齋觀競渡詩五首（之三）】

宛轉歌喉字字圓，銷魂一曲酒如川。阿儂不解聽新調，只喜舟人唱《採蓮》。（《依園詩集》卷二，清康熙刻本）

唐祖命

唐祖命（1663～1719），字薪禪，一字心傳，江蘇武進人。早年入擊筑社，盛傳都門。屢試不第，遂乃彈鋏遠遊，歷中原之蒼莽，挹江左之風流，有聲詞壇。著有《婋花詞》一卷、《萍草刪存》三卷及《續集》。見《全清詞·順康卷》第十八冊、《（光緒）武進陽湖縣志》卷二八等。

【婋人嬌·優人乞題傳奇目首】

象管銀笙，天上一聲飄落。虒虒畔、鶯翻燕掠。龜年懷智，正樓開花萼。算世事、富貴何如行樂。　　得醉爲佳，勳名糟粕。看一隊、弓刀衛霍。英雄兒女，止供人嗤嚛。憑喚取、釜底黃粱須覺。（南京大學中國語言文學系《全清詞》編纂研究室編：《全清詞·順康卷》第十八冊，中華書局 2002 年版，第 10645 頁）

【滿庭芳·四並堂聽曲次枋齊叔韻】

月浸薔薇，珠凝菡萏，一庭花影生寒。幾行賓從，公子號西園。杯泛葡萄百斛，宵分也不耐安眠。歌聲起，師師舉舉，斜立醉中看。

粉牆低壓處，烏衣門巷，別樣今年。任玉簫檀板，冶興無邊。我亦疏狂似昔，曾消受、月下星前。休追憶，罡風吹散，舊夢已如煙。（南京大學中國語言文學系《全清詞》編纂研究室編：《全清詞·順康卷》第十八冊，中華書局 2002 年版，第 10647～10648 頁）

姚士陞

姚士陞（1664～1699），字別峰，一字玉階，江南桐城人。康熙三十二年（1693）舉人。工詩文，多材藝，卒年三十六。士陞少隨父宦秦、越，得朋友、江山之助。其詩不名一家，而緣景會情，曲折善肖。同里張文端公偶攜其詩至直廬，時澤州陳相國、華亭王司農、靜海勵司寇皆擊節稱賞，交口呼才子不置。著有《空明閣集》。見《清詩別裁集》卷一七、《國朝詞綜》卷一六、《國朝詩人徵略》卷一六、《（光緒）重修安徽通志》卷二二三等。

【晝錦堂·月夜彈箏有感】

酒冷燈殘，欲眠不得，三更斜月高樓。聊撥秦箏一曲，寫我心憂。誰道斷腸聲譜出，助蕭疏、四壁皆秋。從何處，少年閒事，轆轤轉上心頭。　　溫柔。西泠夜，無人處，碧桃花下藏鉤。輸與紅兒一拍，賣盡風流。比似而今成老大，牧之夜夜夢揚州。眞多事，知否落紅飛絮，好在還休。（南京大學中國語言文學系《全清詞》編纂研究室編：《全清詞·順康卷》第十六冊，中華書局 2002 年版，第 9625 頁）

【念奴嬌·汪孔十齋中夜飲孔十弄笛余歌尋夢一曲曲未終涕泗漬衣裾矣是曲乃喻二楚丹授余者今楚丹死已三年悽愴之餘走筆成句聊當招魂】

孤城寒夜，剩一燈相照，蕭然四壁。卿說破愁聊作達，高據胡床吹笛。婉轉香詞，低微檀板，泠泠湘靈瑟。忽焉不樂，青衫搵淚都濕。　　卿問傷心何事，吾爲若語，一往頭堪白。莫道銷魂因此曲，珍重故人傳出。一代人豪，半生客死，不哭如何得。借將巵酒，一滴招之今夕。（南京大學中國語言文學系《全清詞》編纂研究室編：《全清詞·順康卷》第十六冊，中華書局 2002 年版，第 9629 頁）

陳　葇

陳葇（1664～1711），字玉文，江南吳江（今江蘇吳江）人。康熙丁丑（三十六年，1697）進士，官桐廬知縣。桐廬地瘠民貧，浙耗鹽稅獨重。葇至，盡爲減除。治獄明敏善斷。在任六年，政聲遠聞。丁外艱歸，卒。葇少從吳祖修學詩，得其指授，與同邑周振業、周龍藻、陳沂震、許運昌皆以詩名。其在桐廬，當政務之暇，登臨山水，嘯詠自適，詩益清眞淡遠。著有《雪川詩稿》。見《清詩別裁集》卷一八、《（同治）蘇州府志》卷一〇六等。

【桐江竹枝詞三十首有序（之二十九）】待罪桐邑，已逾四載。中間洊罹水

旱，上下郊原，流覽風土，凡觸於目而有感於心者，輒作數語記之，病嬾不暇詮次。今歲躅租，遂無一事，因敘述前語，復益以鄉謠里諺之可錄者，前後得絕句三十首，名之曰《桐江竹枝詞》，質俚無文，不足以備采風之選。庶吾民作苦之餘，歌之以自勞焉。乙酉人日，清美堂書。

簫鼓田頭祭賽忙，鐘山米白酒如漿。一年辛苦今宵醉，齊到祠中看戲場。鐘山鄉去縣治三十里，產糯米。鄉各有土地祠一所，農畢輒演劇祠中。

（《雪川詩稿》卷七「桐江集下」，清康熙鴛湖蘇嘯堂刻本）

張符驤

張符驤（1664～1727），字良御，號海房，江蘇泰州海安鎮人。康熙辛丑（六十年，1721）進士，翰林院庶吉士。符驤賦姿穎異，十歲即能為驚人語。長而博極羣書，年二十補郡博士弟子員。論學篤信程、朱，文筆法震川。康熙南巡，獻《竹西曲》，京江張文正公第其詩一等。年五十貢入成均。甲午舉京兆，辛丑成進士，改庶常。在館三年，以祖宗邱墓為念，遂乞休歸里。林居四載，編輯宗譜，獎勵後輩，遊其門者益眾。少時焚券宦遊，後貧約如故。不私謁當事，然勸濬河道、懇修范堤，有益鄉里之事，嘗力言之。黃山閔賓連卒廣陵，符驤葬之蜀岡，為其子續娶，以延宗祀。表章節烈，必使其人有傳。生平於是非二字不肯含糊，力闢姚江之說。與其師友辨析，不遺餘力。後鄉會及廷對諸策，皆指陳精鑿，其究心理學如此。所著有《依歸集》十卷行世。餘集尚多，貧未能全刻。見《淮海英靈集》甲集卷三、《碑傳集補》卷八等。

【百字令・鴻雪堂聽歌追懷巢民】

徵歌縱酒，只區區、不壞吾生名節。樂部忍教零落盡，雲散風流嬌怯。卻喜今朝，仍如舊樣，嫵媚無差別。檀槽漫撚，聽來妙處難說。　　依稀還樸齋頭，冒家花乳，興廢堂前月。一輩詞人皆老去，孤負燕鶯稠疊。怪雨盲風，柔絲脆竹，觸着心都折。割愁何術，莫遣差之毫髮。（張宏生主編：《全清詞・順康卷補編》第三冊，南京大學出版社 2008 年版，第 1711～1712 頁）

費錫璜

費錫璜（1664～？），字滋衡，新繁（今四川新都）人，寓居江蘇江都。錫璜為費此度密次子，豪放不羈，詩如其人。好為古樂府，沈文愨稱其蒼蒼莽莽，時有古音。此度有《北征》詩述亂離中事，錫璜亦有《北征哀歡曲》，至二千一

百字，自謂心血橫流，吟成鬼泣。嘗登之罘，投詩於海，痛哭而返。著有《掣鯨堂詩集》、《道貫堂文集》等。見《（雍正）四川通志》卷一〇下、《清詩別裁集》卷二五、《國朝詩人徵略》卷二〇、《晚晴簃詩匯》卷四〇等。

【劉三妹】劉三妹，不知何時人。善歌，能通苗峒侏禽之音，而雜以漢語，聲絕艷麗。其時有白鶴秀才亦善歌，與三妹登粵西七星岩互相歌荅，聲振林谷，諸苗峒男婦數千人往聽，皆迷蕩忘歸。已而歌聲寂然，見兩人亭亭相對，化為石矣。諸苗皆仿其音為歌，歌者必先祀劉三妹焉。月明星稀之夜，猶仿佛聞歌聲出於巖際。南山別有劉三妹洞，遊人遙呼三妹妹，幽官輒應。苗歌有云：「讀詩便是劉三妹」，則其來久矣。

　　劉三妹，歌何艷，化為山頭石，與郎長相見。

　　白鶴郎，歌何媚，化為山頭石，與妹長相對。（《掣鯨堂詩集》卷三「樂府三」，清康熙刻本）

【王微波】王微波，金陵名妓，桐城孫武公暱之。己卯七夕，大集群妓秦淮水閣，梨園子弟三班駢演院本，名輩品藻花案，以微波為狀元。余澹心贈詩云：「月中仙子花中王，第一姮娥第一香。」微波繡之帨巾，不去手。後蔡香君以三千金買歸。香君為廬州太守。張獻忠破廬，擄至營中，甚寵之。俄以事忤獻忠，蒸其首以享羣賊。

　　人間無薛濤，眾女掩面走。秦淮王微波，名壓白門柳。脇袜榴花紅，繡字不去手。蝶飛緗粉欄，藥黏聚香帚。可憐鏡中面，血汗佐杯酒。（《掣鯨堂詩集》卷六「五言古詩」，清康熙刻本）

【舘中演劇謝病不觀】

　　夜燭妨侵眼，春花不到心。夢將雲共遠，書與雁俱沉。忽忽芳時去，皇皇老態侵。滄浪漁父曲，行坐幾回吟。（《掣鯨堂詩集》卷九「五律二」，清康熙刻本）

【省齋雜劇】

　　虋蕪秋更綠，桂花落如粟。為看舞釵搖，不覺銷紅燭。（《掣鯨堂詩集》卷十二「五言絕句」，清康熙刻本）

【看演唐盧生遇呂翁事】

　　看罷華鐙淚泫然，蹉跎富貴與神仙。歸來一覺西軒夢，也抵朱門五十年。（《掣鯨堂詩集》卷十三「七言絕句一」，清康熙刻本）

【金陵（之二）】

淮水年年繫畫船，江東舊曲衹今傳。獨憐秋月春燈夜，還演當時《燕子箋》。（《掣鯨堂詩集》卷十三「七言絕句一」，清康熙刻本）

【贈妓】

十載風沙老薊城，醉歌南曲不勝情。那知今夜邊關雪，暗向吳娃髻上生。（《掣鯨堂詩集》卷十三「七言絕句一」，清康熙刻本）

柯　煜

柯煜（1666～1736），字南陔，浙江嘉善人。困頓場屋，老而始遇。康熙辛丑（六十年，1721）進士，磨勘被黜。雍正癸卯（元年，1723）復成進士，官宜都知縣，改衢州教授。乾隆丙辰（元年，1736）內閣學士方苞薦舉博學鴻詞。檄下，疾已革矣，喟然曰：「閣學此舉使海內窮士聞之一嗚咽耳！」竟不及與試也。其詩私淑牧齋，親炙鈍翁，論者謂得兩家之長，沈德潛謂不襲兩家之貌，斯為善學兩家者。其詞有唐人之艷冶而充拓其門垣，有南宋之縝密而翦裁其繁賾。著有《石庵樵唱》。見《清詩別裁集》卷二四、《兩浙輶軒錄》卷二○、《文獻徵存錄》卷一○、《國朝詞綜》卷二二、《國朝詩人徵略》卷二四、《晚晴簃詩匯》卷六五等。

【西子妝・湖莊觀女劇】

畫扇風前，鈿箏月底，一片綵雲遙駐。美人迤邐出帷來，顫花翹、氍毹雙舞。細腰如許。想應得、珠璣賜與。笑荷花，也無情有恨，對他如語。　　芳園暮。此際周郎，無事屢回顧。可知少小便矜名，恁聽殘曲聲無誤。最牽情緒。又煙艇、綠楊歸路。夢依稀、猶見襪塵微步。（南京大學中國語言文學系《全清詞》編纂研究室編：《全清詞・順康卷》第十九冊，中華書局2002年版，第10820頁）

魯之裕

魯之裕（1666～1746），字亮儕，安徽太湖人。康熙庚子（五十九年，1720）舉人。歷官直隸清河道。曾任湖北安襄鄖道，因病休寄住湖北。袁簡齋書亮儕摘印事，誠不愧奇男子。官清河道，年已七十餘。謁制府，口析水利數萬言，其精能可想。詩亦有生氣，未可以聲律繩之。著有《式馨堂詩集》、《經史提綱》等。見《晚晴簃詩匯》卷六○。

【永昌府城南謁漢武鄉侯祠】

蠻心直服到扵今，破產燒香鼓角沉。俗以三月三日賽會始，角抵魚龍百戲畢集，至廿八日止。恒破產以裹費。帀旅月張連岫幕，是月鎮將率兵列幕祠側，備諸夷之不虞。雉冠春響入雲音。俗以雉尾雜通草花爲冠，群千百以迎神而歌舞焉，匪是則災立至。力開茅土酬三顧，神運珠鈐奏七擒。日暮龍池頻立馬，郡西南門曰龍泉門，即以門外易羅池而名之也。羨侯勳偉勒仙岑。
（《式馨堂詩文集》詩集前集一卷，清康熙乾隆間刻本）

【席上書歌者箑】

一上氍毹百媚生，座人人爲不勝情。白雲最是無心者，行到歌筵也不行。（《式馨堂詩文集》詩集前集一卷，清康熙乾隆間刻本）

【姑蘇臺觀劇】

覆國雖緣受託來，吳恩詎忍棄如灰。蘇臺不死歸湖去，相對虧他笑口開。（《式馨堂詩文集》詩集前集六卷，清康熙乾隆間刻本）

【瞻園四首】瞻園者，有明徐中山王舊第也，今爲江南布政使司公廨。丁酉冬，予應年允恭方伯聘，入居焉。俯仰興懷，穆然成韻，蓋殊不知其言之何以長而長也已。

（其一）徑是巫山十二峰，月來憑弔費支笻。平臺樹古時歸鶴，陰洞雲閒不會龍。妃淚染筠和露滴，王言標石付苔封。瞻園橫碣一方，沴中山王名。其所紀之時，則洪武卜有四年也。歲久碣傾，前藩司張諱聖佐者濬池而碣出焉。□升者園門，索能詩者咏之，而鑴石於廊壁，蓋乙未秋初事也。霓裳新樂朝昏奏，醉眼糢糊認舊蹤。年公日演其家樂於園。

（其二）高亭一望客心遐，落日烟昏萬萬家。暮鼓似雷風倍肅，歸鴻如雨月初斜。輕柔暮影憐衰柳，冷淡秋容鑒晚花。三百年來歌舞地，到今紅燭豔琵琶。

（其三）香遶朱欄一逕深，花叢石窟可幽尋。山留薄雪松增古，棟宿閒雲竹寫陰。鳥語入簾仙珮返，茶烟當牖午鐘沉。空懷今古誰同調，獨撫虞絃自賞音。

（其四）傍晚明霞遶碧岑，謫仙旌影駐華林。笙歌度日人如玉，羅綺成圍谷是金。一檻月明千里夢，五更鐘醒百年心。不知往日麒麟種，夜夜年年可似今。（《式馨堂詩文集》詩集前集七卷，清康熙乾隆間刻本）

【殘春淮安館夕口號三首（之二）】

三年書劍滯淮陰，磬管宵宵伴越吟。□院為主人新伶之處。敲碎唾壺珠淚滾，硯池添得一分深。（《式馨堂詩文集》詩集前集八卷，清康熙乾隆間刻本）

【菩薩蠻·贈歌兒】

目秀眉清年十五。俐口伶牙鶯燕語。纖指弄琵琶。睃人眼故斜。憐極情無那。酒戒為卿破。掀髯賦解嘲。英雄本性豪。（張宏生主編：《全清詞·順康卷補編》第三冊，南京大學出版社 2008 年版，第 1812 頁）

倪 蛻

倪蛻（1668～？），初名羽，字振九，晚慕唐劉蛻之為人，易名蛻，自號蛻翁，江南華亭（今上海松江）人。布衣。蛻翁從甘中丞國璧入滇，其後足迹幾遍天下，晚乃定居昆明西門外石村，築草堂以居。有女曰亦夢，贅昆明關氏，以外孫為蛻翁後。漢軍張文和督雲貴，為立石草堂前。《滇南詩略》附錄其詩。著有《滇雲歷年傳》十二卷。見《小匏庵詩存》卷二、《歷代畫史彙傳》卷一一、《晚晴簃詩匯》卷五一等。

【滿江紅·吳題仙屬譜秦樓夢劇既成半本興致便闌乃填此詞並寄謝之】

無可如何，把往事、教填新曲。盡閒情、筆飛墨舞，長歌當哭。不放東風欺客夢，要尋紅袖遮銀燭。倩當場、拍板與門槌，收癡福。

思過半，偏難續。畫不就，何須足。算月殘酒醒，哀箏柱促。我有愁腸揉已斷，那堪更入相思局。報風流、要好便多磨，天原酷。

（南京大學中國語言文學系《全清詞》編纂研究室編：《全清詞·順康卷》第二十冊，中華書局 2002 年版，第 11394 頁）

樓 儼

樓儼（1669～？），字敬思，號西浦，義烏（今屬浙江）人。少穎異，積學工詞，貧無以居，轉徙雲間（今屬上海）。康熙四十六年（1707）上南巡，獻《織具圖詩詞》，欽擢第一。康熙己丑（四十八年，1709）奉詔修《詞譜》，被薦與杜紫綸同館纂修，辨析體制，考訂源流，曾駁正宜興萬氏《詞律》百有餘條，最中窾要。又以張綖之《詩餘圖譜》、程明善之《嘯餘譜》及毛先舒之《詞

學全書》率皆謬妄錯雜，倚聲家無所遵守，因自訂《羣雅集》一書，以四聲二十八調爲經，而以詞之有宮調者爲緯，併以詞之無宮調者，依時代爲先後，附於其下。竹垞先生曾爲之序。後以卷帙繁重，未及開雕。《詞譜》書竣，議敍官靈川令。遷廣州理徭同知，歷廣東按察使，調江西。引年歸，終老於春申浦畔。其《蓑笠軒僅存稿》，從弟琮聯刻於烏。《全集》中論辨有《宋詞四聲二十八調考略》、《白雲詞韻考略》、《詞韻入聲考略》、《書吳江沈氏九宮譜後》諸篇，皆可爲詞學津梁。見《兩浙輶軒錄》卷一五、《國朝詞綜》卷二〇、《湖海詩傳》卷二等。

【清平樂・靳觀察招飲使院家伶演劇猶有京師風味】

梨園風渺。京洛遺音少。折遍紅牙猶嫋嫋。可是旅愁消了。　　偷聲減字詞場。移宮換羽何妨。顧曲當年情緒。而今老去周郎。（南京大學中國語言文學系《全清詞》編纂研究室編：《全清詞・順康卷》第二十冊，中華書局 2002 年版，第 11478 頁）

編者案：《詩詞卷・初編》已收樓儼，此係增補。

許尚質

許尚質，生卒年不詳。字又文，一字小訥。浙江山陰（今浙江紹興）人。諸生。少而業詩，亦喜飲，因以釀川自號。爲文頗有法度，詞亦修整，歌詩則稍嫌放縱。著有《釀川集》十三卷。見《兩浙輶軒錄》卷一一、《全浙詩話》卷四一、《國朝詞綜補》卷六、《晚晴簃詩匯》卷五一等。

【贊成功・夜聽三絃子】

是何纖手，彈碎霜天。攪人離思不成眠。那堪此夜，昏黑牆邊。風饕似箭，月苦如弦。　　天末凝佇，一倍淒然。算來歧路總堪憐。幾多怨恨，思與誰傳。聽絲絲裏，迸落紅泉。（南京大學中國語言文學系《全清詞》編纂研究室編：《全清詞・順康卷》第十五冊，中華書局 2002 年版，第 8687 頁）

【雨中花慢】（似櫛茶棚）廠中大陳百戲，以那火正。或云，祀馬祖也。陳生塡詞記事，因和韻云。

似櫛茶棚，如城酒幔，分行爭繫銀鞍。看拔河未罷，回鶻初旋。小伎偏工走馬，佽童最擅緣竿。翻空掠地，眞驚陡絕，胃索飛仙。

共傳今日，電馬颷車，靈旗簇仗翩翩。儼幄裏、憑風欲語，嘘

氣生煙。絳樹頻飛火鳳，星毬亂撒珠鈿。願分一炬，長溫懸釜，莫照烽天。（南京大學中國語言文學系《全清詞》編纂研究室編：《全清詞·順康卷》第十五冊，中華書局 2002 年版，第 8696 頁）

【春雲怨·錢江夜泊聽客彈趙宋遺事】

皋亭葉落。正晚潮推岸，斷痕如削。尚是當時城市，華表不歸遼左鶴。劫火頻燒，浮屠猶在，預識興亡聽鈴鐸。鐵騎驅來，冰床載去，慘入舊弦索。　　龍艘鳳艒終漂泊。問填橋幾處，曾飛烏鵲。空怨連天巨波作。僕本愁人，況自中年，早傷哀樂。想到東華，還經南苑，夢斷一聲擊柝。（南京大學中國語言文學系《全清詞》編纂研究室編：《全清詞·順康卷》第十五冊，中華書局 2002 年版，第 8703 頁）

孔毓埏

孔毓埏，生卒年不詳。字鍾輿，號宏輿，山東曲阜人。襲五經博士。著有《遠秀堂集》。見《國朝詞綜續編》卷一、《晚晴簃詩匯》卷五〇等。

【意難忘·即席贈歌童】

眉目清揚。學內家妝束，體態無雙。朱唇含角徵，皓齒發宮商。歌扇小，舞衫長。風致擬毛嬙。若不是，輕颺裙釵，怎識仙郎。　　座中騷客皆狂。把纏頭相贈，爭擲香囊。齊紈搖素月，魯縞映玄霜。最愛是，善行觴。守約法三章。總教伊，司空見慣，也惱人腸。（南京大學中國語言文學系《全清詞》編纂研究室編：《全清詞·順康卷》第十五冊，中華書局 2002 年版，第 8851 頁）

【滿江紅·觀演狀元旗】

富貴何常，嘆人世、勞勞無歇。妝演出、富而多吝，真堪叫絕。失馬塞翁天意巧，持籌王子人情拙。看千秋、多少守財奴，皆同轍。

柳下惠，心如鐵。魯男子，腸如雪。看巍巍金榜，狀頭高揭。不使行藏欺屋漏，遂教名姓標天闕。更憐他、擊柝富家兒，真高節。（南京大學中國語言文學系《全清詞》編纂研究室編：《全清詞·順康卷》第十五冊，中華書局 2002 年版，第 8862 頁）

【鳳樓春·春夜觀傀儡】

翠袖稱紅裙。宜笑宜嚬。步逡巡。繞梁一曲遏行雲。雖木偶，也

消魂。昔日平城邀一顧，早退了三軍。　　亂紛紛。兔走狼奔。衣冠旌幟，歡娛爭鬪，萬般疑假疑眞。閱歷世情深，看來多少盡如君。屈伸俯仰，總是隨人。（南京大學中國語言文學系《全清詞》編纂研究室編：《全清詞·順康卷》第十五冊，中華書局 2002 年版，第 8878 頁）

【鳳棲梧·觀玉茗堂南柯夢劇】

年少淳于鼾睡久。貴主瑤芳，驀地成佳偶。取得專城渾似斗。大槐安國君爲守。　　空有兵符懸在肘。數萬貔貅，一霎皆奔走。醒看南柯枝欲朽。當時悔不增培塿。（南京大學中國語言文學系《全清詞》編纂研究室編：《全清詞·順康卷》第十五冊，中華書局 2002 年版，第 8882 頁）

【夜半樂·秋夜觀長生殿劇唐明皇故事也】

開元遠勝天寶，無爲端拱，正勤求宵旰。笑鞏固金甌，玉環輕煽。深宮浴罷，鴛幃睡起，最憐妙舞清歌，沉香亭畔。羨掌上、輕盈過飛燕。　　曲江上巳擾擾，繡轂轔轔，霞裳粲粲。更姊妹、三人皆承天眷。算幾何時，燕犀冀馬，堪嗟逼上鼉叢，連雲古棧。葬紅粉、梨花作同伴。　　到此聞得，劍閣鈴聲，愈難消遣。縱譜入、霓裳按絃管。這離情、料難似太平清讌。剩蒲柳、野老空悲嘆。人間豈有長生殿。（南京大學中國語言文學系《全清詞》編纂研究室編：《全清詞·順康卷》第十五冊，中華書局 2002 年版，第 8882 頁）

呂履恒

呂履恒（？～1719），字元素，號月巖，河南新安人。明大司馬忠節公維祺之孫也。康熙甲戌（三十三年，1694）進士，三十八年（1699）知寧鄉縣。性敏恕，撫羸弱尤有恩，庭幾絕笞扑。設催科籍冊，時召鄉里民弅驗，胥吏不得，少生弊端。經術飾吏治，進弟子員，親第其文藝甲乙，爲之口講指畫不倦。以治行擢御史，累官戶部左侍郎。其詩結響蒼越，高渾超詣，著有《夢月巖集》等。見《（乾隆）汾州府志》卷一一、《清詩別裁集》卷一七、《國朝詞綜補》卷六等。

【念奴嬌·題秣陵春傳奇】

六朝如夢，誰解道、野老江頭歌哭。海思雲愁還寄託、舊部霓裳法曲。瑤水筵前，翠微宮裏，夙世仙緣卜。非空非色，簡中人自如玉。　　爭奈身作虛舟，心同明鏡，形影交相逐。劫火雖燒蓮性在，不怕

罷風顚撲。撥盡鷗絃，摑殘羯鼓，淚斷聲難續。曲終人遠，數峰江上
猶綠。（南京大學中國語言文學系《全清詞》編纂研究室編：《全清詞‧順康卷》
第十六冊，中華書局 2002 年版，第 9195 頁）

葉尋源

葉尋源，生卒年不詳。原名永年，字硯孫，號丹需，江蘇華亭（今上海松江）
人。諸生。官贛榆訓導。著有《玉壺詞》一卷。見《國朝詞綜》卷一七、《全清
詞‧順康卷》第十九冊等。

【一翦梅‧贈歌鬟】

綽約風神淺淡妝。道是蕭娘。不是蕭娘。烏紗低壓藕衫長。眞也
無雙。假也無雙。　　顧曲臨風幾斷腸。爲卻檀郎。賺卻檀郎。紅氍
八尺似瀟湘。別也淒涼。見也淒涼。（南京大學中國語言文學系《全清詞》
編纂研究室編：《全清詞‧順康卷》第十九冊，中華書局 2002 年版，第 10914 頁）

汪　繹

汪繹（1671～1706），字玉輪，號東山，江蘇常熟人。康熙丁丑（三十六年，
1697）進士，庚辰（三十九年，1700）廷對第一，授翰林院脩撰。爲詩秀骨珊珊，
自饒逸韻。著有《秋影樓詩》。書法工秀。見《國朝詩人徵略》卷一八、《國朝書
人輯略》卷三等。

【龔叔度三十初度（之二）】

朱門歌舞好春時，自有新詩付雪兒。贏得綠珠江上女，滿頭花草
唱君詞。叔度往遊粵西，所製竹枝詞，寧峒婦女咸歌之。（《秋影樓詩集》卷三
「曼聲集」，清康熙五十二年刻本）

【蔡邕】

地下中郎若有知，蓋棺論定亦吾欺。黎園弟子紅牙板，齊唱《琵
琶》絕妙辭。（《秋影樓詩集》卷六「秋帆集」，清康熙五十二年刻本）

鄭世元

鄭世元（1671～1728），字亦亭，一字黛參，號耕餘，餘姚人，嘉興籍。雍
正癸卯（元年，1723）舉人。幼穎異，博綜羣籍，一發之於詩，思沉格老，汪洋

汗漫，頗見至性，論者謂得少陵家數。世以酒徒目之，非也。著有《耕餘居士集》。見《兩浙輶軒錄》卷一九、《清詩別裁集》卷二四、《全浙詩話》卷四六、《國朝詩人徵略》卷二二、《晚晴簃詩匯》卷六五等。

【聽三絃子彈詞行有序】飲吳中親戚家，坐有盲伎，擅三絃子彈詞。耳素不耐箏琶，矧茲眇眇。酒行，背燈交膝，展絃而歌，疏繁拉雜，絲肉相和。歌詞似說楊升菴狀元事，亦與時俗所彈市巷之聲迥絕。余茲邈焉神動，既憫渠天限所賦，顧兩目不足以奪其手口之妙。嘗聞古之樂師，皆矇瞍盲者，後工。自漢武時設協律都尉，復置童男、童女七十人。及唐宋諸樂部教坊中人以來，多有女樂，然不聞其盲，爰紀以四百二十言。

　　要離城頭秋月濕，露脚飛珠萬花泣。酒痕零落客愁集，三條絃上風雨急。可憐眇眇雙眸子，未識多情向誰是。鳳尾檀槽抱滿胸，聰明頗悉前朝事。十三學得會迎人，彈盡從頭十七史。當筵開撥試歌喉，削玉蔥根更無比。一絃初沉一絃起，中絃一聲聲復止。乍見櫻桃一顆碎，依稀似說楊家子。楊家狀元風流士，謫戍蠻天嘆遷次。紗帽籠頭胡粉塗，倒騎驢子攔街醉。曾補彈詞自按絃，醉中往往歌聲肆。當時好事共流傳，傳遍江南教坊伎。至今彈者雖有人，其間變化誰得神？間關燈底聞嗚咽，流落天涯憶譴臣。此時歌音歌轉清，絃索忽作螗蜩聲。冰車鐵馬豀然裂，鶯嬌燕脆相為爭。銀床汲井轆轤轉，金梭織機咿啞鳴。肉聲只趁絲聲走，肉抑絲揚錯雜呈。徐徐急急纖纖指，孤雁嘹嘹拂秋水。江娥起舞瀟湘翻，織女雲軿亦停止。枯樹風摧白屋號，寒沙夜凍百虫死。直上三霄動紫皇，閶門隔天薄如紙。耳聾心驚何處尋？尋聲只在柔懷裡。少焉漸如烏啄木，四座無言圍十目。腰肢斜軃曲欲終，絃催促曲曲愈工。手甲羅衫怯無力，絳唇不展臉暈紅。麗譙沉沉鼓聲落，密坐歛絃引深爵。高頭宜春多羡姝，柘枝舞闘白翎雀。明眸妙手雖自佳，誰擅新詞好絃索？今夜朱樓人斷腸，餘音飛滿秋城郭。（《耕餘居士詩集》卷一，清康熙江相書帶草堂刻本）

【癸未十一月二十二日夜余復過芝三家為其四十初度賀客庭實履舃交錯梨園一部觀者如山主人牽衣入座執爵為壽用綴是章當祝詞焉】

　　仲冬下浣日，昏黑登君堂。親朋錯鳬舃，樺燭明輝煌。堂上紫氍毹，堂下鳴箏簧。梨園奏一部，竹肉叶宮商。歌兒善才舞，白晳聲飄揚。四座方側耳，觀者如堵墻。結襪行及門，兩脚殊倀倀。肩摩不能

進，眾中呼倉皇。主人喜客來，拜揖牽衣裳。眾賓亦起問，東西列成
行。問語未及答，邀我坐中央。喘息甫安席，指我雲英漿。余時心竊
疑，是宴胡爲張？今夕果何夕，鼓樂盈兩廂。華筵孔雀屛，毋乃喜氣
翔。眾賓爲余言，斯言誠相當。江子今四十，眉宇軒昂昂。瑣瑣姻與
婭，纍纍梓與桑。躋堂來稱觥，胡能相契忘？平居當伏臘，亦得雞豚
將。人生滿百歲，自茲七舉觴。嘗聞田舍翁，西成多稻粱。鄉里獻朋
酒，猶欲侈文章。江家好門第，奕葉流芬芳。阿兄擅翰墨，下筆凌班
揚。長蛇及封豕，顛倒落縹緗。仲氏更絕奇，一石才難量。屈宋銜官
呼，無論晉與唐。雝喈相和鳴，實爲三鳳凰。上有陶母賢，六十身康
強。封胡並羯末，繞膝佳兒郎。群從一門俊，先後鳴琳琅。以此展私
意，殊爲交遊光。聞言愧且諤，無筐將元黃。起拜君勿辭，聊以祝陵
岡。卻坐更傳醆，樂闋天清蒼。廻看頹玉盤，紫氣騰東方。（《耕餘居士
詩集》卷四「歸侍集」，清康熙江相書帶草堂刻本）

【席上戲贈歌郎阿喜】

被酒雙桃愈渥丹，可人性子耐溫寒。百分懊惱千分盡，小字眞宜
叫喜官。（《耕餘居士詩集》卷四「歸侍集」，清康熙江相書帶草堂刻本）

【賦得零落桃花爲蔡上舍贈歌兒華郎二首】

（其一）一片西飛一片東，看他白白與紅紅。東君不是無情緒，
只恐花源路未通。

（其二）曾記天天最妙年，蜂狂蝶浪滿春前。如今飄墮遭狼籍，
落地殘紅更可憐。（《耕餘居士詩集》卷十八後「南征集」，清康熙江相書帶草
堂刻本）

陸　震

陸震（1671～？），字仲子，一字種園，號榕村，又號北郭生，江蘇興化人。
廷掄子。少負才氣，傲睨狂放。宋犖宰舉巡撫江南，期以大器。震澹於名利，厭
制藝，攻古文辭及行草書。貧而好飲，輒以筆質酒家，索書者出錢爲贖筆。家無
儋石儲，顧數急友難。某負官錢，震出其先儀部奉使朝鮮方正學葦贈行詩卷，俾
質金以償，後遂失之。某恧甚，震曰：「甀已破矣。」與其人交契如初。詩工截
句，詩餘妙絕等倫，鄭燮從之學詞焉。所塡甚夥，身後無子，稿半佚，同里劉宗
霈蒐羅薈萃，屬休甯程某鋟版行世。見《（咸豐）重修興化縣志》卷八、《國朝書

人輯略》卷三等。

【賀新郎・吳陵俞園觀演邯鄲夢劇及諸伎走馬】

水檻眞空洞。細聽他、臨川妙曲，感懷尤重。人世繁華原易了，寧獨明朝是夢。還須作、梅花三弄。小語雛姬應一笑，問吹簫、何日能騎鳳。只慣把，雕鞍控。　　前隄草軟香塵動。便幽燕、輕儇年少，遜伊縱橫。座客一時歡笑極，爭把金甌相送。有狂客、忽焉沉痛。昨上蜀岡高處望，玉勾斜、麥秀羅青隴。中盡是，紅顏塚。（南京大學中國語言文學系《全清詞》編纂研究室編：《全清詞・順康卷》第二十冊，中華書局 2002 年版，第 11580 頁）

【沁園春・待月樓觀劇】

太息人生，亟早爲歡，何事營營。看風淸月白，能無快意，歌香舞豔，誰不鍾情。銀燭初燒，銅壺未滴，手把金巵倚畫屛。頻回首，念當年此夜，我在吳陵。　　豪華公子知名。曾幾度、開筵坐水亭。羨吳娘十五，臻臻楚楚，燕姬二八，孃孃婷婷。比似而今，諸郎如玉，一樣風流正妙齡。魂消處，問此身何在，彷彿蓬瀛。（南京大學中國語言文學系《全清詞》編纂研究室編：《全清詞・順康卷》第二十冊，中華書局 2002 年版，第 11602 頁）

丁應鼎

丁應鼎（1671？～1730 後），字禹牧，號海門，江西彭澤人。諸生。著有《海門家言》。見《全清詞・順康卷補編》第三冊、《清人別集總目》等。

【南鄉子・贈歌妓】

座啓好春生。嫩柳夭桃一氣橫。指上琵琶舌上板，輕輕。風月無邊巧樣聲。　　一曲孰堪評。白雪陽春盡可聽。不是黃鸝不是燕，卿卿。妬殺歌喉未了情。（張宏生主編：《全清詞・順康卷補編》第三冊，南京大學出版社 2008 年版，第 1839 頁）

孔傳鐸

孔傳鐸（1673～1735），字振路，號牖民，山東曲阜人，雍正元年（1723）襲封衍聖公。以素王元子博資廣覽，海內莫不稱賢。振路早歲稱詩，《申椒》、

《盟鷗》二集爲未襲封時所作。有《弔五人墓》詩曰：「倡眾殲緹騎，千秋義未伸。由來誅亂賊，焉用讀書人。勝國山河改，空祠俎豆新。三良臨穴惴，猶讓爾精神。」歸愚採入《別裁》。第二聯曰：「由來殉義客，何必讀書人。」頗爲世傳誦，餘語亦有異同。下語有分刋，不知爲振路自定，抑歸愚所點竄。另著《聖門禮樂志》、《紅萼詞》等。見《國朝詩人徵略》卷一三、《晚晴簃詩匯》卷五〇等。

【意難忘·贈歌兒】

好個仙郎。盡丰姿綽約，淡雅梳妝。舞輕同蛺蝶，音細似笙簧。纔瞥見，意難忘。善侑酒行觴。覺今宵、華燈吐豔，綺席分光。　　何須二八嬌娘。也爭投粉帕，競解香囊。人人皆有贈，物物自成雙。流媚盼，惹情腸。臨去轉徜徉。便相期，畫船歌板，暫泊橫塘。（張宏生主編：《全清詞·順康卷補編》第四冊，南京大學出版社 2008 年版，第 1912 頁）

【雨中花·席上聽女郎度曲】

似此紅兒有幾。更擅含宮嚼徵。皓腕拍紅牙，歌喉圓脆，堪把珍珠比。　　一度花前心醉矣。多少含情曲裏。到冷月無聲，當樓殘照，溜亮如春水。（張宏生主編：《全清詞·順康卷補編》第四冊，南京大學出版社 2008 年版，第 1916 頁）

【鳳樓春·春夜觀傀儡】

一樣巧梳妝。代語如簧。態徊翔。數番相見小排場。擡素手，整羅裳。燈背遙看，偏活現，更仔細端相。　　繡幃張似短垣牆。最難猜料，箇中無限，悲歡離合包藏。堪勸酒持觴。畫堂紅燭爲伊長。只愁收去，付與思量。（張宏生主編：《全清詞·順康卷補編》第四冊，南京大學出版社 2008 年版，第 1922 頁）

【水龍吟·觀美人蹬鼓】

香腮倒搵氍毹，露盤擎出金蓮小。湘裙乍褪，蓮衣初剝，紅心裊裊。未逞顛狂，令人已歎，腰肢纖巧。況玲瓏玉趾，亭亭舞遍，承蜩技施多少。　　更有鼉皮畫鼓，似燈毬、擲來林杪。凌波幾許，算難禁架，不教傾倒。翩若驚鴻，不離三寸，騰騰未了。倩何人就汝，拈槌漫弄，作漁陽操。（張宏生主編：《全清詞·順康卷補編》第四冊，南京大學出版社 2008 年版，第 1964 頁）

【花心動・歌席有懷】

二十四枝紅燭影，燒遍晚風簾箔。度曲飛塵，低唱淺斟，斜月半輪如昨。玉奴勸酒紅兒舞，想連夕、歡娛不覺。但回首，心頭眼底，似贈離索。　　細數人生行樂。有別樣縈情，豈關杯酌。蠟淚燈煤，曾記迷藏屋角。如今客散閒庭院，誰念我、羅衣單薄。江州淚，祇自潸潸暗落。（張宏生主編：《全清詞・順康卷補編》第四冊，南京大學出版社 2008 年版，第 1968～1969 頁）

【侍香金童・贈歌者】

彷彿蛾眉，細齒輕喉囀。氍毹上、舞作婆羅旋。翻去覆來歌萬遍。偷換羅衫，不教人見。　　向華燈明處，屢迴雙媚眼。頻索贈、紅巾素扇。賜酒呼來辭量淺。一盞纔乾，杏花上臉。（張宏生主編：《全清詞・順康卷補編》第四冊，南京大學出版社 2008 年版，第 1971 頁）

【畫堂春（輕顰淺笑總含春）】

輕顰淺笑總含春。難教增減精神。杜娘愁病更宜人。彷彿離魂。時演《牡丹亭・離魂》一折。　　立近嫣然不語，如羞如怯如嗔。淡黃衫子着來新。欲喚眞眞。（張宏生主編：《全清詞・順康卷補編》第四冊，南京大學出版社 2008 年版，第 1988 頁）

【隔簾聽（撲籔梁塵飛墜）】

撲籔梁塵飛墜，韻逐庭柯遶。周郎一顧憐嬌小。較花底秦宮，阿誰輕巧。曲誤少。隔簾聽、也嘆清妙。　　性猥狡。爭梨競棗。伴學兒童鬧。引商刻羽偏能曉。登場奪錦，他年名噪。情竇早。韓娥曼聲長嘯。（張宏生主編：《全清詞・順康卷補編》第四冊，南京大學出版社 2008 年版，第 2002 頁）

【師師令（韶年幾許）】

韶年幾許。未盈盈十五。解將紅豆記新詞，敷演出、雲歌柳舞。一斛珍珠堪擲與。買黛痕眉嫵。　　卸粧始信非巾幗，尙矜持態度。翩然青鳥自銜箋，肯便與、山雞爲伍。珍重霓裳新授譜。怕瑤天風露。（張宏生主編：《全清詞・順康卷補編》第四冊，南京大學出版社 2008 年版，第 2003 頁）

【石州慢・任城觀女優】

嬝嬝婷婷，十二素蘭，花蕊齊發。唇脂競吐，眼波爭逗，芳心活潑。衣冠優孟，縱然立變鬚眉，腰肢原是溫柔質。雅舞折旋間，想肌膚冰雪。　　清切。紅幺慢撚，白苧新腔，渭城三疊。正是風燈零亂，晚涼時節。為他流盼，只愁顧殺周郎，蘇州刺史腸縈結。後夜捲氍毹，是誰家風月。（張宏生主編：《全清詞・順康卷補編》第四冊，南京大學出版社2008年版，第2019頁）

【惜餘春慢・代悼小史】

似絮如萍，轉傷薄命，雨雨風風憔悴。箇中人渺，解語花殘，剩有笙調錦字。休賦東陽怨懷，前歡新夢，淚零珠碎。短年華，不得永隨几硯，落英同逝。　　還記否、檀板清謳，籠香搖扇，立近星前月底。情隨珮冷，夢逐雲沉，併作茫茫流水。莫信賺人斷腸，不勝爭憐，添誰悲思。黯銷魂、一縷青絲，和那紅巾遺事。（張宏生主編：《全清詞・順康卷補編》第四冊，南京大學出版社2008年版，第2022～2023頁）

編者案：《詩詞卷・初編》已收孔傳鐸，此係增補。

沈德潛

沈德潛（1673～1769），字確士，號歸愚，江南長洲（今江蘇吳縣）人。乾隆元年（1736）舉博學鴻詞試，未入選。四年成進士，改庶吉士，年六十七矣。七年授編修，八年擢中允，五遷內閣學士。十二年命在上書房行走，遷禮部侍郎。為葉燮門人，論詩主格調。著有《歸愚詩鈔》、《歸愚詩鈔餘集》、《說詩晬語》等，又有《古詩源》、《唐詩別裁》，《明詩別裁》、《清詩別裁》等書。見《（同治）蘇州府志》卷八九、《清史稿》卷三〇五等。

【贈舊歌者】

（其一）誰遣何戡唱渭城，匆匆恰有遠人行。一聲乍起腸應斷，爭忍聽他第四聲。

（其二）清尊紅燭眼糢糊，如夢如塵話舊都。鼓吹燈船休再問，寒潮空到莫愁湖。（《歸愚詩鈔》卷十九「五言長律、七言長律、五言絕句、七言絕句」，清刻本）

【觀長生殿劇】

天長地久兩情綿，一破潼關頓棄捐。雨際聞鈴荒主泣，墓前觀襪

眾人憐。道流海外傳仙語，私誓秋宵締宿緣。舊事淒凉誰寫出，江南零落李龜年。（《歸愚詩鈔餘集》卷十，清乾隆刻本）

【王侯伶】

梨園傳自天寶年，於今餘燄還復然。束裝傅粉矜爪觜，參軍老鶻不知恥。當筵奏技起清歌，未盡一聲眾心死。先王分四民，術業各有常。吳儂貪利重聲伎，生兒少小登排場。一朝藝成鄰里賀，父母挾之走四方。近聞王侯門，此輩日接跡。一劇千金等閒擲，千金一擲眞可惜。優伶得計竟何益？不救荒郊餓死骨。（《沈德潛詩文集》第二冊，人民文學出版社 2011 年版，第 736 頁）

【觀劇二絕句】

（其一）朱門自昔擅豪華，轉眼翻成落晚霞。恨殺霓裳羽衣曲，已曾破國又亡家。

（其二）管寧白髮歸遼海，蘇武全家出漢關。邊馬一聲朋舊哭，可堪回首望雲山。（《沈德潛詩文集》第二冊，人民文學出版社 2011 年版，第 848～849 頁）

編者案：《詩詞卷・初編》已收沈德潛，此係增補。

張廷璐

張廷璐（1675～1745），字寶臣，號藥齋，安徽桐城人。康熙戊戌（五十七年，1718）一甲二名進士，授編修。官至禮部侍郎。廷璐為張廷玉弟，詩多清麗，與廷玉體格相近。意境閒曠，絕句尤勝。其《和文和元夕寄詩》云：「九霄明月滿輪初，退食歸來且自如。火樹星橋春爛漫，先生方擁百城居。」「良宵清景應無比，寰宇祥風較若何。莫訝黃扉人澹靜，十年紫禁未微歌。」能傳出燕處超然之意。著有《詠花軒詩集》六卷。見《清詩別裁集》卷二四、《（光緒）重修安徽通志》卷一八〇、《晚晴簃詩匯》卷六〇等。

【秋夜聽范冶彈琴】

疎林延月光，秋聲在高樹。閒情寄七絃，泠泠發天趣。韻松幽籟長，鳴澗寒泉注。沖和寫性眞，機暘復神聚。一彈還再鼓，餘音自盤互。聽者悄無言，悠然澹相遇。起視天宇空，雙槐滴清露。（《詠花軒詩集》卷二「古近體詩一百四十四首」，清乾隆刻本）

方世舉

方世舉（1675～1759），字扶南，號息翁，安徽桐城人。博學篤行，於書無所不窺。性疏曠，不求仕進。好爲詩，鎔鑄古今，自開生面。晚年注韓詩，酷嗜其體。薦舉鴻博，固辭不就。方恪敏撫浙，以舊好招之，亦不赴。年八十餘，精彩不少減。與從弟方貞觀齊名。著有《春及堂集》。見《國朝先正事略》卷四一、《揚州畫舫錄》卷四等。

【田田行】程午橋說書女史也。田其姓，午橋重之以爲名，意可知，人亦可知。一日出而爲余說《雙紅傳》，午橋爲之請詩。

> 石勒不知書，聽人說書史。太史目十行，何至用兩耳。稗官小說偶消閒，軍府曾傳柳麻子。一聲霹靂舌端飛，十萬貔貅靜如水。此技豈不豪，吾曹無事此。風月苟當筵，還須求軟美。誰家有婢在泥中，居然風雅如名士。若教我作主人翁，平分緗帙烏皮几。太史口不言，微笑幡然起。命取小胡床，安之傍花藥。錦帷高捲出紅兒，翠袖長拖抱黃嬭。花杪朱樓燕子身，金鉤香稻鸚哥觜。笑問說何書，聲容已可喜。我命說《雙紅》，《雙紅》爲卿比。等閒兩俠結宮妝，依約三更掠軍壘。漳河明月冷衣裾，雲表飛星動釵珥。佳麗真揚州，玉兒又玉齒。十里但珠簾，不直樊川死。中間且止說來時，前年繞到朱門裏。挾瑟邯鄲恥不爲，焚香燕寢甘驅使。又復說書終，書終可歸矣。急命取纏頭，踟蹰若非是。六幅湘波白練裙，行行曳曳停還止。主人解意說求詩，香頸重廻拜階戺。我老不堪歌，柔情難靡靡。無那寶兒憨，爲卿聊爾爾。君不見黃四娘同段七娘，浣花老杜青蓮李。（《春及堂集》二集，清乾隆方觀承刻本）

【小感舊十首（之十）】文章道誼之交既盡，即一長一技之品流，亦不可得矣，能不傷之。

> 《太倉家曲師沈子葵》康熙甲午，余四十初度，王箴六庶常攜過度曲。
> 明月太湖多，湖中對月歌。長安傳法曲，猶自帶烟波。（《春及堂集》三集，清乾隆方觀承刻本）

【病起看庭院牡丹憶事懷人牽連十首（之七）】

> 半部清商十小伶，後先絲竹《牡丹亭》。程午橋製有《後牡丹亭》劇本，五年前送余歸里演之。風流當局曾狂笑，雲散逢花忽涕零。折送更誰

談餅餌，依偎惟我記娉婷。平生命薄情豪放，豔曲重歌不忍聽。（《春及堂集》四集，清乾隆方觀承刻本）

吳 焯

吳焯（1676～1733），字尺鳧，號繡谷，錢塘（今浙江杭州）人。九歲能詩，嘗與毛奇齡、朱彝尊輩講學沈佳園。奇齡詢格物同異，時焯年最少，居下座，大言曰：「本末物也。知本，即物格矣。」因舉黎立武、管東溟、羅近溪諸家指意，竟相往復，毛奇齡執手稱畏友。康熙乙酉（四十四年，1705），皇帝南巡召試，賦詩稱旨。丁酉（五十六年，1717），翠華再幸，焯奏《歲華紀麗續編》十卷、《聖因寺志》四卷、《海潮集說》三卷，皆宣付內閣。焯藏書數萬卷，手自點勘。讀書務精小學，以許氏《說文》所引經傳與《經典釋文》不相應，嘗與無錫朱襄析《說文》分編經傳，以補釋文之未備。著有《藥園詩稿》、《渚陸鴻飛集》、《玲瓏詞》、《南宋雜事詩》行世。見《重修兩浙鹽法志》卷二五、《晚晴簃詩匯》卷五一等。

【拜星月・杜林先生席上聽歌追憶虞山舊遊不覺三十年矣有感作此卻寄】

錦字徐拈，珠喉頻遞，儼在瑤庭聲宴。溫鎖鸞籠，引清簫催喚。信歡賞，更歡、多愁庾信蕭瑟，顧曲周郎人遠。舊雨新風，又蕭蕭雲散。　　憶梨花、玉雪歌人館。記桃花、豔粉嬌人面。細數花曲仙山，隔蓬萊清淺。恨今番、徑去長洲苑。愁今夜、小立河橋岸。只幾點、研墨濺星，裊心絲千萬。杜林惠余金星小研。（南京大學中國語言文學系《全清詞》編纂研究室編：《全清詞・順康卷》第二十冊，中華書局 2002 年版，第 11652 頁）

【琵琶仙・補華樓聽錢德協琵琶】

樓午槐陰，乍催起、一弄龍香新撥。初聽行馬嘶風，秋聲動蕉樾。旋細轉、春江暮雨，又淒緊、玉關飛雪。二尺柔絲，一襟古怨，無數波折。　　儻遮斷、花曲屏山，只疑是、重蓮女郎怯。曾記綠么終後，換楓香奇絕。贏得箇、龍頭瀉酒，儘好教、鳳尾留月。說甚紅豆相思，故人輕別。（南京大學中國語言文學系《全清詞》編纂研究室編：《全清詞・順康卷》第二十冊，中華書局 2002 年版，第 11656～11657 頁）

【拋球樂・聽曹生敬士歌邯鄲仙圓曲】

　　　　半庭花影明滅，瑤席初散。喜仙郎、檀板乍起，金管流鶯，玉絲啼雁。終則向、舊譜重尋，卻別有、深情無限。此是玉茗才人，幻出瓊臺，收拾神仙案。嘆雪花茅藉，秋藤枕滑，冷風疏雨，雞鳴野店。歲月大傖荒，那計得、爵馬魚龍換。信功名如此，未免有情，怎生不怨。　　　我亦鞭馬邯鄲，也曾啖、一頓黃粱飯。草坡長，花路曲，彷彿雲蹤未遠。斷碑幾字，一撮秋墳誰辨。願得美酒，金尊長飲，厭厭香靄紅燈院。恨掃花無地，仙扃未啓，縱窺朱雀，難尋玉犬。判付小華胥，切莫問、河鼓天東轉。怕一曲未終，月陰人倦。(南京大學中國語言文學系《全清詞》編纂研究室編：《全清詞·順康卷》第二十冊，中華書局 2002 年版，第 11671 頁)

沈　鍾

　　沈鍾（1676～？），字大聲，號鹿坪，陽湖（今江蘇武進）人。康熙四十七年（1708）舉人，屢應會試不第。雍正二年（1724）謁選，乾隆元年（1736）補福建屏南知縣，在任三年調閩清，以忤上官罷歸。著有《霞光集》、《柳外詞》，纂有《屏南縣志》、《閩清縣志》。見《清詩話考》、《國朝詞綜補》卷一四等。

【春日都門雜詠（之一）】

　　　　萬國共球進尚方，迎春纔罷滿城忙。小侯玳瑇趨燈市，幼婦珠鈿集象房。西苑魚龍陳百戲，前門烟火賽諸王。太平樂事真難盡，擁路笙歌夜未央。(《霞光集》卷一，清刻本)

【席上戲贈】

　　　　字字明珠貫入雲，肉聲如竹聽難分。怪他滿座山堂客，走上紅氍只注君。(《霞光集》卷一，清刻本)

【吳門踏燈詞】

　　　　（其一）火樹銀花照綺羅，滿城簫鼓醉人多。連宵踏遍金閶月，僻巷閒坊處處過。

　　　　（其二）綵勝珠幡戶戶春，吳趨月色爛如銀。臨街一隊紅燈過，笑看樓頭擁麗人。

　　　　（其三）十五盈盈舊姓盧，蓮蓬巷裏閉銅鋪。幾宵燭下聞裁剪，

自製花燈照紫姑。

（其四）傾城士女踏春宵，道是能將百病消。走遍閶門燈市裏，傳聲先得到皋橋。

（其五）滿山燈火映樓臺，炙耳笙歌動地來。爭向虎丘看月色，畫船齊望半塘開。

（其六）百戲魚龍盡出城，山塘七里去縱橫。遊人多上千人石，賭放如雷爆竹聲。

（其七）徹夜轟轟畫鼓撾，吳兒好事絕堪誇。巷南巷北爭奇勝，唱罷秧歌唱採茶。

（其八）萬戶春風醉管絃，踏歌人喜太平年。相從一導紅粧去，臨頓橋頭北寺前。

（其九）紅焰光中萬騎來，鼇山燈子勝蓬萊。傳聞昨夜珠明寺，拾得何人錦袖回。

（其十）不怕春寒料峭生，笙歌一片闔廬城。獨憐伍相門前月，爲照荒祠夜夜清。（《霞光集》卷二，清刻本）

【聽歌】

偶填小令寄江南，字字春情只自諳。怪底清歌明月下，憑誰偷付與何戡？（《霞光集》卷二，清刻本）

【臘八日和南陔韻（之一）】

積歲風光夢裏過，那堪回首盡蹉跎。懶從客舍迎新臘，預聽村伶學古儺。晴日難消頭上雪，春風欲動鏡中波。半生潦倒牛欄下，空自長吟叩角歌。（《霞光集》卷二，清刻本）

【臘八日和南陔韻（之三）】

惆悵花時轉眼過，故園歸去莫蹉跎。未妨閉戶從鄰鬥，且自挨肩逐里儺。小燕輕盈翻綵勝，重螺交錯盪紅波。最憐兒女團圞夜，華鬘香燈演佛歌。（《霞光集》卷二，清刻本）

【公安席上作】

（其一）春來愁病日相仍，花底何曾飲數升。今日華堂歌白雪，不知酒量爲誰增？

（其二）銅爐燒盡海南香，翻怪無端聞弋陽。聽到繁絃聲欲沸，又看着上繡衣裳。是日合兩部互演。（《霞光集》卷三，清刻本）

塞爾赫

塞爾赫（1677～1747），字慄庵，號曉亭，又自號北阡季子。誠毅勇壯貝勒穆爾哈齊曾孫，封奉國將軍。官戶部侍郎，總督倉場。沈歸愚曰：「曉亭遇能詩人，雖樵夫牧豎，必屈己下之，固以詩爲性命者也。辨唐、宋之分如澠淄。」著有《曉亭詩鈔》。見《晚晴簃詩匯》卷九、《碑傳集補》卷三等。

【冒雨過王魯傳宅聽唐青照彈琴】

君不聞羹藜飯糗蓬蒿人，大牢滋味無與論；又不聞雲書鳥篆摩崖跡，纔學塗雅渾未識。唐侯爲我彈鳴琴，流飀寂寂華堂深。雲壓泉流曲初放，古鐘幽磬聲相尋。天風吹雨滿寥廓，萬斛明珠半空落。徘徊應有神物來，海水翻林叫孤鶴。嗟我不知伯牙與成連，聽之但覺神魂飄渺心悄然。吁嗟乎！唐侯琴，王子宅，爾我同是風塵客。絃歌且盡歡今夕，明日烟霞各阡陌。（《曉亭詩鈔》卷二「三餘集」，清乾隆十四年鄂洛順刻本）

【聽歌姬琵琶小曲二首】

（其一）內家妝束髻鬖殊，一串歌喉轉細珠。腸斷鳳簫中夜靜，鬱輪新譜教柔奴。

（其二）含桃初破太嬌生，螺子春山遠黛橫。飛絮落花渾不管，赤闌干外聽流鶯。（《曉亭詩鈔》卷二「三餘集」，清乾隆十四年鄂洛順刻本）

【天津竹枝詞四首（之四）】

城邊秋漲噪蝦蟆，城下雕窗羃碧紗。豔舞朝朝翻白紵，清歌暮暮拍紅牙。（《曉亭詩鈔》卷三「懷音集」，清乾隆十四年鄂洛順刻本）

【元夜後雲溪都統宅同人看傀儡】

春風豔入花鐙夜，人世都來傀儡塲。今日清歌同醉酒，分明俱是彩雲鄉。（《曉亭詩鈔》卷三「懷音集」，清乾隆十四年鄂洛順刻本）

【雲溪參贊將赴北路招集西齋話別命歌兒侑觴是日時雨大沛】

湖山陰雨花冥冥，窗蕉池竹生新青。今夕何夕對樽酒，柳眉花醽

媚中庭。主人櫻筍開華筵，遏雲歌管催繁絃。游龍婉婉出秋水，鶯聲燕語嬌風前。屐破苔痕聞剝啄，更遲舊雨來傾杯。要知明朝非今日，枝頭聲變時禽催。蒲葉青青苦榮老，夏雲突兀奇峰好。行潦沿洄滿池沼，雨到黃梅四野歡。歡騰動地茆茨小，佳辰良會酒頻添。溪亭細雨鎖廉纖，安得十日垂湘簾。（《曉亭詩鈔》卷三「懷音集」，清乾隆十四年鄂洛順刻本）

【辛酉小寒後同人集西齋聽布嘯山都統彈琴】

忽聽嚶嚶黃鳥鳴，水仙花發調初成。幸無俗物敗人意，真箇先生移我情。冰雪催年今更劇，宮商入耳舊來清。常時錯會淵明語，此日親聞絃外聲。（《曉亭詩鈔》卷三「懷音集」，清乾隆十四年鄂洛順刻本）

【九日寄答眉山】

仙客車停紅葉路，霜花秋醉紫雲樓。不知籬下陶元亮，偏訪人間鞠部頭。馬滙川適赴觀劇之約。（《曉亭詩鈔》卷三「懷音集」，清乾隆十四年鄂洛順刻本）

【冬夜聽雪上人彈琴用東坡聽賢師琴韻】

塞鴻滅沒黃雲平，澤蘭萎落香猶清。七絃入指宮變角，何處空山響啄木。玉衡低樹雪照門，一彈再鼓誰能噴？欹枕無眠夜如水，古刀幽磬聲在耳。（《曉亭詩鈔》卷三「懷音集」，清乾隆十四年鄂洛順刻本）

【乙丑十月寧王招集東園觀異種秋菊并演新劇敬賦七律二首】

（其一）小陽天氣茂霜葩，七寶盆連翠幕遮。芍藥牡丹違節序，鏤金團雪燦雲霞。定從海上移來種，那得人間有此花？為惜羅含與陶令，秋英未覯洞仙家。

（其二）脩廊窈窕倚巖阿，自幸東園得再過。芝蓋早飛延客館，鶯簧重聽繞梁歌。添籌忽現千尋屋，移海驚看萬頃波。笙歌鼎沸間，忽見波濤滾滾而來，仙人乘槎，波上復現空中樓閣作海屋添籌狀，真奇觀也。香爇蘭膏還繼晷，不勞人羨魯陽戈。（《曉亭詩鈔》卷三「懷音集」，清乾隆十四年鄂洛順刻本）

【京都上元竹枝詞四首】

（其一）金張宅裏笙歌沸，趙李筵前星月明。春醉乍醒蘭燭炪，

六街齊鼓太平聲。

（其二）春明門外馬蹻驕，宴罷三公下九霄。今夜諸郎閒僭直，歸防爆竹損金貂。

（其三）桃花香汗濕輕羅，一曲陽春舞態多。十里彩雲吹不斷，攔街聽唱踏鐙歌。

（其四）暗塵如霧暖騰騰，鶴翅龍綃雜臂鷹。十二紅樓捲珠箔，夜深同看上元鐙。（《曉亭詩鈔》卷三「懷音集」，清乾隆十四年鄂洛順刻本）

【八里橋觀劇歸與許觀察滄亭趙比部鶴亭同舟啜君山茶】

八里橋邊惠浦東，歸帆徐轉挂長虹。郢歌飄盡三春雪，湘茗清添兩腋風。日晚同舟憶仙侶，花殘隨意趁飛蓬。偶然出處何踪跡，極目斜陽暮靄中。（《曉亭詩鈔》卷三「懷音集」，清乾隆十四年鄂洛順刻本）

【過紅蘭主人牧馬莊】莊在遷安縣界冷口外，今爲族人分據。

紅蘭豔發自東風，過隙年華歎轉蓬。一劍已知無樹挂，曾約紫幢選刻紅蘭、問亭詩集，至今未果。數弓何處問途窮。雲生西嶺千秋鹿，紅蘭有句云：「西嶺生雲將作雨，東風無力不飛花」，爲人傳誦。夢破揚州萬事空。嘗作《揚州夢》傳奇。名在荒莊荒未盡，崇山環繞鬱籠樅。（《曉亭詩鈔》卷四「秋塞集」，清乾隆十四年鄂洛順刻本）

周　京

周京（1677～1749），字西穆，一字少穆，號穆門，錢塘（今浙江杭州）人。廩貢生。乾隆丙辰（元年，1736）舉博學鴻詞，考授州同知。京事親孝，父病，禱神願減己壽。中年南游閩海、北燕趙、西秦晉，所歷名山大川、墟莽古跡，多寄慷慨。書法奇逸，酒酣興發，數十紙立盡。到處名卿倒屣虛席。晚年息影蓬廬，共里中詩老結吟社，縱浪湖山。醉題酒樓壁，好事者競鈔詩覓酒，有「詩價高如酒價高」之句。著有《無悔齋集》十五卷。見《兩浙輶軒錄》卷二一、《文獻徵存錄》卷五、《全浙詩話》卷四八、《清文獻通考》卷二三五等。

【贈歌者慶郎】

（其一）無限風流側媚間，水紅衫子翠雲鬟。內家妝束妖妍甚，傅粉何郎亦等閒。

（其二）相逢爭說鄭櫻桃，解合沉檀鳳尾槽。慚愧書生空按拍，

殿頭誰賞《鬱輪袍》？（《無悔齋集》卷二，清乾隆刻本）

【聽鄰舍女郎度曲】

（其一）風入虛堂夜氣清，四條絃上響丁丁。也知不得多時聽，淚溼青衫是此聲。

（其二）簥錢年紀好歌喉，法曲誰傳菊部頭？料得他時重記取，臨津城北水東樓。（《無悔齋集》卷三，清乾隆刻本）

【慶春樓觀虎口餘生劇本】

（其一）承平日久事兒嬉，值得當場對酒巵。走向慶春樓上看，一群腰鼓出王師。

（其二）將軍一劍守雲中，盡室甘隨逆焰空。殺卻當關周遇吉，遂教直入大明官。

（其三）幔亭鉦鼓正誼讙，三殿宮庭亂似麻。寶冊一時收不得，玉河橋是內人斜。

（其四）世間好惡出金銀，誰料多藏禍搢紳。民怨從來都不管，今朝同是可憐人。

（其五）內臣底事屬官家，不信盈庭信狹邪。只有王承恩一箇，不隨班去唱排衙。

（其六）此身生長太平年，說到前朝倍黯然。何事不消亡國恨，重聞歌板舊因緣。（《無悔齋集》卷九，清乾隆刻本）

【宣卷】

澤之伶人演劇，以宣卷名，蓋以彈詞入調，歌句歇聲，用雙鎖吶為和，良久乃再出聲，風情諧暢，中更哀嘽，有《梁州》意外之音，合尊促席，頗矜異撰。

（其一）晉城山館按歌聲，觱篥吹殘午夜清。檀板乍如蛙閣閣，窈娘隄上月三更。

（其二）遲回依約轉身來，欲語聲沉急管催。消得酒寒華燭盡，韓娥不下繞梁哀。

（其三）直從碧落響雲璈，唱徹中庭月正高。莫謂王門無濫吹，問誰彈得《鬱輪袍》。（《無悔齋集》卷十，清乾隆刻本）

【中秋虎丘燈船口號（之一）】

正是乘流海上回，華燈畫舫一時開。座中笛色無聊賴，座上歌者託

疾。羨殺鄰船聒耳來。(《無悔齋集》卷十三,清乾隆刻本)

【夜聞吳歌】

（其一）夜半吳歌白月空,望齊門外虎丘東。何緣一覺惺忪夢,盡在孤篷遠水中。

（其二）常時篷背聽春雨,幾度秋空聞雁聲。轉覺吳歌清到水,年年夢斷闔閭城。(《無悔齋集》卷十四,清乾隆刻本)

孔傳鋕

孔傳鋕(1678～?),字振文,號西銘,別號蝶庵,山東曲阜人,六十八代衍聖公毓圻之次子。康熙四十四年(1705)襲職翰林院五經博士,主奉祀事。著有《補閒集》二卷、《清濤詞》三卷。戲曲作品有傳奇《軟羊脂》、《軟郵筒》、《軟錕鋙》三種,均存。見《聖門十六子書》、《國朝詞綜》卷一七等。

【揚州慢‧閱燦花主人療妒羮傳奇】

薄命隨風,紅顏委地,河東一吼堪驚。嘆絲牽繡幔,鴛譜誤卿卿。自湖上、畫船窺後,招雲答雨,眉語心盟。傍孤山雪捲,寒威吹入愁城。　　楊郎癡絕,奈無何、鬢影星星。念慧點詞工,妖嬈圖麗,誰託幽情。賴有黃衫客在,披肝膽、玉璧完成。縱子虛寄興,騷壇也擅芳名。(張宏生主編:《全清詞‧順康卷補編》第四冊,南京大學出版社2008年版,第2092頁)

【意難忘‧席上各贈歌童以巾扇等物亦一時之韻事也歌以紀之】

二八芳年。作紅裙舉止,最覺翩躚。風前身嫋娜,燈下舞便娟。含意態,未明言。一半託絲絃。酒已闌,聲聲慢唱,疊落金錢。　　聽來別是幽妍。解移宮換羽,悽楚纏綿。袖中分繡帕,席上擲花鈿。歌欲罷,再留連。不忍去芳筵。雖非是、巫山神女,也動人憐。(張宏生主編:《全清詞‧順康卷補編》第四冊,南京大學出版社2008年版,第2104～2105頁)

【夜半樂‧秋夜觀演長生殿】

浮雲過眼成夢,繁華一瞬,當自傷今古。記翠遶珠圍,夜深私語。細風乍冷,長生殿角,驀聞宮監傳呼,念奴何處。笑語向、翩躚翠盤

舞。　　但教梅妃寂寞，虛賜珍珠，問誰買賦。賜浴罷、還歸沉香亭去。范陽兵起，霖鈴夢斷，馬嵬一片香魂，尚驚鼙鼓。風剪碎、霓裳舊歌譜。　　到此枉對，劍閣梧桐，淚流如注。縱後約釵鈿杳無據。悵雙星，可能照見蓬萊路。思往日、歡會成塵土。斷魂縹渺江天暮。

（張宏生主編：《全清詞・順康卷補編》第四冊，南京大學出版社 2008 年版，第 2117～2118 頁）

【雨中花・席上聽女郎度曲】

圓滿歌喉聲脆。一串驪珠連綴。到柳外橋邊，曉風殘月，慣下離人淚。　　四座狂朋心盡醉。況是玉聲敲碎。但記不分明，都將檀板，打個相思謎。（張宏生主編：《全清詞・順康卷補編》第四冊，南京大學出版社 2008 年版，第 2119 頁）

【鳳樓春・觀傀儡】

小影傍闌干。揖讓周旋。卻還前。慣迴紅袖舞仙仙。如有訴，竟無言。兩兩因人提挈起，強教意纏綿。　　假姻緣。男不成鰥。女何曾寡，全憑線索，做成離合悲歡。看破了塵寰。亦如傀儡走庭軒。一朝分散，付與長眠。（張宏生主編：《全清詞・順康卷補編》第四冊，南京大學出版社 2008 年版，第 2126 頁）

【巫山一段雲・觀演高唐夢新劇】

暮雨原非雨，朝雲豈是雲。九天環珮隔窗聞。冉冉動仙裙。　　宋玉猶能賦，襄王不解文。風流千古絕人群，歌罷口囁嚅。（張宏生主編：《全清詞・順康卷補編》第四冊，南京大學出版社 2008 年版，第 2158 頁）

【玉女搖仙珮・觀演自譜軟錕鋙新劇】

滿腔慷慨，一點幽情，欲吐常嫌未罄。聊借子虛，幻稱烏有，要譜平生悲壯。戲劇雕蟲耳，盡消磨豪氣，凌雲千丈。現身說、貞姬俠士，宛然睹，鐵骨冰心形像。選勝日良時，付與紅兒，當筵浩唱。　　因想。崑崙紅線，劍嘯風生，倏忽去來天壤。報取不平，補完缺陷，笑殺荊軻豫讓。此意甘長往。又何妨，了取紅塵魔障。看演到、報恩事竟，衫飛劍化，四筵賓客俱嗟賞。度曲者、神情爲爽。（張宏生主編：《全清詞・順康卷補編》第四冊，南京大學出版社 2008 年版，第 2158～2159 頁）

編者案：《詩詞卷・初編》已收孔傳鋕，此係增補。《全清詞・順康卷補編》作「孔傳誌」。

王　霖

王霖（1679～1754），字雨豐，一作雨楓，號弇山，浙江山陰（今浙江紹興）人。康熙乙酉（四十四年，1705）舉人，官南宮知縣。弇山詩法放翁，篇章之富，清適之致，皆與相似。放翁生日紀事詩有云：「生及宣和無事日，死猶垂涕中興年。」足括放翁一生。晚歲有《集杜》、《集陸》諸編。另著有《弇山詩鈔》。見《國朝詩人徵略》卷一九、《晚晴簃詩匯》卷五六等。

【念奴嬌・十四夜克範招飲雙池酒酣聽傳六度曲疊前韻】

夕陽西下，漸池邊湧出，一雙圓月。此際淳于剛一斗，狼藉沾襟蘸髮。我本酒狂，君當恕醉，爛漫情眞切。頹唐如許，深杯百罰難歇。

有客雅善秦聲，停杯耳熱，音調愈清豁。高唱大江東去也，捲起千堆晴雪。丈八琵琶，銅槽鐵板，拌得都敲折。酒闌人散，餘音慷慨不絕。（張宏生主編：《全清詞・順康卷補編》第四冊，南京大學出版社 2008 年版，第 2219 頁）

程夢星

程夢星（1679～1755），字伍喬，一字午橋，號汧江，江都（今江蘇揚州）人。康熙壬辰（五十一年，1712）進士，改庶吉士，授編修。夢星入詞林後，歸築湴南別業，遂不出。又有篠園自題聯曰：「夕陽雙寺外，春水五塘西。」主竹西壇坫，名流多聯編紵。注李義山詩行世。而所作瀏亮自然，殊與義山不類也。著有《今有堂集》。見《淮海英靈集》甲集卷四、《清詩別裁集》卷二三、《湖海詩傳》卷一、《蒲褐山房詩話》、《國朝詩人徵略》卷二一、《晚晴簃詩匯》卷五八等。

【杜韋娘・客淮陰家南陂招飲觀劇】

客懷如此，懵騰未審消愁處。趁閒情、晚步屏風曲，喜聽徹、清商一部。纔烏絲寫了，紅牙拍就，繁絃搦管還腰鼓。怪船娘，自攏雙袖、搖波竟去。時演玉郎追舟，尊江小阮爲之擊節。　　憶竊取。金元遺本，重翻徵羽製新譜。有幾人、蠻豆空盈把，總不解、周郎回顧。似今宵、麗群輕謳，減卻歸心，那復知羈旅。縱更闌，滅燭送客，留髡

便住。（張宏生主編：《全清詞・順康卷補編》第四冊，南京大學出版社 2008 年
版，第 2183 頁）

程世繩

程世繩，生卒年不詳。字準存，自號晴湖。安徽休寧人。康熙丁酉（五十六
年，1717）舉人。官湖北京山知縣。著有《尺木樓詩集》。見《（乾隆）江南通志》
卷一三三、《晚晴簃詩匯》卷五九等。

【度曲美人】

清歌裊裊透窗紗，婉轉鶯聲未足誇。天畔行雲都盡遏，只緣玉樹
後庭花。（《尺木樓詩集》卷四「五言絕句、六言絕句、七言絕句」，清乾隆二十
五年程志隆刻本）

【踏燈詞五首（之五）】

羊車竹馬遍街衢，百戲紛陳樂自如。今夜城中人似織，昨宵夢裏
眾維魚。（《尺木樓詩集》卷四「五言絕句、六言絕句、七言絕句」，清乾隆二十
五年程志隆刻本）

沈時棟

沈時棟，生卒年不詳。字成廈，江蘇吳江人。著有《古今詞選》十二卷、《詞
譜》一卷、《瘦吟樓詞》一卷等。見《（同治）蘇州府志》卷一三八、《國朝詞綜》
卷一九等。

【鬢雲鬆令・筵間度曲聲】

倚紅羅，翻白雪。檀板低催，珠串聲清越。誰惜纏頭歌數闋。扇
底樽前，真個人如月。　　遶虹梁，飛玉屑。唱徹伊州，總把行雲遏。
顧曲周郎腸萬折。酒暖香濃，怎忍輕相別。（南京大學中國語言文學系《全
清詞》編纂研究室編：《全清詞・順康卷》第二十冊，中華書局 2002 年版，第 11709
頁）

【鳳凰臺上憶吹簫・燈前試舞影】

鳳蠟光融，猩氊翠繞，晶屏隱躍堪憐。看硏羅裙底，繡帶輕翻。
遮莫生香豔質，瓊筵畔、綽約增妍。魂銷處，鶯廻撲朔，燕掠蹁躚。
　　情牽。柳縈花嚲，向饞脂光裏，無限纏綿。便霓裳試綵，掌上

珠圓。多少桑林垂手，描不盡、弱骨迴旋。憑誰信，吳宮西子，態絕當年。_{（南京大學中國語言文學系《全清詞》編纂研究室編：《全清詞·順康卷》第二十冊，中華書局 2002 年版，第 11710 頁）}

柴　才

柴才，生卒年不詳。字次山，號卯村，錢塘（今浙江杭州）人。諸生。才高不遇，寄情吟詠。著有《百一草堂詞》及《百一草堂集唐詩》初、二、三刻。見《兩浙輶軒續錄》卷三、《國朝詞綜補》卷九、《晚晴簃詩匯》卷八七等。

【玉樓春·聞鄰歌】

含商咀徵雙幽咽。_{溫庭筠}。惆悵管絃何處發。_{武元衡}。綠陰相間兩三家。_{司空圖}。楚水秦雲莽空闊。_{李群玉}。　相思只傍花邊立。_{白居易}。飛鳥唧花日將沒。_{王建}。不如眠去夢中看。_{徐安貞}。且上書樓臥明月。_{吳融}。_{（張宏生主編：《全清詞·順康卷補編》第四冊，南京大學出版社 2008 年版，第 2345 頁）}

【夜行船·觀女劇】

聞道風流滿揚子_{李益}。歌宛轉。_{劉方平}。金釵十二。_{溫庭筠}。花豔丹唇。_{張鷟}。雲髻綠鬢。_{黃滔}。正是破瓜年紀。_{和凝}。　面上笑添今日喜。_{薛逢}。喜相見。_{張泌}。等閒遊戲。_{孫光憲}。玉趾遲留。_{王榮}。金船更勸。_{尹鶚}。含情咫尺千里。_{魚玄機}。_{（張宏生主編：《全清詞·順康卷補編》第四冊，南京大學出版社 2008 年版，第 2349 頁）}

馬學調

馬學調，生卒年不詳。字玉坡，江蘇無錫人。著有《轉蓬詞》。見《全清詞·順康卷補編》第四冊。

【菩薩蠻·聽歌】

空階坐待林間月。疏槐影薄蟬聲咽。鳳吹隔鄰牆。遙聞珠翠香。愁多腸易斷。細聽梁州按。一曲紫雲迴。高城玉漏催。_{（張宏生主編：《全清詞·順康卷補編》第四冊，南京大學出版社 2008 年版，第 2363 頁）}

李　枚

　　李枚，生卒年不詳。字卜臣，江蘇無錫人。國子生。少游京師，保舉供奉内廷。著有《南皋詞草》。見《全清詞・順康卷補編》第四冊。

【最高樓・過獲嘉高枚臣先生署觀劇有感】

　　　　中州路，指點過童蒙。停轡暫從容。雞犬桑麻歌皞皞，閒庭鶴舞晝陰濃。新譜出，霓裳曲，醉東風。　　鶯喉滑、宜趁青春早。怕香殘、斷送容顏老。揾不住、上眉叢。半日悲歡千古事，賦詩橫槊弔英雄。提不起，因人熱，笑梁鴻。（張宏生主編：《全清詞・順康卷補編》第四冊，南京大學出版社 2008 年版，第 2492 頁）

周廷諤

　　周廷諤，生卒年不詳。字美斯，江蘇吳江人。諸生。少從長洲宋實穎遊。實穎愛其才，以外孫女妻之。既而學詩，有警句爲前輩顧有孝稱賞，廷諤益自奮，肆力於唐、宋諸大家，老而彌篤。嘗以邑人之詩自明以來分見於《詩乘》、《詩略》者，不下數百家，乃合選之。復廣搜補闕，仿《列朝詩集》例，人爲小傳，考其源流派別，論斷有據，美惡不相掩，名曰《吳江詩粹》。又續成兄歆所輯《吳江文粹》，凡四方與邑人所作詩歌、序記、碑銘、傳贊、書啓、題跋之關邑典故者，皆錄焉。又自錄所爲詩文，曰《笠澤詩鈔》，並藏於家。見《（乾隆）吳江縣志》卷三二。又有《浮玉山人集》、《蒓香詞》傳世，見《清人別集總目》。

【渡江雲・九月十四夜看簡邨演觀音燈船】

　　　　向蒼穹雲卷，風微縠細。燈火滿湖船。道靈山古佛，遊戲凡塵，紫竹裊爐煙。蘭橈桂檝，荻蘆裏、鬧鼓闐闐。君須記、遊人雜沓，是處樂豐年。　　良緣。水天一色，鄉市同風，三五兔光員。最消魂、茜裙霧鬢，珠袯花鈿。歎身世榮枯天付，好行樂、水畔山巔。乍雞唱，五更人散茫然。（南京大學中國語言文學系《全清詞》編纂研究室編：《全清詞・順康卷》第二十冊，中華書局 2002 年版，第 11640 頁）

王崇炳

　　王崇炳，生卒年不詳。字虎文，號鶴潭，東陽（今浙江金華）人。貢生。少負才名，於諸經無不誦習，繼乃肆力於詩古文，至後則篤志理學，登毛奇齡之門，講論甚合。耄年爲一鄉學者領袖，聘掌郡書院，教立學規十一則，以啓迪後進。

嘗言：「積學非難而廣學爲難，廣學之難難於出身擔荷。」蓋意在力行也。比學成而會萃群儒，統貫諸子，泯其町畦，性眞獨造。著有《金華徵獻略》、《金華文略》、《學耨堂詩文集》等。見《兩浙輶軒錄》卷一一、《清文獻通考》卷二二一等。

【百字令·湖溪十月朔賽社】

應鍾起律，孟冬初、霜樹紅綃橫帳。百戲娛神修故事，巧扮傳奇殊相。鴉鬢仙姝，霞冠羽士，甲冑雲臺將。黃昏人靜，蓮花千炬齊上。　　恍似出漢繁星，乍離乍合，笙管聞優唱。大婦淡妝少婦豔，鬖髻雲聯街巷。我已龍鍾，非因觀社，朋舊溫疏曠。良宵談愫，煩君重漉新釀。（南京大學中國語言文學系《全清詞》編纂研究室編：《全清詞·順康卷》第二十冊，中華書局 2002 年版，第 11839 頁）

【水調歌頭·重陽長衢賽社】

重九新霜降，尸祝聚庚桑。太平時節，欣逢樂歲，禾稼足倉箱。比戶割雞屠豕，沿路鳴鉦拊鼓，煙噴獸爐香。小砲連珠發，錯彩繡旗張。　　神如在，生護國，歿寧鄉。年年此日，村莊士女各奔忙。風動蝶翻羅袂，日照鴉堆雲鬢，插戴菊花黃。伴晚人俱散，優唱又登場。

（南京大學中國語言文學系《全清詞》編纂研究室編：《全清詞·順康卷》第二十冊，中華書局 2002 年版，第 11843 頁）

文　昭

文昭（1680～1732），字子晉，號薌嬰居士，又號紫幢軒主人、北柴山人。饒餘敏親王阿巴泰四世孫，著有《紫幢軒詩集》。王樓村曰：「紫幢以鮑、謝爲胚胎，而又兼綜眾有，擷諸家之精華，其味在酸鹹之外。」見《清史稿》卷四八四、《晚晴簃詩匯》卷九等。

【踏鐙竹枝詞八首（之一）】

舞象搏獅各弄威，花腔紅鼓唱成圍。都人扮傀儡腰鼓而唱，謂之打花鼓。又或蒙綵繢作獅象狀，謂之舞博戲。繡花鞾窄前門遠，看過東華緩緩歸。

（《紫幢軒詩集》古瓻集卷上，清雍正刻本）

【與舍弟輩縱飲劇談】

錦堂併日小排塲，度曲彈絃樂未央。縱飲已判良夜醉，歡顏強作

少年狂。桃花扇映紅衫薄，椰子瓢分綠酊香。橡燭燒殘人散後，北窗歸臥夢羲皇。（《紫幢軒詩集》交春集，清雍正刻本）

【東峰弟舍中與群弟輩觀劇追錄去年作】

么弦小袖簇華筵，裝點承平覺汝賢。轟飲狂呼寧信老，探杯拋令不辭先。瑣窗釦砌浮花氣，鴛幕猩簾壓篆烟。月上酒闌歌漸促，大家移席看場圓。（《紫幢軒詩集》古瓿續集卷二，清雍正刻本）

【到邨五十餘日懶不賦詩五月望後晚雷過訪流連句日徧遊近邨吟興忽發遂同拈石湖雜興聊記一時之事時當夏日義取田園非敢效顰古人也（之十）】

觀劇南莊狎眾嬉，留賓累日不教歸。千錢貰取蘆棚坐，遮斷紅雲夾日飛。（《紫幢軒詩集》松風支集卷一「甲集」，清雍正刻本）

【觀劇記雨和晚雷韻】

年登有戲場，聞鉦遠近赴。策蹇或驅車，扶老更攜孺。臺前永日留，眾壓等蚊聚。我亦一從遊，相將日已屢。今晨天氣佳，繁陰失炎煥。幸免火徹蒸，得借雲旗護。共愛滿眼歡，頓忘淋頭懼。傳聲急雨來，倏與飄風度。鬨散各崩騰，沾衣不暇顧。雷聲隱不聞，眾口恣叫呼。爭就蓆棚棲，擠排各依附。湏臾淅瀝收，整衣覓歸路。沙乾不作泥，青苔潤芒屨。晴開舍北山，綠縟橋南樹。夾路喜風清，到門將日暮。晚飰青燈前，邨醪爲君酤。（《紫幢軒詩集》松風支集卷一「甲集」，清雍正刻本）

【歌者吳郎姿技雙絕擅名梨園幾二十餘年舊余無因得識昨於從弟錫綬宅中始獲一面余齒加長而吳亦非盛年強顏勉笑殆深有不得意焉者余觀其志有足悲者因口占斷句四首以為贈】

（其一）色藝香名四海馳，相逢深悔十年遲。等閒華屋無心見，老尚驚人少可知。

（其二）古井無波久湛如，業緣懺盡已無餘。假饒不是而今見，情戒因君定破除。

（其三）斂笑凝眸覺愴神，歌聲猶自繞梁塵。兩行年少休輕薄，同是心灰意懶人。

（其四）竿木逢場亦偶然，不湏惆悵感華顛。紅燈綠酒笙歌底，

了卻三生半面緣。（《紫幢軒詩集》松風支集卷三「丙集」，清雍正刻本）

【十七日長男第中觀劇看放煙火十首】

（其一）承平氣象盡堪描，新廣燈期第四朝。朝罷身閒稱具慶，並將妹倩妹同邀。

（其二）黃封初啓薦春醪，甘脆盈前慰老饕。日費萬錢消一箸，又因口腹累兒曹。

（其三）高燒椽燭燦珊瑚，小擘紅雯可地鋪。北鄙伊涼等蛙部，宜人端的是吳歈。

（其四）稗官小說演荒唐，牛相張公盡渺茫。王四不知何代子，至今誣殺蔡中郎。

（其五）補過元來是負恩，《會真》一記不湏論。只緣實甫《西廂》出，掩郤從前《董解元》。

（其六）《牡丹亭》事太離奇，玉茗堂傳絕妙詞。四座悄然絃管曼，麗人唱出裊晴絲。

（其七）國朝樂府屬洪君，堪與臨川繼後塵。一掃宮闈疑似事，馬嵬千載有功臣。

（其八）優伶罷曲鼓停撾，火樹凌空閉月華。淨掃庭除多潑水，紛紛滿地撒梨花。

（其九）星光藥氣散園林，柝轉天街玉漏沉。不獨少年多意興，老夫一倍惜分陰。

（其十）北斗闌干月已西，添燈移席向深閨。一家團坐無賓主，自捧金樽讓老妻。（《紫幢軒詩集》檜棲草卷上，清雍正刻本）

【月夜西邸觀演雜劇】十一日。

秋陰夜月方朦朧，策杖偶過西邸中。阿囝尙沿宗伯好，笙歌小部梨園工。平鋪氍毹教演劇，爲娛菊姥同茶翁。呼奴更延邢、李卓哉、赤城至，別陳一席堂之東。綠酒盈樽果滿盒，天棚高敞秋燈紅。開場四座息喧雜，鉦鼓應節催伶童。笑彼計然策亦下，若耶禍水淹吳宮。髑髏劍鋒此爲利，吹簫抉目徒爲雄。復有汧國苦立志，平康靜姝殊可風。雙文於世信尤物，西廂待月琴爲通。六橋花柳佳麗地，賣油者子情尤鍾。可駭河東獅子吼，悍氣直欲披髯公。拜月夫妻成逆旅，泛然相值

浮萍踪。涓兮膩兮圖報復，酲醴都為妾婦容。乃信面目出假合，眼前欣戚知無庸。燈殘酒醒劇已歇，雲開皓月當遙空。此際應有飛仙鞚鶴頭上過，俯視吾人鹿鹿直與傀儡同。（《紫幢軒詩集》槐次吟，清雍正刻本）

【二十九日同菊姥長女過玉生家夜飲聽歌四絕句】

（其一）王家邀請夜筵開，二老相陪愛女來。滄酒清醇欒鯽羡，錦茵鼎坐共傳杯。

（其二）金縷銀貂血色裙，一雙十四五來人。耳根領略吳歈慣，乍聽秦聲覺轉新。

（其三）音韻翻新換舊詞，三絃子急襯琵琶。黃鸝調轉腔隨改，打差橫添銀鈕絲。

（其四）簾外春陰釀墨雲，歌聲都闋酒初醺。羊燈一顆明如月，聯步歸來夜已分。（《紫幢軒詩集》艾集上，清雍正刻本）

【二月初五日招卓哉載揚椒園范甥玉生范君西邸觀劇諸君用竹垞先生觀倒刺四首韻紀事余亦補作】

（其一）開筵列坐盡酸寒，廊外分排護衛官。一盞高麗葠朮酒，頓教衰頰渥如丹。

（其二）四座無言口似缾，凝神側耳細為聽。傴僂翁作招搖態，更事輕盈學小青。<small>謂杭州串客陳叟。</small>

（其三）眼花看似隔重綃，命僕還添燭幾條。邢丈較予三歲長，坐深終不倦身腰。

（其四）盤餐狼藉酒都涼，鼓已懸槌遂倚床。遙見諸伶相耳語，最諳蘇、白是王郎。<small>坐中惟載揚為吳人。</small>（《紫幢軒詩集》艾集上，清雍正刻本）

薛　雪

薛雪（1681～1770），字生白，號一瓢，江蘇吳縣人。諸生。乾隆丙辰（元年，1736）舉博學鴻詞。沈歸愚曰：「生白游橫山葉先生（燮）之門，自少已工於詩。既長，託於醫得食，以養其二人。其詩綺麗者本飛卿，鑱鑱荒幻者本昌谷，平易者本樂天、東坡，而最上者則又闖入盛唐壺奧。是生白之生平難以一端概者。生白之詩，亦難以一體盡之。」生白以醫名，同時葉天士（桂）醫名最著，生白頗與立異同，故署所居曰「掃葉莊」。詩法淵源甚正，而詩名為醫所掩。著有《一

瓢齋詩存》六卷、《一瓢詩話》一卷、《醫經原旨》六卷、《溫熱論》一卷等。見《(同治) 蘇州府志》卷一一〇、《古今醫史》、《晚晴簃詩匯》卷七三等。

【和徐振遠看燈詞十首（之八）】

聯珠明角價難酬，最數揚州與福州。新貴宅中歌妓院，一層光映一重樓。(《抱珠軒詩存》卷六，清乾隆掃葉村莊刻本)

【和徐振遠看燈詞十首（之九）】

粧點胡姬簇馬過，花盤墊子眼橫波。只圖南國人腸斷，怎奈腸如鐵石何。(《抱珠軒詩存》卷六，清乾隆掃葉村莊刻本)

【和徐振遠看燈詞十首（之十）】

鷄毂撩亂漏聲殘，香炷歌沉燭影寒。幔卷霜花斜月下，何人還就此時看。(《抱珠軒詩存》卷六，清乾隆掃葉村莊刻本)

【聽友人彈琴歌】

嶧陽孤桐石上生，爲君裁作聲泠泠。東家嬌娘春睡足，寶釵敲斷芙蓉屏。桃花、李花落無力，鳳皇遠指江娥泣。關門楊柳一千里，角動瑤天月如水。昵昵一曲商換羽，夢破殘燈淚紅雨。神山神嫗有步武，潑剌潛魚鳥歌舞。清風颯颯滿大宇，幽蘭、叢竹無塵土。吁嗟古人不復作，請君翻入琵琶譜。(《一瓢齋詩存》卷一，清乾隆掃葉村莊刻本)

【三絃曲】

濃樹作陰天一色，疏雨初收月初白。三絃不是尋常聲，孤館愁人聽不得。玉盤歷落亂鮫珠，點滴冰壺承琥珀。風裳雨佩來煙魂，寂寞西陵冷幽魄。莫教彈與關山卒，平沙浩浩無阡陌。煙魂幽魄復可尋，關山月冷思鄉國。(《一瓢齋詩存》卷一，清乾隆掃葉村莊刻本)

【聽友人彈琵琶行】

酒酣結隊參差行，衡門剝啄聲丁丁。主人出迎客入揖，軒軒滿座皆狂生。吾聞主人琵琶天下無，請彈一曲娛狂徒。主人不辭客悄然，沉沉蠟燒茱萸煙。此時調絃初轉軸，已撒明珠憂崑玉。旋成曲調旋有情，恍恍疑聞出谷鶯。隨手一彈三四解，口嚼銛蘆吹出塞。再彈亂走百萬兵，雜雜嘈嘈鐵甲聲。串珠不斷抹復桃，劃然一擘如魚跳。就中

卻起鄉關思，夢怯西風胡馬驕。金撥將收聲不歇，悠揚宛轉成幽咽。
哽哽凄凄無限情，樓頭少婦心中血。主人與客各無語，西窗殘月如殘
雪。（《一瓢齋詩存》卷一，清乾隆掃葉村莊刻本）

潘　謙

潘謙（1681～？），字敬亭，江蘇吳江人。家貧而嗜詞，自謂盛湖菱渡之野
人。著有《緯蕭詞》。見《全清詞·順康卷》第二十冊。

【誤佳期·賦得崔鶯鶯待月西廂下】

　　良夜忍教虛度。月照西廂庭戶。幽期悄待玉人來，羅襪沾珠露。
　　牆月獨徘徊，頻轉雙眸顧。風篩花影影蹁躚，錯認仙郎步。（南
京大學中國語言文學系《全清詞》編纂研究室編：《全清詞·順康卷》第二十
冊，中華書局 2002 年版，第 11777 頁）

程之鵷

程之鵷（1682～？），字羽宸，又字采山，安徽歙縣人。客遊南昌，遂家焉。
貢生。其遊蹤幾遍大江南北，發而爲詩，多登臨憑弔之作。同郡曹進士震亭與之
倡和。震亭多才不輕許可，獨折服之鵷。著有《練江詩鈔》。見《清詩別裁集》
卷二九、《江西詩徵》卷七〇、《晚晴簃詩匯》卷八六等。

【夜聞吳歌】

　　（其一）吳江船子送吳歌，夜半聲聲枕畔過。續了斷時時復續，
餘音無際渺煙波。
　　（其二）柁尾聲穿透碧空，隣舟隨和曲同工。誰歌月子彎彎句？
果見清光滿一篷。
　　（其三）一聲煙際更微茫，帶櫓咿啞韻自長。正欲就眠剛喚醒，
不容清夢到家鄉。
　　（其四）瀟瀟夜月劇凄涼，古調情深自斷腸。寧獨廣陵悲曲散，
風流歇絕憶吳娘。吳娘暮雨瀟瀟曲，自別蘇州，更不聞白樂天詩也。
　　（其五）風月雙清孰譜詞，自將心事訴流澌。吳江多少相思恨，
都付行人淚點知。（《練江詩鈔》卷七「近體詩」，清乾隆十八年王鳴刻本）

陳　梓

　　陳梓（1683～1759），字俯恭，又字古銘，號一齋，浙江餘姚人。雍正甲辰（二年，1724）舉孝廉方正，不就。工書、善詩詞。詩文書法，高超絕倫。鄉居臨山，讀書事親，以布衣終。著有《刪後詩存》。見《甌餘詩話》卷八、《晚晴簃詩匯》卷七〇等。

【李天下】

　　　　口中兩天下，頰上一掌批。伶人撻優人，天子如小兒。壯志摧弱情，昔盛今何衰？令德鮮克終，望古長歔欷。（《刪後詩存》卷一，清嘉慶二十年胡氏敬義堂刻本）

【揚州竹枝詞】

　　　　充飢畫餅聊相慰，掩耳偷鈴且自瞞。傀儡當場群喝采，風花滿地獨憑欄。（《刪後詩存》卷十，清嘉慶二十年胡氏敬義堂刻本）

龔培序

　　龔培序（1684～？），字念倫，一字虛白，仁和（今浙江杭州）人。著有《竹梧書屋詩稿》。見《兩浙輶軒錄補遺》卷八。

【演劇二首】

　　　　（其一）曲屏圍繞列長檠，交錯觥籌鬮酒兵。莫奏哀絃并急管，座中羈客易傷情。

　　　　（其二）處士當年罵阿瞞，至今遺恨髮衝冠。不如撾破漁陽鼓，免激筵前壯士肝。（《竹梧書屋詩稿》卷二「近體」，清康熙五十一年竹梧書屋刻本）

欽　璉

　　欽璉（1685～？），字寶先，號幼畹，長興（今屬浙江）人。雍正癸卯（元年，1723）進士。官南匯知縣，有惠政。著有《虛白齋集》。見《（乾隆）江南通志》卷一〇七、《晚晴簃詩匯》卷六五等。

【和茅止生讀史詩（之三）】陶峴恣情山水，製三舟，一載飲饌，一載賓從，一載聲伎，往來五湖間。

　　　　每鄙豪家羅綺筵，又嫌泉石性多偏。英雄自有藏身法，鼓棹從看

富貴仙。(《盧白齋詩集》北上草，清乾隆刻本)

【和茅止生讀史詩（之四）】蘭陵王驍勇善戰，每戰，先令女伎奏箜篌、琵琶度曲，遂單馬入陣。

一隊紅粧細馬馱，錦衣玉甲坐橫戈。數聲曲罷搖鞭入，爲道停絃聽凱歌。(《盧白齋詩集》北上草，清乾隆刻本)

李兆齡

李兆齡（1688～1737），字仁遐，號月巖，直隸高邑人。永寧知縣伸子。聰敏英豁，以諸生輸滇、黔兵餉，例敘知縣。不即赴選，潛心續學垂二十年乃出，選得福建之閩清。閩俗習悍健訟，或糾眾械鬥，大吏累申屬禁不能革。兆齡廉得大猾，捕其尤黠者置之法，境內帖然。嘗攝莆田縣事，諸生有游添者，以姦逼殺人論辟，兆齡察其冤，破械出之。他所定積年疑獄十餘案，皆得其情。大吏知其能。然性廉介峭直，不肯迎上官意，時或觸忤之，故在閩七年，無論薦者。決計歸，絕口世故，以課子爲事。所著有《舒嘯閣詩集》。見《(乾隆)福建通志》卷二七、《(民國)高邑縣志》卷七等。

【己亥孟夏邑令瞿公招飲觀影劇時雨初晴芳葩始綻賓主勸酬樂可知已聊賦長句誌喜】

時雨初晴喜氣重，錦屏夜讌戲魚龍。訟庭吏散鶴聲朗，琴室春醅酒力醲。架上圖書充宦橐，堦前紅藥是瓶供。衰殘幸荷帡幪下，聊效歌謠頌魯恭。(《舒嘯閣詩集》卷五，清乾隆李渭刻本)

張鵬翀

張鵬翀（1688～1745），字天扉，一字抑齋，號南華。嘉定（今屬上海）人。雍正丁未（五年，1727）進士，授檢討，乾隆時仕至詹事。詩才敏捷，又手擊鉢，頃刻即成。官侍講，日進經史法戒詩五十章，寓規於頌，上嘉納焉。又善山水，師元四家，尤長倪、黃法。雲峯高厚，沙水幽深，筆清墨潤，設色沖淡，兼有麓臺、石谷之風。嘗曰：「近來畫道非庸即俗，日就凌澌矣。不極力振刷，安繼前徽？」著有《南華山房詩鈔》。見《國朝詩人徵略》卷二六、《國朝畫徵錄》卷下、《晚晴簃詩匯》卷六六等。

【丹陽舟中坐雨聽歌醉後縱筆】

曉雞膠膠蟲唧唧，幽人掩窗臥歎息。東船西舫隔咫尺，泥滑雨

深行不淂。須臾雲斷江搖碧，董郎招呼躡雙屐。主人據牀手撫笛，選聲按調調平仄。夭僮四五叉手立，咀宮嚼徵弄腔拍，坐客無聲鶴頭側。逡巡竹肉自相汙，鶯簧欲轉嬌仍澀。哀情怨思動肝膈，魚沉雁斷關山黑。空房悲風夢南北，浮萍飄搖絮無跡。聯聯綿綿斷復戢，羊腸九廻訴胸臆。行雲不行天欲泣，醉圍烏絲洒凝墨。殘燈燄燄雨猶滴，芙容欲落寒濤急。（《南華山房詩鈔》卷二「海螺集下」，清乾隆刻本）

趙 昱

趙昱（1689～1747），原名殿昂，字功千，號谷林，浙江上虞人，寄籍仁和（今浙江杭州）。貢生。乾隆丙辰（元年，1736）舉博學鴻詞，全謝山曰：「其氣穆然以清，其神油然以瑩，其取材浩乎莫窮，其別裁蓋非一師一家之可名也。」乾隆初，武林壇坫最盛，杭、屬為之領袖。谷林昆季風雅好事，小山堂藏書之富，輝映林泉。一時文人騷客，倚為東道主。所作並博雅為宗，成為風氣。雖堂宇未閎，要皆洗淨屠沽也。著有《愛日堂吟稿》。見《國朝先正事略》卷四二、《文獻徵存錄》卷五、《國朝詞綜續編》卷二、《兩浙輶軒錄》卷二三、《晚晴簃詩匯》卷七三等。

【浪淘沙·伶人許雲亭音色絕麗時賢即以雲亭兩字賦詩相贈余亦戲效譜長短句二闋】

（其一）鶯嫩閣輕雲。齒亦流芬。櫻桃樂府總輸君。金縷輳提周后小，心事繽紛。　　花豔賽羅裙。三沐三熏。飛瓊仙氏幾回聞。無事認同呼小玉，名記雙文。擅場一劇名《小妹子》，曲殊側豔，故用小周后事。

（其二）小立自亭亭。粉鏡吳伶。眉如翠葉眼如星。左右風懷春欲訴，柳困花醒。　　歌拍按雲屏。愁到慵聽。韓娥遺響囂齊青。身學楚宮腰細細，心有犀靈。（張宏生主編：《全清詞·順康卷補編》第四冊，南京大學出版社 2008 年版，第 2251～2252 頁）

李 宏

李宏（？～1771），字濟夫，一字用茲，號湛亭，正藍旗漢軍。官至河東河道總督。著有《戢思堂詩集》。見《切問齋集》卷一〇、《晚晴簃詩匯》卷八五等。

【觀劇後小窗聽雨】

（其一）歌罷挑燈聽雨聲，耳邊濃淡本分明。紛投一過無蹤跡，心且難尋何處情。

（其二）定能生慧說工夫，才用工夫定慧無。究竟強爲堪說處，風來雲去月明初。（《戢思堂詩鈔》卷下，清乾隆五十七年李奉瀚刻本）

諸葛義和

諸葛義和，生卒年不詳。字西秩，號敬亭，江蘇丹陽人。諸生。著有《雲曲山藏集》。見《國朝詞綜續編》卷一。

【滿江紅・觀女郎演劇用天山韻寄所思】

（其一）楚楚腰肢，不信道、風流如此。想當日、春初荳蔻，將毋同是。疏髮星星年易老，青天夢夢愁難寄。彼華堂、執拂者誰歟，今亡矣。　　餐秀色，甘而旨。更冶服，紅兼紫。與箏師笛妓，喁喁唯唯。卿若憐卿須自惜，我寧作我從他恥。問塵埃、若箇識英雄、紅顏耳。

（其二）十斛明珠，方不減，才人聲價。更莫問、濟尼優劣，何如張謝。忽聽鷟從窗外語，頓教淚向風前灑。把晉陽、花首特題卿，其餘者。　　記摒擋，圍屏罅。曾旖旎，垂簾下。有星君月姊，相邀同社。幾度夢游神女峽，重來門繫蕭郎馬。笑青樓、薄倖杜樊川，余非也。（南京大學中國語言文學系《全清詞》編纂研究室編：《全清詞・順康卷》第二十冊，中華書局2002年版，第11786～11787頁）

【沁園春・海陵觀俞太史家姬演劇】

花滿春城，膩漲銅溝，風光綺靡。正戟門開宴，兩行紅粉，笙歌按拍，百囀黃鸝。眉語峰斜，目成波俏，忽發狂言甚不羈。休驚訝，引一杯綠蟻，自效情癡。　　夜闌月洗彤墀。恰摒擋、婀娜桃李枝。況當筵燭滅，神逾飄蕩，滑稽纓斷，事更掀奇。僕本恨人，公眞長者，小疊紅箋索品題。盈盈態，取哀絃脆管，爭譜新詞。（南京大學中國語言文學系《全清詞》編纂研究室編：《全清詞・順康卷》第二十冊，中華書局2002年版，第11787頁）

【沁園春·見秋篦有錄余海陵觀劇詞感賦】

　　雲斂巫陽，飀解江皋，塡成小詞。縱春風楊柳，萬條離緒；桃花人面，兩處相思。玉惜青衫，才憐金粉，似夢年光暗裏移。閒惆悵、把冰絃浪撫，淚滴金徽。　　怪來默倚罘罳，渾不辨、心情醉復癡。想流觴亭畔，波澄似鏡，迷仙閣外，山遠如眉。名揀香呼，姓堪絲繡，翩若驚鴻天外飛。沉吟久、嘆才人厮養，自古同悲。（南京大學中國語言文學系《全淸詞》編纂研究室編：《全淸詞·順康卷》第二十冊，中華書局 2002 年版，第 11787 頁）

高景芳

　　高景芳，生卒年不詳。漢軍正紅旗人，居江寧。閩浙總督高琦女，世襲一等侯張宗仁室。以小賦爲第一，詩餘次之，詩則五古、七古，屬辭比事，得風人之旨。著有《紅雪軒稿》。見《八旗詩話》、《雪橋詩話》卷九等。

【雙彈賦有序】吳門女周姬，幼聾而慧，能以兩手並撥琵琶絃子，指不錯揮，聲不相混，名爲雙彈，蓋絕技云。余曾贈之以詩，惜未詳盡，復廣其意而成賦。

　　蓋聞巧匠製器，工精式奇，面背相稱，輕重合宜，選材於文梓良檟，取料於白檀紫榆。腹大頭昂，仿彿螳螂之象；盤圓柄直，依稀琴瑟之遺。節分三調，絃應四時，是名琵琶，樂出龜茲。別有三絃，非箏非阮。蛇皮輓其下鼓，花梨琢其直幹。絃馬橫支，發其音聲。牙軫斜插，程其緊緩，是名絃子，近代始見。二器雖陳，能兼者罕。既異枳敔，亦殊笙管。手並操以難和，技獨成而斯善。則有吳趨妙倡，茂苑姣人，覯貌爲奏工之高弟，問姓則顧曲之後身。白傅篇中，未作商人之婦；雪兒隊裏，曾居朦史之倫。憶昔君姑，隨任八閩。道由平江，悅其雋聲。挈至官署，以娛昏晨。爾年方少，爾藝已精。調絲應律，歌曲遏雲。復經廿載，重來建業。余眼頓青，爾鬢將白。留於壺中，俾侑筵席。竹肉淸婉，絃索明劃。再呈其伎，了無痕跡。上則斜抱，下則橫膝。右手頻挑，左指細擘。一聲兩聲，裵姒裂帛；三轉四轉，文姬按拍。乍飄搖以輕颺，柳陌鸎花；忽崢縱而急促，沙塲戈戟。似分似合，不疾不徐。敲金戛玉，類瑟非竽。抑揚中節，斷續如絲。珠歷落於盤中，濤震撼於江壖。孑然以止，月明窗虛。四座寂寥，餘音淸淒。俾伶倫之高手，咸傾耳以如癡。謂並奏之難工，矧雙聲之可娛。

共望風而遙謝，愧所習之粗疎。倘獲授於善才，詎自委夫嵩愚。於是收絃不彈，袖手無語。置器於案，整袂而起。掩抑若思，便娟欲去。目怅怅以自憐，歲匆匆其易逝。悼藁砧之淪亡，感芻豢之芳旨。庇棲息於萬間，悟明闇之一致。抱絕技以不傳，侍深閨而畢世。藉彤管之鋪揚，留微名於後褉。（《紅雪軒稿》卷一，清康熙五十八年刻本）

【秦箏歌】

蜀桐四尺張吳絲，行行雁柱列參差。女兒十五上頭時，纖手欲擲音節遲。初如流鶯語春曉，間間關關啼不了。又如俊婢歌窗前，轉喉既脆調復圓。繁聲悲哀促聲怨，秦娥訴愁情緒亂。緩則融和細則清，胡姬倚月吹瑤笙。銀甲纖長玉指瘦，坐客殷勤聽來久。明朝走馬向居延，便覺春風到楊柳。（《紅雪軒稿》卷二，清康熙五十八年刻本）

【贈歌者三首】

（其一）摘阮琵琶兩樣聲，雙彈手法最分明。女郎技比崑崙妙，不用更衣也擅名。

（其二）怨調凄清已不同，新聲宛轉更玲瓏。行雲遏盡天如水，明月多情秋正中。

（其三）南曲柔靡北曲麤，由來腔拍迥分途。秦青老去喉偏嫩，雙調歌成一串珠。（《紅雪軒稿》卷五，清康熙五十八年刻本）

【觀劇九首】

（其一）湘箔低垂繡毯鮮，清歌妙舞得人憐。莫嫌離合須臾事，一局殘棊五百年。

（其二）樂時鼓掌苦眉攢，關目偏從冷處看。眼底可能無笑罵，世間原自有悲歡。

（其三）花枝顏色玉肌膚，半夜能行千里途。羨煞烏蠻新髻樣，親從魏博取兵符。

（其四）夢生迷誤醒方知，五十餘年也未遲。寄語邯鄲往來客，枕中榮辱不多時。

（其五）深宮盟誓語猶存，古驛凄凉聲暗吞。一箇寵妃留不得，却教方士與招魂。

（其六）俠女西施世所無，輕身爲越沼東吳。誰言二十餘年後，

猶共陶朱泛五湖。

（其七）白雲重疊鎖仙山，草木融和鸞鶴閒。想自阮郎歸去後，不容流水到人間。

（其八）絳蠟高燒玉漏深，嘈嘈絲竹奏哀音。休拈紅豆傳新拍，一曲能令淚滿襟。

（其九）梨園技藝不尋常，天寶傳來舊樂章。賜與纏頭紅錦段，翠盤重看舞霓裳。（《紅雪軒稿》卷五，清康熙五十八年刻本）

【病起十首（之八）】

《觀劇·調寄中興樂》：晚來樺燭兩行分。何妨試奏新聲。錦茵襯地，花帽躬身。卻將院本高呈。盡拋騰。傳奇雜齣，插科颭弄，扮假如眞。　　笙簫吹合最輕清。舞容歌態娉婷。意中離合，局外分明。莫教唱徹三更。倦難聽。不如歇拍，掃除色相，葆惜精神。（《紅雪軒稿》卷六，清康熙五十八年刻本）

胡蘇雲

胡蘇雲，生卒年不詳。江西南豐縣人。著有《芥浦詩刪》。因內有違礙語，該書乾隆年間被禁毀。

【設辟邪伎鼓吹雉子班曲辭】

鼓吹華屋，《雉子班》曲。張以舞衣，伶人競出。瞥見辟邪長尾鹿，鬒鬒竪起支兩角。左右攫挐睜威目，須與一角獨躍立，彭蠡分存四隅不敢觸。當階扇錦雉，青煙嫋娜生。介鳥鳴，山風清。堯舜在上，四運萬物皆光明。不有巢父，幾令中天氣象湫隘非崢嶸。（《芥浦詩刪》卷二「樂府詩」，清乾隆刻本）

吳法乾

吳法乾，生卒年不詳。字述祖，江南長洲（今江蘇吳縣）人。諸生。著有《自怡詞》。見《國朝詞綜補》卷一〇。

【摸魚兒·觀演督亢圖】

趁新晴、佳時重五，停橈柳岸蓮浦。攜將小部梨園隊，演出傷心無數。君看取。最苦是、於期身死終何補。荊卿一去。更壯士無還，

蕭蕭風起，易水自今古。　　思前事、鉛筑當時又誤。英雄遺恨誰訴？看函師出燕城破，滿目河山非故。渾無據。早又是、楚人一夜咸陽炬。可憐焦土。歎紅燭當筵，金尊尚暖，世事已如許。（清・丁紹儀輯：《國朝詞綜補》卷十，清光緒刻前五十八卷本）

楊士凝

楊士凝，生卒年不詳。字妙合，號笠乘，江南武進（今江蘇武進）人。康熙丁酉（五十六年，1717）舉人。官山東單縣知縣。濡染家風，亦喜文事。詩學溫、李，然未成家。著有《芙航詩襏》十二卷。見《清詩別裁集》卷二三、《晚晴簃詩匯》卷五九、《清代毗陵名人小傳稿》卷二、《清詩紀事初編》卷四等。

【捉伶人】

周詩鄭衛開淫鼃，雅歌漸廢盈箏笳。梨園法曲并湮沒，俗尚扮演增繁華。登場衣冠活傀儡，課督黃口嚴鞭撾。妙遴人才辦裝束，黃金千盡奚堪誇。綺筵雜奏洽賓從，五更燭影圍紅紗。三春各部賽邨社，翁媼什伍喧桑麻。農家衣食大不易，摒擋日給盤殽嘉。睢盱生釁起攘臂，輒俾親串爭官衙。技工譽盛勒高價，主人貸券無容賒。饑鷹飼飽竟颺去，野性未必馴麞虘。江南營造轄百戲，搜春摘艷供天家。賄通捷徑冀寵利，自媒勾致姑蘇差。採香中使暫停轂，不勞官府親擒拿。背恩都作脫籠雀，報德絕少銜珠虵。楊枝駱馬去弗顧，眼看別路彈琵琶。力謀智索兩無益，一庭風散空中花。童時濡染惑心志，今乃歷歷興悲嗟。銷磨歲月更有事，耽此自耗寧非奢。清歌盡可侑一盞，侍兒吹竹敲紅牙。勸君節性遠此輩，免教羅綺委泥沙。君不見，殺人優施橫白晝，大僚側目刑難加。輕肥雜沓長安道，酒肆倡樓恣狹斜。（《芙航詩襏》卷十一，鄧之誠：《清詩紀事初編》上冊，上海古籍出版社 1984 年版，第 449～450 頁）

朱玉蛟

朱玉蛟（1691～？），字雲友，江南長洲（今江蘇吳縣）人。沈德潛贈詩曰：「自昔敦盤同角逐，十年南北隔關河。歸田依舊雲龍合，讀畫眞如夢寐過。木雁中間聊寄託，義娥天際任奔波。他時耕釣能忘老，共荷江東白鷺蓑。」著有《白松草堂詩鈔》。見《歸愚詩鈔餘集》卷三、《（同治）蘇州府志》卷一三七等。

【月夜聽鄰姬度曲】

（其一）半簾明月瀉晴波，一曲渾如子夜歌。靜裏空憐音宛轉，不知中婦蹙雙蛾。

（其二）鳳簫聲曳半樓風，更聽檀槽運玉蔥。寂寂花陰情愈永，宛然人倚月明中。（《白松草堂詩鈔》卷六「五言絕句、七言絕句集唐」，清乾隆刻本）

李光國

李光國（1692～？），字定齋，一字智周，江蘇興化人。雍正七年（1729）拔貢。乾隆元年（1736）薦舉博學鴻詞。曾任祁門教諭。辭歸後，僑居高郵，工詩文，有《定齋詩鈔》等。見《淮海英靈續集》庚集卷三。

【觀劇】

綺席春燈囨虎豹，窮途短札餧豺狼。禍心毒手今安在？流盡清淮與濁黃。（《定齋詩鈔》，清乾隆二十五年師儉堂刻本）

夏之蓉

夏之蓉（1697～1784），字芙裳，號醴谷，江蘇高郵人。雍正十一年（1733）進士。乾隆元年（1736）召試博學鴻詞，官檢討，充福建鄉試正考官，提督湖南、廣東學政。之蓉虛哀樂善，出乎天性。於己不諱其所短，於人務盡其所長。集中有三不可忽詩，自註云：「孝感先生謂，天下無可忽之人，世間無可忽之事，此生無可忽之言。」著有《半舫齋集》。見《蒲褐山房詩話》、《國朝詩人徵略》卷二六、《（光緒）廣州府志》卷一〇八等。

【苗俗截句十首（之三）】

跪拜儺王前，紙錢各堆面。悲愴范七郎，聞者淚爲泫。_{酬神必設儺}王像。人各紙面。女裝孟姜，男扮范七郎，同聲哭之，甚淒愴。（《半舫齋編年詩》卷十二「古今體五十二首」，清乾隆夏味堂等刻本）

【黃雲門同年座中觀梨園演趙文華】

十尺氍毹上，裝成賤丈夫。梟心眞可怕，鼠輩究何誅。笑語傳形似，衣冠儼步趨。諸公臺省客，曾見此人無。（《半舫齋編年詩》卷十五「古今體五十七首」，清乾隆夏味堂等刻本）

筆者案：詩後學詩注曰：「撞鐘擿鼓，使聽者耳聾三日。」

邊中寶

邊中寶（1697～？），字識珍，號竹巖，任邱（今屬河北）人。殫心經史，見聞該洽。故發為詩也，如瑤琴石磬，逸韻鏗鏘。豐而不失諸靡，約而不失諸促，極性情之發越，而體裁一歸於正。乾隆三年（1738）舉人，官遵化州學正。竹巖為隨園微君之兄，隨園詩以清矯勝，竹巖則直抒胸臆，恬適和平。生平寄情山水，晚就養揚州，偕隨園遍歷名勝，都為《南游壎篪集》一卷，傳為佳話。另著有《竹巖詩草》四卷。見《國朝畿輔詩傳》卷三五、《晚晴簃詩匯》卷七五等。

【鄭巨卿參戎席上同江南諸君看小優次邢胡二生韻】

（其一）垂垂梅雨報初晴，杏實榴花照眼明。帥府開筵羅碩彥，由來學士快登瀛。

（其二）子才才調簇生新，邢。安定傳經席上珍。胡。二妙當筵成絕唱，可堪白雪和巴人。

（其三）歌兒環珮舞玲瓏，宛轉情多一盼中。座客顏開催賜扇，直從五月買松風。（《竹巖詩草》上卷，清乾隆四十年刻本）

【揚州雜詠】

（其一）腰纏萬貫上揚州，裘馬翩翩賽勝遊。畫閣連雲聲色麗，昭明誰問著書樓。

（其二）從聞東閣賞官梅，初見西園次第開。詩興今誰何水部，空餘月觀與風臺。

（其三）天人三策著賢良，俎豆巍巍司宅後堂。更列財官兼水母，計功明道兩無妨。

（其四）剪綵盤絲貼翠毛，裝成雜劇幾重高。齎來果餅能多少，浪費人間金錯刀。

（其五）梨園各部奏宮商，最是徐班足擅場。楚舞吳歈臻絕妙，無煩曲誤顧周郎。

（其六）燈火熒熒徹碧霄，樓臺到處響笙簫。衣香人影如梭織，踏遍維揚廿四橋。

（其七）殷盈遊女鬪紅粧，一抹春城隱綠楊。纜上篔輿拋桂棹，梅花嶺下問雷塘。

（其八）好景安排欠渾成，昨年纜去潤州城。揚江南望波濤湧，兩點金焦繫我情。（《竹巖詩草》下卷，清乾隆四十年刻本）

劉大櫆

劉大櫆（1698～1779），字才甫，又字耕南，號海峯。安徽桐城人。雍正己酉（七年，1729）、壬子（十年，1732）兩舉副貢。乾隆丙辰（元年，1736）舉博學鴻詞，庚午（十五年，1750）舉經學。官黟縣教諭。大櫆以古文辭名世，上承靈皋，下開惜抱。顧靈皋不能詩，海峰則頗致力於此。所論次《歷朝詩選》，上下古今，力趨正軌，與漁洋《古詩選》意指略同，而門徑較爲擴大。其詩意興豪邁，波瀾老成，以視惜抱，未易軒輊。著有《海峰集》。見《梧門詩話》卷三、《（光緒）重修安徽通志》卷二二三、《清史稿》卷四八五、《晚晴簃詩匯》卷六七等。

【聞歌（月白燈紅酒倦傾）】

月白燈紅酒倦傾，小樓歌發不勝情。何時一棹江南去，重聽彎彎月子聲。（《海峰詩集》今體詩二，清刻本）

【聞歌（月明風細翠蛾顰）】

月明風細翠蛾顰，一曲嬌歌淚滿巾。應是多情自傷別，不知比舍有離人。（《海峰詩集》今體詩二，清刻本）

【贈歌人】

白頭流落向江天，鳳唱淒涼沸舞筵。曾奏霓裳充立部，何人解識李龜年。（《海峰詩集》今體詩三，清刻本）

【擬王建宮詞十首（之二）】

畫袴朱衣作隊行，新翻法曲囀春鶯。內家粧束男兒樣，舞盡金蓮學不成。（《海峰詩集》今體詩四，清刻本）

【擬王建宮詞十首（之三）】

梨園弟子玉玲瓏，樂府新聲絕代工。一曲未終銀漢轉，水精簾外月如弓。（《海峰詩集》今體詩四，清刻本）

【觀劇】

誰出修羅掌，能韜日月光。經營依市儈，舉止學迷藏。救餒誠無策，升階尚有方。不知天地意，都用戲爲場。（《海峰詩集》今體詩六，清刻本）

蔣應焻

蔣應焻（1699～1754），原名素，字元揆，江蘇吳縣人。乾隆四年（1739）進士，官中書。見《（同治）蘇州府志》卷六三、《國朝詞綜補》卷一一等。

【摸魚兒·辛齋五叔招飲觀演長生殿傳奇】

喜良宵、管絃疊奏，當筵酒抱如許。兩行畫燭簾垂繡，演出《長生》全部。霓裳舞，眞引我。賞心痛飲杯無數。拓開小戶，是兵起漁陽。鼓鼙動地，急點打如雨。　　閒吟想、可恨將軍跋扈，六軍撩亂無主。錦城遠去名花萎，誰伴君王遲暮。蛾眉苦。君不見、馬前宛轉愁難訴！移宮換羽。更一曲零鈴，玉杯停飲，衫袖淚痕聚。（清·丁紹儀輯：《國朝詞綜補》卷十一，清光緒刻前五十八卷本）

黃圖珌

黃圖珌（1699～1765後），字容之，號守眞子，別署蕉窗居士，江蘇華亭（今上海松江）人。曾官杭州、衢州同知。工書善畫，尤以山水知名於時。著有《看山閣集》六十四卷。戲曲創作方面，撰有《雷峰塔》、《樓雲石》（一名《人月圓》）、《夢釵緣》、《解金貂》、《梅花箋》、《溫柔鄉》（又稱《二美圖》）、《百寶箱》、《雙痣印》等傳奇。見《（乾隆）江南通志》卷一三七、《（嘉慶）松江府志》卷五九等。

【遇艷歌自製詞】

（其一）顧曲憐余久檀名，櫻桃小口得逢卿。歌臨明月鴻驚舞，調入春風樹欲聲。

（其二）漫啓朱唇調玉管，還將纖手撥銀箏。却憐斷續黃鸝語，綴入紅牙別有情。（《看山閣集》今體詩卷一，清乾隆刻本）

【題鴛鴦幻傳奇】

（其一）是誦《關雎》樂不淫，可將蘭蕙比幽襟。漫憑一寸生花管，寫出佳人才子心。

（其二）似乎卓女當爐事，不作《求凰》一曲琴。是以命名原道幻，欲窮幻處少知音。（《看山閣集》今體詩卷二，清乾隆刻本）

【秋仲集友花間草堂觀演自製梅花箋一劇分韻得裁字】

落拓襟期素不才，一尊雅集對花開。柳腰櫻口爭奇艷，舞罷霓裳

五色裁。（《看山閣集》今體詩卷三，清乾隆刻本）

【聞周處士唱曲】

（其一）原來顧曲擅周郎，句艷音嬌怡我腸。疑是鳳鳴丹穴裏，
一回聞處散清涼。

（其二）腰瘦情狂似沈郎，數聲鼓吹出詩腸。渾如人坐清虛殿，
月朗風微夜色涼。

（其三）低按紅牙別有情，戲翻白雪已成名。若非霧妙李蟇笛，
何處偷來天上聲？

（其四）自有蘭芬無俗情，須知王室舊登名。長歌短拍流芳韻，
不作尋常靡曼聲。（《看山閣集》今體詩卷四，清乾隆刻本）

【柬謝楊閣學楷人序洞庭秋樂府】

一經點鐵便成金，始信仙家意味深。今日王關重吐氣，高山流水
有知音。（《看山閣集》今體詩卷四，清乾隆刻本）

【度曲偶成】

花前月下奏新聲，自愧遙傳顧曲名。世事看如一大夢，閒雲流水
幾多情。（《看山閣集》今體詩卷五，清乾隆刻本）

【友人連買雙妓（之一）】

弱柳夭桃稱並美，流鶯乳燕合相憐。纔教樊口歌方徹，更試蠻腰
舞向前。（《看山閣集》今體詩卷六，清乾隆刻本）

【題四才子傳奇】

（其一）《鬱輪袍》：清絲脆竹又翻新，摩詰風流宛尚存。莫賴吹
噓終有命，一枝獨占杏林春。

（其二）《揚州夢》：傳說當年有二喬，花愁柳恨幾時消？春風十
里揚州夢，吹斷秦樓月下簫。

（其三）《飲中仙》：八士清狂作美傳，詩中博士酒中仙。於今只
合騰騰醉，莫被人間名利牽。

（其四）《藍橋驛》：此段因緣入傳奇，仙凡一笑便留題。瓊漿能
解相如渴，只恐藍橋路欲迷。（《看山閣集》今體詩卷六，清乾隆刻本）

【歌妓】

紅兒喜唱歌，纖手撥銀箏。唧唧簷前燕，嚦嚦柳外鶯。強歌不辯字，維有作嬌聲。聞之一腸斷，愁思此際生。梁塵已吹落，流雲停不行。誰教鸚鵡舌？滴溜偏生情。致令聽歌者，曲盡醉未醒。（《看山閣集》古體詩卷一，清乾隆刻本）

【舞妓】

章臺有楊柳，迎風愁萬絲。嬌若小蠻腰，醉比楊妃姿。慊慊力不勝，疑是舞餘時。獨立春風裏，含情更可思。樓臺明月起，亭館金尊持。綠遍王孫草，看花歸不遲。（《看山閣集》古體詩卷一，清乾隆刻本）

【錢唐肆中醉筆（之三）】

錢唐有酒肆，沸耳絃歌聲。忽見少年妓，倚門若逢迎。燕趙色媲美，邢尹憐爲盟。慷慨出纖手，款款彈素箏。宮商猶宛轉，溜入江濤清。更能啓皓齒，嚦嚦歌如鶯。道字雖不正，頗得歌之情。梁塵吹自落，流雲遏不行。歌罷卸銀甲，向客勸舉觥。佯羞還帶喜，令人一顧傾。櫻口偏的溜，柳腰何輕盈。搖落風塵裏，嘆息誰攜擎？漢關逐劉向，洛陽輕賈生。甚矣才難遇，悲哉命可驚。古者有如此，何況當代英！雊猶呼作鳳，杙何難爲楹。我懷趙氏璧，徒值價連城。不如飲十斛，謝此浮游名。臨江題詩句，心與水回縈。詩酒豈曰好，藉以守拙誠。豪興捫酒盞，郢曲落江城。口涎垂麯蘗，狂醉輕公卿。願樂我鶡冠，不願請華纓。願樂我野蔬，不願食侯鯖。飲酒我所重，聽歌情非輕。聽歌還飲酒，放浪自天成。（《看山閣集》古體詩卷二，清乾隆刻本）

【蓉石戴茂才惠示鴛鴦幻傳奇】

不信宇宙仍有兩知己，吾居華亭君浦南。華亭鶴鳴清風起，秋浦潮平明月含。神交數載不得見，清風明月兩相擔。往歲衡門垂下問，握手如故多清談。不覺自恨相見晚，快讀新詞一二函。崑山之璧光射眼，合浦之珠貫成串。花間雅製白苧歌，流鶯巧合紅牙板。雙鬟爭唱劉郎歌，旗亭春暖花枝產。元、白才華鮮有聞，王、關風雅今屬君。世事何眞耽不得，君從幻處破浮雲。其爲歌也清且麗，悠揚之聲世不群。空中抒寫無束縛，游戲筆墨偏成文。諧聲協律多情致，美人香艸應有寄。余生亦喜塡新詞，鳴琴未得逢鍾子。所以裂譜不重談，今得

覩此實痂嗜。何時貰酒向西窗，與君刻燭傾鼓吹。(《看山閣集》古體詩卷二，清乾隆刻本)

【友人邀往觀荷】

處士獨愛蓮，蓮亦隨高潔。淨植出淤泥，遠觀不可褻。葉捲碧於藍，花翻紅似血。半含韻自幽，全吐情欲泄。迎風力不勝，帶月嬌尤絕。主人素多情，貰酒頻相挈。憑闌觀不足，臨流泛楫楔。二三皆知己，此日喜敘列。水鏡映美人，金尊照英傑。無往不風流，相看何曲折。身在畫圖間，烟霞用不竭。境入幽閒中，風月欣未缺。灘頭鷺一群，柳外橋半截。綠竹自蕭森，青山更凹凸。坐久於其中，心神自怡悅。涼生六月天，景過三春節。愁殺蕩舟人，依依不忍別。何惜酒千杯，但教歌莫輟。檀板按新腔，嚦嚦調鶯舌。絃管聲相吹，夜月松梢徹。烟盡天光清，疎星明不滅。薰風自南來，暑散無炎熱。倏忽易生寒，臨秋風冽冽。葉脫木自落，青山着白雪。良會憶今時，花落水嗚咽。聚散寧能常，古人所悲切。臨尊須盡歡，不醉席休撤。賢主世所難，到處逢人說。花月恣勝遊，何時緣再結？(《看山閣集》古體詩卷四，清乾隆刻本)

【譜曲偶戲】

花前月下醉酕醄，試展雲箋拈綵毫。一曲歌成誰與和，辭雖荒謬調偏高。(《看山閣集》續集詩卷四，清乾隆刻本)

【棲雲石題辭】

（其一）幻想奇思總爲情，情之一字死還生。看來兒女情難奪，話到鬚眉心自傾。

（其二）綵筆時聞絃管聲，移商刻羽譜初成。無非舊事翻新調，畫煩描眉一段情。(《看山閣集》續集詩卷四，清乾隆刻本)

【雷峰塔題辭】

（其一）年來益覺我情癡，弄月吟風筆一枝。色即是空空是色，其中妙理少人知。

（其二）拙性生來守一眞，談仙說鬼未如人。偶將情境翻奇境，絲竹聲中覺又新。(《看山閣集》續集詩卷四，清乾隆刻本)

【壽日追憶少年景況】予弱冠時，即好爲歌詩以自娛。當二十，親友相贈詩章，一時成帙，膾炙人口。今宦遊三十年，已屆週甲，分駐山中，親朋疎遠，民皆務農，鮮知文墨。當此之日，村醪一尊，自歌自酌，以自爲壽也。省一番頂冠束帶、揖讓酬答之煩，不亦樂乎？

　　無才無德老癡頑，每欲求閒未得閒。勁守一身能不俗，驚看兩鬢漸成斑。宦卑祿薄維供酒，地僻民稀但看山。泉石自依偏密邇，親朋何處可追攀。風聲澹澹相生境，月色溶溶深鎖關。心似危灘鶴獨立，身如深澗水幽潺。幾經霜雪猶如此，蒲柳翻爲松柏顏。

附錄贈言：（編者案：選錄4人7首）

1. 閣學楊楷人先生：

　　花間主人_{集花間草堂}英年雋望，雅擅填詞，茲登高節後二日爲二十初度之辰，同人咸有贈言，率成俚句，以附賓筵之末，希賜郢政。

　　（其一）無雙江夏舊門風，一樹瓊苞出綺叢。賦就凌雲剛弱冠，漢廷應不數終童。

　　（其二）摻撾畫鼓木蘭舟，霜月橫空恣勝遊。萬頃玻璃天一色，高懷長占《洞庭秋》。_{主人嘗演《洞庭秋》一劇惠示，故云。}

　　（其三）蕤正含房菊正花，香風拂飄入流霞。雲邊青鳥傳消息，應有麻姑降蔡家。_{亦因本劇及之，並致祝筵之意。}

　　（其四）法曲清商若箇知，金荃麗句譜烏絲。何時貰酒旗亭下，聽唱君家絕妙辭。（《看山閣集》續集詩卷八，清乾隆刻本）

2. 張外翰蒿塍：

　　（其三）草賢詩聖占高名，戲寫青山別有情。更按宮商填樂府，時從花底聽吹笙。（《看山閣集》續集詩卷八，清乾隆刻本）

3. 王農部彤文：

　　谷水縈紆護畫堂，客來珠履欲成行。妙辭久叶宮商譜，弱冠初歌川阜章。花號延年開碧硐，杯名承月泛瓊漿。縣知萬丈文光焰，隨卻桑弧射四方。（《看山閣集》續集詩卷八，清乾隆刻本）

4. 夏州佐全璜：

　　理學潛陶二十秋，黃香家世擅風流。畫摹北苑眞如黛，書法南宮勁似鉤。舞綵承歡娛晝錦，談文驚座振箕裘。更誇夢裏花生管，好譜

新聲付部頭。（《看山閣集》續集詩卷八，清乾隆刻本）

【玉人歌・聞歌】美人嬌歌，妙在不甚辯字，欲吞欲吐，如簫如管，自有一種
宛轉悠揚之致，寧不令人情移而神往邪？

〔傳言玉女頭〕不辯他音清字響，幾何嬌強。只喜他蓄意含情，無
窮妙想，把心神立時移往。歌者只尋常，聽者斯時不堪講。

〔太平歌尾〕一低一昂徐還疾，卻渾似、花外鶯初唱。幾回傾耳
使愁忘，何須的顧曲定周郎。（《看山閣集》南曲卷一，清乾隆刻本）

【紅白花・春園酌友】春朝客至，留酌園亭。嬌花如織，暖香欲流。客曰：「子
既高臥林泉，正當以絲竹陶寫幽情。況又善調音律，能協宮商，何不翻成一詞，
以紫簫象板於紅桃綠柳間歌之，使人耳目一新。不特與花增價，你我雅酌於此
亦可為不虛美景。」遂滿斟一斗，為潤余筆。余不揣荒謬，飛觴走筆，創成一
曲，名之曰《紅白花》。客喜，按拍而歌數過，大醉乃去。

〔滿江紅頭〕紅桃白李，相鬪春風。自芳菲，看無邊。芳美如斯，
清艷莫比。白似玉鱗堆滿枝，紅似珊瑚碎滿墀。

〔白練序中〕喜千樹風微，一簾香細。這其間詩宜酒，也宜多付，
閒人自品題。

〔薔薇花尾〕君不見花光相並酒光飛，沉醉也不辭。（《看山閣集》
南曲卷一，清乾隆刻本）

【劉大娘・詞意】劉大娘，家在絲竹叢中、笙簫隊裏。少年曾學歌曲，擅作肉
聲，出紅兒之靈舌，入雪兒之清商，堪推樂部班頭，不愧詞壇首領。今雖老矣，
風韻猶存，如遇顧曲周郎，知音鍾子，入其絲竹叢中、笙簫隊裏，呼出而侑一
觴、歌一曲，乃知劉大娘之名不虛傳也。

〔劉潑帽頭〕管絃寫出風流調，一聲聲竹嫩絲嬌，如愁似怨情多
少。

〔大迓鼓中〕宮商自合，態度難描。維聞得春風拂動香生笑，這不
是擅肉聲的紅兒曲意弄風騷。

〔香柳娘尾〕使憂愁頓消，喜心神頓豪，無怪其纏頭價高，歌壇
名噪！（《看山閣集》南曲卷一，清乾隆刻本）

【舞紅燈・上元燈筵集友】丙午上元節，集友十人觴於余園之月榭。出紅燈
三十六盞，合周天之數，命小童歌自製《舞紅燈》之曲，盤旋舞之。忽然一陣

－265－

狂風，燈皆撲滅，笙歌管絃，寂然無聲。噫！此為生平最殺風景事也。

〔舞霓裳頭〕今夕金吾不禁行，還放燈。星橋火樹自縱橫，更歌聲。

〔紅繡鞋中〕雲去盡，月初生。春漸暖，景偏明。

〔撲燈蛾尾〕宴佳賓紅燈，一曲自新成。（《看山閣集》南曲卷二，清乾隆刻本）

【馬上郎‧送行】

張子華下第北走，同人公帳於虎邱之千人石上。酒至半酣，余出《馬上郎》曲歌之，不期樹聲蕭蕭，禽聲嚦嚦，泉聲潺潺，蟲聲唧唧，嗚嗚咽咽，凄凄涼涼，令人不忍更聽。但見境滿清光，山巔明月悠悠破雲而來，其無限悲傷離別之況，悉已照入一輪中，而無遁形。乃舉杯告之月曰：「今宵酌別，更誰為証？此後彼此寄託愁心，勿為勞也。」杯盡袂分，月亦隨去。

〔竹馬兒頭〕今日裏相送，君在海湧山間設帳，欲效那訂三生，權借這千人石上。君雖貧，自有精金美玉，仍然貯一囊，不似他潦倒的老頭巾氣象。只可惜清涼劑好，醫不得人間恙。須知道舊坊家宮錦，仍不合新花樣。勸伊家當明月，且飛觴，盡一醉，把行色立時添壯。

〔繡衣郎尾〕怕重把陽關高唱，從此後雲樹蒼茫。空自去尋思想，遙知伊夢依依，情不了鱸美蓴香；應念我路迢迢，望不斷白雲青嶂。兜將來無非是離情別況，兜將來無非是離情別況。（《看山閣集》南曲卷二，清乾隆刻本）

【紅羅帳‧美人春睡】

余製《紅羅帳曲》，寫美人春睡，令小童度之絃管，歌於春園花下。余戴白鷺冠，披翠雲衣，左手浮白，右手按拍而樂之。俄而曲盡杯空，於餘音嫋嫋中想見一種嬌憨之態，正似海棠睡未足耳。

〔小桃紅頭〕碧紗窗外亂鶯啼，不覺的春初曙也。半壁兒瀉影流香，無非是一院花枝，怎禁得紅日又遲遲。

〔羅帳裏坐尾〕把人兒無端驚起，夢斷羅幃，只得將指尖兒抵着牙，細細的去尋思，只是懨懨欲睡。（《看山閣集》南曲卷二，清乾隆刻本）

【桃柳滿江頭‧放浪歌】

余生平頗樂閒曠，深惡拘泥。知必盡言，飲必求醉。若夫山明水秀，柳綠桃紅，雲弄影，山凝光，半壁雲山能醉客；桃含雨，柳拋棉，一溪桃柳欲酣春。周濂溪，理學名儒，《愛蓮說》，無疑高遠容與。宋廣平，鐵心石腸，《梅花賦》，亦必清新宛轉。則知脂粉風流，不礙鬚眉氣象。人皆所好，我見亦憐，緣是樂之不能倦也。然而世人有不好此樂而強為樂者，有雖好

此樂而不能樂者，更有本性生成而不知求此樂者，另是一種偏偏僻僻之意見，怪怪奇奇之形狀，立於人間！耳不聞絃管之聲，目不覩錦繡之色，口不談風月之詞，鼻不聞芳香之氣，乃知酸丁伎倆，無非背山起樓；腐儒形容，不過咬文嚼字。嗚呼！我將退舍而避，掩鼻而逃，畏其頭巾之氣足可熏倒人也！

〔小桃紅頭〕好花好月滿尊前，若不醉，非其算也。況對着半壁青山、一曲清泉，這多是天與結閒緣。

〔章臺柳中〕怎般的清福兒，人生豈偶然，不由人開口笑、發狂言。

〔江頭送別尾〕不信他儘凡定使天公判，且做箇捕魚人誤入花源。

（《看山閣集》南曲卷三，清乾隆刻本）

【賞音人・觀演雷峰塔傳奇并序】

余作《雷峰塔》傳奇，凡三十二齣，自《慈音》至《塔圓》乃已。方脫稿，伶人即堅請以搬演之，遂有好事者續「白娘生子得第」一節，落戲場之窠臼，悅觀聽之耳目，盛行吳、越，直達燕、趙。嗟乎！戲場非狀元不團圓，世之常情，偶一效而爲之，我亦未能免俗，獨於此劇斷不可者，維何？白娘，妖蛇也，生子而入衣冠之列，將置己身於何地邪？我謂觀者必掩鼻而避其蕪穢之氣，不期一時酒社歌壇，纏頭增價，實有所不可解也。昔關漢卿續《西廂記》「草橋驚夢」後之諸劇，以爲狗尾續貂。余雖未敢以王實甫自居，在續《雷峰塔》者，猶東村捧心，不知自形其醜也。然姑蘇仍有照原本演習，無一字點竄者，惜乎與世稍有未合，謂無狀元團圓故耳。

〔賽觀音頭〕舊因緣，新搬弄，看全本的心思無非一空。另立箇冷淡的家門兒，不宜乎眾。

〔人月圓尾〕怪從來狀元必爲收場用，故如今變一箇得道的浮屠方奏功。欲脫人間俗，安能知脫不去反被俗氣兒熏倒了勝景雷峰。（《看山閣集》南曲卷四，清乾隆刻本）

【花月歌・伶人請新制棲雲石傳奇行世并序】

《雷峰》一編，不無妄誕。余借前人之齒吻發而成聲，於看山之暇，飲酒之餘，紫簫紅笛以娛目賞心而已。一時膾炙人口，轟傳吳、越間。好事者粗知音律，竊弄宮商，以致錯亂甲乙，顛倒是非，使聞者生嗟、見者欲嘔，爲千古名勝之雷峰，一旦低眉削色，致聲價頓減也。至若續填之《棲雲石》，雖亦蹈襲陳言，附和往躅，然而字字寫怨言情，筆筆描眉畫頰，是月露風雲之本色，非蛇神牛鬼之荒談，未能合乎時、宜乎眾，是以久貯囊中，秘而不宣者已寒暑兩易矣。今伶人欲請行世，竊恐復蹈前車，反爲世所薄，余莫之許。伶遂重賄家僮，出原本與之錄去，於是酒社歌壇，莫不熟聞其聲。二閱月，有客自姑蘇至，顧余言及，

始知家僮利財故耳。欲罰之，僮曰：「賣爺文字，是買爺清名也，何罪之有？」因發一大笑，乃免。

〔插花三臺頭〕卻不道知音絕少，我將欲碎琴不彈。大地間，繁華是好，一人兒清凉獨難。

〔人月圓尾〕問如何入得時人眼？且多買臙脂畫牡丹，眞堪歎。又誰能知湘靈鼓瑟、聲落人間。（《看山閣集》南曲卷四，清乾隆刻本）

張秉彝

張秉彝，生卒年不詳。字仲倫，號南垞，江蘇儀徵人。貢生。乾隆辛未（十六年，1751）南巡召試，賜内緞荷包。著有《菜園集》、《春草集》、《雪舟集》、《黃陽集》、《清暉堂集》各一卷。見《淮海英靈集》丁集卷三。

【秦淮泛舟（之四）】

何處當年長板橋，月明空憶玉人簫。兒家南市通珠市，女伎誰如鄭妥嬌。（《南垞詩鈔》，清刻本）

鄭 炎

鄭炎，生卒年不詳。原名源，字清渠，號雪杖山人，浙江秀水（今浙江嘉興）人。諸生。著有《雪杖山人集》。顧列星跋《雪杖山人詩集》略曰：「先生家本義門，散處江浙。先生又爲陳古民徵君女夫，資性絕人，讀書目數行下，屢試不售，廢於酒人。」醉即潦倒，任誕罵坐。王惕甫曰：「山人詩出入於昌谷、山谷，賅孕既博，取徑於生奧，當其得意，往往輪囷離奇，譎幻不可方物，去人絕遠。宜乎世之相與狂山人，山人亦庶幾克副其名，而無愧也已。」見《湖海詩傳》卷三〇、《兩浙輶軒錄》卷二七、《晚晴簃詩匯》卷八七、《雪橋詩話三集》卷六等。

【角觝歌】

天寶歲甘殿生薺，百六煙縈徹陰禮。民殷物阜泰階平，妃子祿山賜錢洗。三郎沉醉打毬場，敕令宮中相角觝。優俳宦豎雜宮娥，蕙殿芸階人濟濟。魚龍雜戲呼偃師，一任諸王出朱邸。楊家丞相三夫人，扶掖玉環降瑤陛。大酺三日縱民觀，萬國來朝首同稽。先命防禦築毬場，又喚期門張戟棨。重門洞開錦繡堆，畫棟雕楹現追蠡。紅葩押獵茄倒垂，寶碼雲梈破空起。帝居仰福陽曜明，猛虞趦趄負蒼兕。睽眾孱豀春鋪高，潹沆昆明粲桃李。瓊墀呈巧不陁跢，擂擭禁兵杯搊技。

流景內照朱碧輝，軟甲戎袍乘駃騠。欐槮遊豫無拘牽，左隊明皇右妃
子。匪董匪石敢就班，韓國虢國能當抵。鈎鐻嶄巖鳴鏑乎，羯鼓頻催
出花底。御鈴響處擒一姬，妃子縱鞍翻力士。宮奴盡將蔗為槊，金橘
彈來丸泥泥。旗搖鼓振天樂鳴，翠帽衝衝豔旖旎。七伐八伐坐復興，
胡旋風回香不已。其間勝負猶未分，馬跡鶯聲亂金𨤲。鸚哥乘勢爪盈
纓，誘得天顏大歡喜。遂施步障走長楊，繚以周牆三百里。飛檐轤轆赫
旰旰，蹇產珍臺綴芳橤。影娥太液夾鏡開，涇渭溶溶棄脂紫。翡蒺石
菌浸重涯，靈濯朱柯逗芳芷。珊雲五色接驪山，芝蓋綠楊鬧灃市。樊
川灞滻盡填航，日照藍田飛六軹。去天尺五韋杜家，簫鼓行迎獻眉醴。
紅陽嚼勒飛鵲驕，的暈重圓向風哆。屬車傾酒鹵簿長，弦律鐘錞戛宮
徵。金椎黃土御道平，鳳輦翟翟豔難擬。猩氈鋪地綵結樓，蟾蜍灺炳
南威婢。流蘇驚燕鐙帶飄，趙女燕娃笑肩倚。生查八破慢引聲，切切
嘈嘈寒應指。鱣魚不沒鶴忘歸，宋褘綠珠愁瀰瀰。盤中飛舞不動塵，
忽解春衣現酥體。明皇樓上醉憑欄，戲狎太真姨與姊。便召公孫舞劍
刀，地坼天傾手吞狴。都盧朱鬢巧鬒鬟，蹎踣蹣跚跰還駛。念奴低唱
《念奴嬌》，鼎沸笙歌蟻聰耳。器舞一回歌一回，響遏行雲互傳遞。鬱
蓊薆薱霍驛聯，胸突銛鋒利穿髓。摩天雀躍覆頂圓，猿擲鶯梭百層几。
其餘弟子皆窈孃，索上相逢擺蓮鞦。衝狹尋橦燕濯波，毛女水仙騰赤
鯉。吞刀吐火無不為，一撒明砂變菱米。蜃樓海市結撰工，羽帨襹襳
下梟履。八王車載錦纏頭，龍緞鮫綃滿筐篚。蠻夷膜拜駭心脾，汗透
征衫顙流沘。紛紜貢獻那可量，付與職方何足紀。日本黃金鬭鏤枝，
撒馬兒罕布花蕋。真臘金顏篤耨香，剌蜜葡萄火州是。占城朝霞大火
珠，瓜哇青鹽高過壘。哈烈梭服勾漏丹，于闐珊瑚暹羅紙。亦力巴力
胡粉香，樹酒渟泥芳且旨。沉香古里三百挑，沙漠角端越裳雉。崑崙
銅佛天鼠皮，三佛貓睛肅慎矢。更有人間未見珍，返魂汗木秦皇璽。
通天犀角煖玉棋，赤伏河圖周金錡。十三節度亦懷來，剝髓征毛貢丹
扆。王母笑納帝罕聞，棄擲珍奇等泥滓。象杯上壽雙鼻高，舞馬應鉦
搖赤尾。長山臂扛兩鼎趫，盆甕升竿舟陸艤。藤絲卤長瓜滿棚，手抹
空杯水成醴。四肢斬割採仙桃，梯柱上天吸糠粃。左慈羊屈皋騎鯉，
平白潮來肺通沸。花奴洗穢覺較亡，樂極淫荒竟成底。師曠蒝藜莊迷
陽，仗馬一鳴臺見詆。難言日蝕僅鈎存，南詔敗亡止鞭捶。擁兵太盛

且徐思，一味公卿諧軟美。直臣壹壹詔佞榮，含利厱厱羣比匪。關中大饑獻善禾，蒙蔽何從識臧否？上下魚書一例停，無賴知兵士夫恥。草野窮民陋堯舜，茅蓋朝房土爲簋。兄翁呼叫驃騎奴，有鵲來巢同燕矢。璆林珍果無他言，晝夜兼行速如鬼。藉田躬耕蔓草生，贈芍風行似溱洧。太常虛置琴瑟崩，玉戚朱干誰料理？尚書據地儛八風，奉敕命妻奉槃匜。雞菘麟脯月兔胎，柔脆芳甘滑流匕。曦鞭欲沒戈返輪，闒劍長鎗遍遲邐。忽現蚩尤霧杳冥，帀地長蛇與封豕。黔首慄慄股栗蹲，庭燎照天謳靡靡。鞦韆架上鈴索鳴，萬鏡千燈亂如棊。踆踆大雀銜懸黎，怪獸陸梁光煥綺。銅盤仙掌不夜城，疊奏宮商歡趾豸。鴛鷗翔噪雕鶻鳴，曲藉諼門禁全弛。春來秋去年復年，兩兩朝中關安史。林甫屍戮國忠驕，都堂選人惟唯唯。羌兒奄至凝碧池，蜀道淋鈴貴妃死。斷頭注槊快民心，何益坤乾舊疣痏。帀甸囂動衝天羿，無問伸冤投白甀。鳥啼花落劍閣深，杜宇哀號血盈觜。不見仙姿垂手颸，惟見野蜮藏山蕉。箭主猶憐金僕姑，繡襪傳觀墳晶晶。歸來南內寂無聞，舊殿荒涼長荊杞。山人白衣心回天，性主明堂焚象齒。慶緒猪兒殺祿山，天下群凶猶虎視。良娣心銜乾腐雞，李泌飄然長致仕。肅宗不樂宴春宮，坐部立部兀相峙。霓裳散失羽衣亡，胡樂潑寒皆就圮。衡山心懼續亡秦，密奏此辭羣盜敊。（《雪杖山人詩集》卷四，清嘉慶五年鄭師尚刻本）

【燈市行】

萬民歡幸歌時雍，西行雲氣當穹窿。先春三日鐸振蒙，後庚三日開重瞳。堯階蓂莢方蘢葱，軒輿芝蓋殊惺忪。去天尺五鏗華鐘，離地百丈馳豐蘢。流蘇琅璫懸蟏蛸，氍毹靯韉羅彝琮。迎鑾歲首光熊熊，大張燈市堆鼇峯。四門穆穆何彼穠，百姓鼇祝遙呼嵩。編以伶管煮儀鳳，隱以金翳疏雕籠。曄若雲晴爛星布，仰暉芰栭楹羣狨。照耀簇絨方鏡額，燄燼剔墨紗屏風。傾陽轉旭酒飲虹，輝圓影碎蟠冰龍。砵凝西漆蓮透苕，翠澆閩蠟蕉抽筒。九微百枝攢繡闥，炎洲聚窟迷芳踪。蘭棥千炷擎佛掌，丹螢喫藥零星紅。琴箏露淨結颭幔，霜染玉葉玻璃濃。燭陰拆裂園橘動，夕箭蟻磨晶簾櫳。甲煎倒射森若木，行帳飄颻開芙蓉。伶歌卷衣花四照，伎演送枕香連空。鯨魚影躍黃鶴舞，碎葩亂下胭脂叢。羲和連彩呼趙女，嫦儀邈思愁吳儂。煌煌煜煜耿鈴閣，

麻姑夜啓窗玲瓏。魚膏媚曲應歌燦，豹脂映席連菌彤。木奴倚檻畫欄豔，竹婢繞架雕梁烘。范堅句壓夏侯湛，孫惠思協庾江馮。嵇康傅咸簡文帝，新詞妖麗才相同。朱箔對開兮，溢乎荊臺漢苑齊魯闈。香風徐度兮，儼若越殿燕市吳王宮。盈盈眽眽兮，妍於元宵上巳寒食夜，夭夭灼灼兮，冶於七夕二至中秋中。珊車寶馬擲果逢，文君當壚雙鬢鬆。鬥雞榶燕綵翦鴻，牽絲合卺盆洗童。奩妝玩器纓絡緻，火齊綺繡風摩銅。金釭銜壁龍繞柱，八蠻進寶仙扶笻。葡萄滿架活松鼠，高岡一樹新梧桐。刻凌爲毬更靈妙，鏤蔔作鴿尤精工。熏街灼巷耀閨寶，漾坡蕩渚譁漁艒。層樓歌管連複道，繩橋鼓樂齊城墉。驚董賢，駭石崇；詫賈相，迷顛僮；子都惑，南威慵；出冶妝，呈酥胸；姊拽妹，兒呼翁。錦疊疊兮花重重，巫覡雜沓敲鏗鏗。迎龍走馬煙迷濛，跳神賽會歌年豐。嘉禾細草寒雪封，醁酥夜酌酒興醲。塡城闐市鏗華鐘，與民同樂隆從隆。釀錢痛飲忘貧窮，最鬧莫過東門東。余方琢句挑銀蟲，短檠照卷裘蒙茸。(《雪杖山人詩集》卷五，清嘉慶五年鄭師尚刻本)

【舟行聞鄰船琵琶】

柳陰雙艦繫低塘，纖指哀絲宛轉商。一翦巫雲驚雨至，半江楓葉憶潯陽。(《雪杖山人詩集》卷五，清嘉慶五年鄭師尚刻本)

編者案:《雪杖山人詩集》卷五作「半江楓葉憶潯陽」，似應爲「半江楓葉憶潯陽」。

【聽歌小引】

驟西風，錦葉飄；對斜陽，唱六么。一聲啼徹陽關調，聽宛轉歌喉，新詞精妙。不數他馬上琵琶、邊庭河套，只落得盤轉明珠、火焚祆廟。溜新鶯，韻獨高；戀秋陽，影更遙。式稜稜轉換了的歌頭調，冷森森出落得的風情妙。也不過是作耍陶情，番引得那月照廻廊、秋江獨釣。爲恁的手把黃花、停盃喘笑，只爲著情戀關山、心懸懸登樓獨眺。因此上好友戀紅裙，西風吹落帽，原不管他五六工尺，鸞顚和鳳倒。到頭來醉裏唱吖嘔，偏惹得玉人兒南柯夢覺，聲聲浪玉簫，句句穿飛鵲，反引得人心兒有些焦燥。呀！你看煙綫細搖空，孤鴻天外叫，錦機軋軋織回文，一片晴雲橫古道。簾兒捲得高，人兒生得妖，果然瞥見神仙貌。這是芙蓉花下錦鴛鴦，不比

他風流浪蕩村中俏。須要十分的惜玉憐香，方顯的大雅門楣、河山光耀。一時間說不盡許都嫋娜娉婷、幽棲懷抱。（《雪杖山人詩集》卷七，清嘉慶五年鄭師尚刻本）

姚之駰

姚之駰，生卒年不詳。字魯思，錢塘（今浙江杭州）人。康熙六十年（1721）進士，改庶吉士，遷御史。爲諸生日，著《類林新詠》，恭遇康熙南巡，進呈乙覽，梓以行世。通籍後，又著《元明事類鈔》，亦江少虞《事實類苑》之流。元人記載較少，故蒐羅主於詳；明人記載最多，故去取主於慎。兩書皆著錄《四庫全書》。見《（民國）杭州府志》卷一四五。

【天仙子·舞妓】

袖翦輕容纔數兩。自有妖嬈嫌冗長。腰肢一搦袖爭輕，新柳樣。迎風蕩。拉搭不聞環珮響。　　縈拂香風吹翠幌。遙看驚鴻驚起伏。回頭故墮玉搔頭，腰反向。甋甀上。卿得玉簪輕自放。（張宏生主編：《全清詞·順康卷補編》第三冊，南京大學出版社 2008 年版，第 1769 頁）

【祝英臺近·歌姬】

畫簾低，銀燭暗，花下聽鶯囀。唱徹清歌，不許襍絲管。憎他烏雀囂衙，輕敲檀板。卻便把、啾喧驚散。　　歌喉倦。昨宵紅豆排成，新調今重換。還怕人猜，故使宮商亂。可堪更唱回風，梧桐深院。看碧砌、蕭蕭葉滿。（張宏生主編：《全清詞·順康卷補編》第三冊，南京大學出版社 2008 年版，第 1771 頁）

閔　華

閔華，生卒年不詳。字玉井，號蓮峰，江都（今江蘇揚州）人。詩斅晚唐，清秀有神。沈南野稱其佳句如《孔北海祠》云：「要爲魯國奇才子，不比楊家最小兒」，《謝太傅祠》云：「且喜生兒能破敵，不妨長日但圍棋」，則已駸駸入宋矣。著有《澄秋閣集》、《楮葉詞》。見《湖海詩傳》卷一八、《國朝詞綜》卷三〇、《晚晴簃詩匯》卷七八等。

【題左寧南小像】

帳中左侯面色紅，尙覺凛凛生威風。傍坐狎客柳麻子，鼓舌搖脣

若翻水。分明閒暇在軍營，肅然自衛荊襄兵。經略中原無遠志，尊崇宿將有虛聲。其時國政由阮、馬，匆匆構怨何爲者？傳聞太子已南來，遂令全軍忽東下。鬻拳兵諫豈愛君，王敦作賊乃逆臣。此舉何名當諫止，軍中惜少讀書人。柳麻子，侍侯側，抵掌詼諧復何益。難挽遲回玩賊心，終啓強梁不臣跡。我聞昔曾作圖戎馬間，一爲破賊一入山。二圖零落竟何所，卻於此軸瞻侯顏。嗚呼，小朝剩保江南境，直以安危付公等。驕帥仍矜瑪瑙坡，孱王徒恃臙脂井。（《澄秋閣集》三集卷二，清乾隆十七年刻本）

　　編者案：《詩詞卷·初編》已收閔華，此係增補。

林良銓

　　林良銓（1700～？），字朝京，號睡廬，又名衡公，廣東平遠人。拔貢。雍正間任大竹令，有政聲。陞崇慶州牧。告歸，優遊林泉。爲詩取法皮、陸，得野逸之趣，視雕琢字句者高矣。著有《睡廬詩草》。見《聽雨樓隨筆》卷四、《（道光）廣東通志》卷一九七等。

【蜀州四首（之二）】

　　庭多圍綠竹，家盡釀春酷。笋嫩連皮賣，禾登帶稈堆。花明金鼓動，州俗二三月間賽會，競演梨園，曰唱春臺。日暮玉山頹。爛熳黃英後，蠻鳥蔽景來。（《林睡廬詩選》卷上，清乾隆二十年詠春堂刻本）

【琵琶一曲二首】

　　（其一）一曲宮商萬籟空，遏雲高韵欲驚鴻。梅花弄淺還揮雪，梧葉聲寒自舞風。匏瑟游魚聽錯落，俞琴秣馬仰沖融。龜年不說朝元事，都付玲瓏楚楚中。

　　（其二）平生賦性亦顛狂，莫笑長歌是醉鄉。桓子箏中三弄曲，君山笛裏九廻腸。消人離思惟傾酒，遣我窮愁試解囊。總有靈犀何處託，琵琶一曲好相將。

　　高唱入雲，筆歌墨舞。（《林睡廬詩選》卷下，清乾隆二十年詠春堂刻本）

【慈谿館觀劇口號四律擬贈為素秋者】

　　（其一）垂楊婀娜學腰柔，恰見當時謝素秋。玉兔影從蟬鬢落，

紅梨痕在杏腮浮。能參即色應無相，不識前身也是儂。會得眞眞眞面目，何曾人在假中求。

（其二）梨花一曲奏新聲，鸞舞從容作鳳鳴。迴雪輕翻腰約素，遏雲淸響舌調笙。留仙祇恐因風去，解語何湏傍水生。聞道素孃眞國色，婷婷未必果如卿。

（其三）淡粧素抹仿嬌娘，吐出梨紅亦帶香。月影光中窺色相，花陰深處費思量。雍門學得黃鶯囀，楚館傳來紫鳳翔。我見猶憐空自解，溫柔端的是誰鄉。

（其四）杏臉柳眉秋水瞳，靈犀一點爲誰通？歌餘金谷人稱綠，舞罷霓裳我識紅。若得度藍還向月，不教結翠欲乘風。當年未省梨花意，參透今知色是空。

信筆寫來，度曲者未必有此深秀。（《林睡廬詩選》卷下，清乾隆二十年詠春堂刻本）

編者案：清‧博爾都《嘲友》（之一）謂：「柳色靑靑謝素秋，燈前曾贈玉搔頭。渭城歌罷腸應斷，一處平分兩處愁。」（《問亭詩集》白燕栖詩草卷二，清康熙三十五年刻本）可參看。

項　樟

項樟（1701～1762），字芝庭，江蘇寶應人。雍正癸丑（十一年，1733）進士。歷官鳳陽知府。爲官多惠政，且不廢吟詠，工於琢句而不失和雅之音。著有《玉山詩鈔》。見《晚晴簃詩匯》卷六八等。

【九日都門同諸同年集賀容川寓齋分賦】

紅綾餅會得隨肩，契濶於今歷幾年？重向長安聯舊譜，恰因九日集新筵。風生玉麈人如菊，舞獻歌樓貌似蓮。是日並於齋旁觀劇。興至頻斟桑落酒，斜暉欲盡尙流連。（《玉山詩鈔》卷一，清乾隆二十六年項成龍等刻本）

金德瑛

金德瑛（1701～1762），字汝白，一字慕齋，號檜門，又號柰齋。浙江仁和（今浙江杭州）人。乾隆丙辰（元年，1736）狀元。十七年五月，以太僕寺卿陞任左都御史。德瑛寢饋經史，至老弗倦。斗室一燈，丹黃典籍，汲汲如不及。性

樂佳山水，凡使節經過勝區古蹟，必命駕登覽，至則留連，久之而後去，蓋天懷清曠如此。通籍二十有七年，任斯文衡尺者無虛歲。著有《檜門詩存》四卷，附《觀劇絕句》一卷。《觀劇》組詩共三十首，係德瑛於乾隆二十三年至二十四年（1758～1759）冬春之際，在北京觀《白羅衫》、《王昭君》、《尋親記》、《浣紗記》、《玉簪記》、《邯鄲記》等劇後所寫。見《湖海詩傳》卷五、《兩浙輶軒錄》卷二三、《（道光）濟南府志》卷二九、《清史稿》卷三〇五等。

【觀劇絕句】 稗官院本，虛實襍陳，美惡觀感，易於通俗，君子猶有取焉。其間褻昵荒唐，所當刊落。今每篇薦舉一人一事，比興諷諭，猶詠史之變體也。借端節取，實實虛虛，期於言歸典據。或曰謫諫之風，或曰小說之流，平心必察，朋友勿以是棄予可矣。當時際冬春，公餘漏永，地主假梨園以娛賓，衰年賴絲竹爲陶寫，觸景生情，波瀾點綴，與二三知己爲旅邸消寒之一道耳。乾隆己卯二月花影日，檜門金德瑛，題於小清涼山房。

　　（其一）《加官》：舉笏雍容喻不言，吉祥善事是加官。有生仕宦兼才命，但盡前途莫退看。

　　（其二）《八仙》：風隔蓬萊不露津，蟠桃爭獻事疑眞。就中有杖扶持者，不信登天遜蹇人。

　　（其三）《虞姬》：廿八騎殘尚幾時，滔滔江水豈勝悲。穀城他日遊魂到，不作蒼龍夢薄姬。

　　（其四）《蘇武》：望鄉對友齎忠情，通國憐於雪窖生。卻有終宵懷不亂，黃權負託白虹晴。

　　（其五）《醉草清平》：行樂清平草數章，未將大雅壓齊梁。後來百賦千篇手，爭慕青蓮入醉鄉。

　　（其六）《馬嵬》：蟠髮移情牛女因，芙蓉花作斷腸鼙。將軍效帝安唐策，前日親誅韋庶人。

　　（其七）《南內》：從謹聽來言已晚，龜年散後老何方。杜鵑春去無人拜，墜翼江頭細柳長。

　　（其八）《白羅衫》：七月生兒母話愁，啓墳驗夢血絲投。斫空練樹人宵遁，若問羅衫是竊鉤。

　　（其九）《王昭君》：蛾眉一誤賜單于，爲妾伸威畫士誅。賢傳含冤今報未，琵琶還帶怨聲無。

　　（其十）《周倉》：不見史傳。閱《順德府志》，寓居栢人城北臥牛山，先

隸黃巾，後歸關公。後守麥城，聞難，與參軍王甫俱死。撫士恩偏史筆昭，漳鄉從死一何寥。周倉名在傳奇著，居里原鄰豫讓橋。

（其十一）《尋親記》：缺陷多年父子違，乍教旅館夜相依。傷心想到馮儀部，蹋遍芒芒黯自歸。馮名成修，南海人，己未進士。幼時父以故他出，後解官，屢尋不獲。

（其十二）《浣紗記》：語兒谿水去來春，風月扁舟遂保身。蒙面太公情太忍，大夫私自羨巫臣。

（其十三）《黨太尉》：雲璈一曲鳳隨鴉，失笑風懷屬黨家。似詠玉龍鱗甲落，汴宮人憶錦江花。

（其十四）《聽琴》：目成兒女競紛紛，可信橫陳嚼蠟云。一自琴心傳別調，春風鬢影艷文君。

（其十五）《玉簪記》：九子無夫問女岐，摩登梵呪解何時？花宮多少仙人子，愛水萍浮不自持。

（其十六）《精忠記》：十二金牌三字獄，七陵弗恤況臣躬。天護碑詞隨地割，龍蛇生動滿江紅。

（其十七）《掃松》：麋鹿無驚馬鬣封，可憐麥飯託鄰翁。我亦成名親未覿，故邱松栢夢悲風。

（其十八）《寫本》：蔣欽劾劉瑾事，見《明史》，而《鳴鳳記》移之椒山。不容上殿比朱雲，莫以先靈沮蔣欽。肝膽燭前芒角出，風霜字裏夜更深。

（其十九）《趙文華》：抖擻何緣卻後來，萼山何處默低佪。花陰小犬無驚吠，一竇天爲孝子開。

（其二十）《鳴鳳記》：偃月堂奸無子孽，鈐山國賊更親讎。淋漓寫到卑田院，快過銅山露布不。

（其二十一）《獅吼記》：獅吼爭憑謔語傳，隔簾花霧冪嬋娟。袛應欠悟西來意，猶墜難陀額粉禪。

（其二十二）《別頭巾》：桂枝消恨長墳前，一語人天合掌憐。眞見曹松登第日，杏園騎馬老逾妍。

（其二十三）《演官》：叱咤南齊張護軍，居然矜貴習儀文。阿誰註選方羞澀，俯仰空中一效君。

（其二十四）《周遇吉》：守關誰似周將軍？萬丈光芒爐合門。燭

黷杯停人起立，太行山頂與招魂。

（其二十五）《刺虎》：宮婢偏將義烈聞，夜誅凶憝血濺裙。樂游最恨梁家宴，主是溧陽兒簡文。

（其二十六）《柳敬亭》：且休笳吹夜開醻，坐客搖脣卧帳聽。班書石勒烏能解，想亦人如柳敬亭。

（其二十七）《目連母》：腥葷破戒入重科，賴感慈悲孝行多。殺業羯肌夷最大，可能行法問閻羅。

（其二十八）《鍾馗》：胸斜象笏綠掀髯，作使山妖擔幾奩。舊事題名君記否，翠微深處逞威嚴。

（其二十九）《邯鄲夢》：都爲飢驅就世羅，仙翁普度竟如何。到頭富貴勝貧賤，枕上甘心受賺多。

（其三十）《達摩》：一蘆飛渡一蘆回，滿壁嵩雲長翠苔。剩下江心流宕月，獼猴聯尾共探來。

右《觀劇絕句》，先大夫作於戊寅、己卯冬春之間。初止二十四首，辛巳孟夏復有《加官》、《虞姬》、《周倉》、《趙文華》、《鳴鳳記》、《演官》六首，彙前所作，共三十首。手書一冊，自跋其後曰：「遊戲小詩，中頗多不經人道語，格不雷同，不落纖俗家數。楊廉夫、李西涯外，或可存一別調耶！」蓋先大夫勤學好古，著述等身，尚有《詩存》遺橐，競傳日下。正擬編輯校讎，剞劂問世。此冊則公餘偶拈，自謂遊戲之作，然引據故寔處如杜詩、韓筆，無一字無來歷，而俯仰古今，沉鬱雋奧，令人可泣可歌。嗚呼！即此三十首，亦可想見先大夫言志之一斑也已。小子不敏，敢不壽棗，以誌勿諼。男忠淳謹識。（《觀劇絕句》，清乾隆刻本）

編者案：《詩詞卷·初編》已收金德瑛，此係增補。葉德輝輯《觀劇絕句》（《叢書集成續編》本）所收本組詩，字句與此略有不同，不一一出注。葉輯本尚有大量序跋及和詩，包含信息豐富，茲引如下：

1.《〈檜門觀劇絕句〉序》：金檜門先生《觀劇絕句》，舊爲蝴蝶裝。其裔孫闇伯太守蓉鏡寶藏之，間出以微題詠。長沙王葵園祭酒、善化皮鹿門孝廉、蓮花廳朱純卿觀察，皆有題句，又各依次和之。余久廢聲律，見獵心喜，和至三疊，始以活字板印行，最後得龍陽易實甫觀察和作，嬉笑諧謔，藉以發攄其抑鬱不平之氣。於時葵園久乞祠祿，主持壇席逾二十年，文讌從容，所謂絲竹陶情、東山遣興已耳。純卿門業鼎盛，兄弟皆以文學仕宦爲海內所企慕，又兼萊衣板輿，家庭之至樂。鹿門方離憂患，終日手一編談鄭學。其

於人世之榮辱苦樂，若無所觸於心目。諸賢所值之境不同，要其憂時感事，以身世無聊之語發於詩歌，無不各肖其人之聲容笑貌以出。獨余以頑劣之質，遘無涯之生，旗亭黃河，井水柳詞，終日爲逍遙遊，與世相忘若無儕。偶憂時，則時已過，故詩境略有異於時賢。今分三卷，而以拙作殿後，蓋亦嗛嗛之義耳。大抵歡樂之場，性情各有所持止。有以儉德爲貴者，執無知之優伶，抑揚出之以愛憎，幾於雲午再世，櫻桃復生。如錢牧齋、龔芝麓之於王紫稼，袁隨園、謝蘊泉之於計賦琴是也。極園亭聲伎之盛，召客轟飲，夜以繼日，所謂樓臺春早，歌舞月遲，如冒巢民之得全堂，王駙馬之拙政園是也。若夫借他人之酒杯，澆自己之塊壘，則檜門先生樂從於前，葵園祭酒踵事於後，然出之昔賢，則謂爲風雅，苛以時論，乃詆爲惏客。故衣冠酒肉之林，徵賓聽曲，爲諸伶斂纏頭之費，余不爲也。以詩歌爲媒介，自謂一字之品題，勝於千金之投贈，余亦不爲也。因思檜門先生當明聖之朝，居清華之望，其時風俗純樸，士大夫不以谿刻之見待人，其樂視今世爲何如也。嗚呼！世運之升降，人心之厚薄，觀於一事之微，而有變遷之慨。故余有恆言：劇無可觀，劇以觀我而已。後之覽此者，亦猶今之於昔也夫。

光緒三十有四年戊申藏夏五端陽，葉德輝序

2. 右《觀劇絕句三十首》，先大父總憲公之遺墨也。此詩，公屢書之。先子所見，別是一冊。因據以鏤板，次敘微有移易，語句亦小有異。如「意謂登天許塞人」，別本作「不信登天遜塞人」，似所書在此冊之後，公有所改定也。此詩不編入正集中，初止二十四首，大約戊寅、己卯，順天使署之作。後增《加官》、《虞姬》、《周倉》、《趙文華》、《鳴鳳記》、《演官》六首，向以爲辛巳夏作。今觀是冊，則在庚辰前矣。閔度楊州牧，名潮觀，金匱人，有《吟風閣詩鈔》，乃公丙辰分校所得士也。庚午二月，得此重加裝池。

孫男孝柏謹識

3. 檜門先生與先大父同徵鴻博。丙辰禮闈，先得大魁，故不與試。同入詞館，相距僅數月間。潘、楊之好，至今如一日也。余甫冠時，即與哲孫又辛、穉鴻兩君訂昆弟交。遇省試之年，輒復敷袵襄裳，過從甚樂。今年，樵雨十一弟訪余瀨上，聚首數月，出此冊索題。雖偶然適興之作，肅然如見先正典型，固知流澤孔長，宜乎後賢蔚起，相引於勿替也。敬誦之餘，曷勝起舞。

嘉慶壬申嘉平望日，錢塘年家孫陳鴻壽拜手謹跋

4. 少時藏弇先生書，五十六字蝤蠐珠。高句麗紙老蠶繭，河南筆妙包歐

虞。豈知翰墨有瓜葛，門生門下稱生徒。能詩光祿守家法，書畫不許寒具汙。不設寒具。筠泉，齋名。急搜行篋出眞蹟，珍比遺笏歸魏薯。甌山不見錫山遠，蘭亭眞本人間無。揭來晉陵訪老守，謂素中太守。銜杯共補消寒圖。酒闌鄭重出詩冊，冊紙雖破墨未枯。當時觀劇卅絕句，絲竹陶寫聊自娛。識是先生暮年筆，書成醉倩門生扶。何期零落入書肆，肯令散亂拋中衢。賢孫購得謹什襲，趙璧價抵千瑤瑜。架筆安用青珊瑚，薦地安用紅氍毹。人生如戲戲易散，登場傀儡空喧呼。若非老筆傳幻景，焉得冷眼留眞吾。如今試問吟風閣，更有何人唱鷓鴣。楊刺史有傳奇數種。

蘇少時藏檜門先生書元人七律一首，筆法類褚河南，後出鄒錫麓師門下，於先生爲小門生，因以所藏歸先生之孫筠泉光祿。嘉慶壬申，筠泉從兄素中太守出先生手書《觀劇》詩冊，命綴數語其後。蓋乾隆庚辰八月書與門生楊閬度，近爲書賈所得，先生第十二孫小山購歸者也。

江陰小門生王蘇

5. 劇本之作，濫觴於樂府。古人即事興懷，被之弦管。魏晉而下，莫不皆然。元明易爲詞曲，所謂負鼓盲翁滿邨傳說、老嫗孺子皆能道之。極於淫哇下里，士林視之蔑如矣。

檜門先達德望過人，胸羅全史，挹風雅之全，返興觀之正，抒懷詠史，知不僅以華屋神儇、雲窗六扇、擊節仙奴也。小山得之，家寶奚疑。

趙魏拜識

6. 我曾大父天人姿，若論風雅亦吾師。平生不肯輕落筆，年過四十纔吟詩。忽然盤空吐硬語，一字可卻千熊羆。即如此稿偶作戲，遊戲亦複通神奇。稗官院本古有取，美惡觀感於時宜。況當中年賴陶寫，東山絲竹情堪怡。氍毹匝地燭光爛，主人起壽傾金巵。登場傀儡雜悲喜，筆歌墨舞酣淋漓。是時撝翁共退直，文酒跌宕同禊期。謂公此作雖等閒，千古鬚眉眞見之。家有撝石宗伯手評本。杜陵老人號詩史，看舞劍器增奇思。鐵崖西涯擅樂府，別出一格驅雄詞。乃知詩貴出肺腑，嬉笑怒罵兼涕洟。不爾風骨日頹靡，東家頻效西家施。有如梨園不解事，塗抹脂粉神先離。

此宗壬戌夏五讀先曾大父《觀劇絕句》所作。庚午春仲，十二叔父購得是冊，重加裝潢，爰命錄於後。

辛未人日，曾孫男衍宗謹識

7. 癸酉新正，甌北八十七歲老人趙翼敬觀。圖記遺失。

8.《觀劇》詩雖近閒情，要有詠史遺風，方推能事。蓋詩通於史，爲其可以明乎得失之故也。讀總憲公諸首，語長心重，莊雅不佻，庶幾擅西崑之清麗而又遠東維之孊嫚，洵堪作藝林圭臬，又豈獨文孫獲手澤如獲重寶耶？

嘉慶庚午秋，秀水後學朱休度拜題
時年七十有九

9. 憶重十七歲時，從姑父硯雲先生許，讀總憲公《觀劇絕句》。原薰汪茂才大經書而刻之，迄今四十餘年，尚能背誦一二也。十二外弟孝柏購得遺墨，當與魏笏、范硯同珍。

嘉慶庚午七月，胡重謹識

10. 檜門先生雍正時舉鴻博，乾隆元年得大魁，遂不預試，官至總憲。此冊書於庚辰，以贈門生楊閬度刺史。雖遊戲之作，書法莊嚴，典型如在。今及百年，跋語無多，如林文忠之爲名臣，湯雨生之存大節。趙雲崧、陳曼生、趙晉齋、錢梅溪諸先生之著述，書名前輩風流，皆可寶也。蘭生直刺，以是冊索題手澤，珍藏已及五世，知勿飲人缸面酒也。

時在咸豐六年暮春既望，後學白謙卿謹識於金華郡齋
德輝案：今冊中失錢梅溪之作。

11. 右《觀劇詩三十首》，爲檜門前輩遺翰。道光癸巳春，昌頤過姑孰使院，晤小岱文孫，出以見示，卒誦數過，覺偶爾遊觀，語語有關風教，雲礽世守，知勿僅以東山絲竹視之也。

後學朱昌頤拜識

12. 詠史之作，義關勸懲，非學有本，原長於諷喻，未易稱也。今讀總憲公《觀劇詩三十首》，即偶爾流連抒寫，而知人論世之學、溫柔敦厚之旨，靡不自在流出，此詠史之緒餘，而風雅之正軌也。展誦數過，敬題其後。

道光癸巳九月，書於太平使院之內省堂，後學沈維鐈

13. 往見劉文清公書《觀劇》詩冊，詞翰皆致佳妙。此冊在文清前，而音節之抗墜、豪墨之飛轉，並相仿佛。先輩遊戲之作，皆可寶貴如是。

道光癸巳嘉平，後學林則徐題

14. （其一）當場大半不平事，落筆都成絕妙詞。好與青藤參一解，上場終有下場時。

（其二）多少豪家舊舞場，金樽檀板已淒涼。新詩早有弓衣繡，奕葉猶能守縹湘。

壬申長至後五日，錢塘張迎煦敬題

15. （其一）撲朔迷離夢幻身，輸伊彩筆替傳神。尚嫌世態描難盡，描到描摹世態人。

（其二）本是鰲頭絕世才，九霄唾落萬瓊瑰。風流漫認旗亭客，曾聽霓裳天上來。

（其三）煙雲變幻太無窮，顛盡宮花顧曲工。有幾開元遺老在，後堂曾醉管絃中。

（其四）無處重尋舊錦堂，白頭誰與話滄桑。悲歡賸有青山證，五十年前傀儡場。

蘭生贊府先生見示總憲公遺翰敬題，貽汾

16. 世間非幻亦非真，說部傳奇即此身。照見深情千古月，醒來好夢一場春。心聲流露推前輩，手澤珍藏藉後人。自是箇中能領略，願將後果悟前因。

甲子金陵試院蘭生太守見示檜門先生遺翰，敬題七律，以誌景仰。後學河間龐際雲

17. 昔柳誠懸論作字，心正則筆正，蓋以筆致諫。古人立言，胥有寓意焉。茲捧讀檜門先生《觀劇詩三十首》，詞飛珠玉，字挾風霜，借傀儡之登場，寓無窮之懲勸。雖偶爾遊戲，而知人論世之識，自流露於墨楮間，則東山之閒情，實南史之直筆也。垂之千古，洵足正人心而維風化。謹識數言，用深景仰。

己未陽月，津門後學孫葆元敬題於浙闈之鳳味堂

18. 史筆文章觀劇詩，興衰事業固如斯。註成鐵案千年後，公論難將一字移。

辛亥仲秋，長白麟桂題於闈中

19. （其一）東方譎諫原堪予，莊叟寓言亦自佳。況得風人三昧旨，何妨遊戲出詩家。

—281—

（其二）聞説銜命渡江日，故里留題好句多。百十餘年佳話在，未知此卷近如何。先生辛酉年渡江與故里父老歡宴，留題甚多。

恭題檜門先生《觀劇》詩後，後學查文經

20. 絲竹樽前興，風霜筆底遒。崔鴻良史補，蘇鶚雜編搜。論世追千古，遊仙夢十洲。寓言通諷喻，褒貶例《春秋》。

族裔孫安瀾謹題

21. 丙寅冬月，金沙校士畢，舟過丹陽，晤蘭生太守，出示檜門先生遺墨。蓬窗展讀一過，先輩典型宛然在目。惜解維匆匆，不獲審翫，謹綴數字冊尾，以誌景仰之私。

除夕前三日，和州後學鮑源深敬觀並識

22. 乾隆爲我朝治運極盛之時，亦文運極盛之時。檜門先生，以鴻博應運，大魁於乾隆建元之初，尤爲當時文臣冠。余入詞曹，在先生百餘年後。同館諸君，得先生片紙隻字，未嘗不拱璧視之。而書肆居奇，眞贗難辨。辛酉，奉命守毗陵。抵滬，與蘭生刺史同事権局，見其供職忠勤，不避嫌怨，心竊佩之。每公餘論文，尤嗜藏古人圖書。久之，乃出是冊曰：「此先人手澤也。願乞一言，以垂永久。」受而讀之，字則樸厚渾堅，上追魏晉；詩則比物賦事，都歸勸懲。乃知先輩立言，期於不朽，而蘭生刺史之克勤職業，其家學爲有自矣。因勉書數語，以見二十年仰止之懷，並以誌余與蘭生遇合之緣有如此。

同治甲子六月，中州後學薛書堂謹識

23. 我鄉總憲金檜門先生，以乾隆初元大魁天下，負藝林重望者數十年。其翰墨所留，詞臣至今寶貴。歲甲子，金陵校士，余以監試與先生元孫蘭生太守共事棘闈，出是冊屬題。余末學粗官，何足以知先生詩書之妙？而獲瞻遺寶，實爲非常快事。爰綴數語，以誌欣幸云。

同治三年十二月，後學王大經敬書

24. 余於初就外傅時，見家塾中懸檜門先生一聯，係先曾祖雙款，紙色黝暗，意是古人。嗣於戊子領鄉薦後，於都門書畫肆又見一聯，六法在米、董之間，用十餘千購之。並未究先生之里居、官爵，但愛其縱橫跌宕。懸之自齋，謂與先生重相晤對如舊相契耳。至今迴溯，一四十餘年事，一三十年前事。乃宦遊來滬，適與蘭生仁兄同舟，一見若生平歡，因出《觀劇》冊子相示。始知蘭兄即先生曾孫，爲戊子同年，小峰進士猶子，淵源有自，契合

非常，益歎人生瞬息，惟此筆墨事足以千古。況先生經緯萬端，載在史冊，書法足以傳，著作足以傳，勳名更俾之傳。感慨之餘，不覺欣慰之甚，因謹誌數語。蘭生仁兄或不以為疥而割之，則幸甚矣。

丁巳十月，潞河李煥文謹跋

25.　（其一）曾詠霓裳到廣寒，九天珠玉動豪端。寓言十九無人會，謾作東山絲竹看。

　　（其二）貞元朝士風流遠，寂寞鈞天九變音。哀樂亦隨人世異，魚龍曼衍獨沉吟。

敬題檜門先生遺墨，應闇伯仁兄命，即正。鈍齋吳鬱生漫稿
光緒乙巳春正月，長洲後學章鈺敬觀
光緒癸卯十一月，江寧後學鄧邦述敬觀

26.　與闇伯兄定交幾二十年，行誼問學之美，久所欽挹。庚子拳變，闇伯麻鞋詣行在，遂相遇於西安。逾年復來，就余武昌，文酒之會無虛日。近出其先德檜門先生遺墨見示，時則遼瀋多故，世變方亟。余與闇伯撫時感事，掩卷流連，不勝今昔之慨云。

端方敬題

27.　旬丞，吾己丑會房所得士也，博學好雅，世篤門業。出其先德檜門先生手跡索題，余因歎聲詩文字之品可覘世運。先生詩、字之佳，不僅在此，即此已為後人所弗逮。彼其時，海內無事，上下熙熙，詞臣供奉，賞花釣魚，裙屐管弦，堯昶昇平。一時所徵鴻博諸老，又皆魁奇緯縉，各翔藻曜，雍容揚揄，故雖遊戲之作，亦覺體格寬厚，無促數苟且之態。百餘年來，茲風渺矣。生今日者，憂迫之不暇，何有於燕閒？余將之廣西，奔走於饑饉、師旅之間，以視先生遊鈞天時，劬愉何如也。旬丞其謹藏之，以當瑞世瓊瑤，萬子孫勿敢墜。

光緒癸卯八月二十二日，嘉魚劉心源

28.　滌泉我兄，與兆槃同官兩淮，垂二十年。趙公之暇，恆以所藏古人書畫互相觀賞，極洽古歡。壬辰秋，滌兄自禾來邗，以公手錄食時五觀冊持贈兆槃。拜登之下，什襲珍藏。今夏，復以公書《觀劇》詩冊見示。仰先澤之長留，感貽珍之可寶，謹綴數言，以誌欣慰。

光緒庚子荷月初十日，族裔孫兆槃

29. （其一）亡是憑虛各擅場，寓言顛倒自蒙莊。漫嫌傳唱無稽語，周漢文詞巳濫觴。

（其二）班史曾登小說流，唐業宋稗盡旁搜。流言祇作丹青看，舞榭歌臺一例收。

（其三）先河院本後傳奇，次第優人作導師。唐句宋詞爭賭唱，只如新調付歌姬。

（其四）世事霄論僞與眞，紛紛目論苦求伸。梅經毛傳欺千古，何況歌場一闃塵。

（其五）弦管撩人欲放顚，蘭芳鮑臭任流傳。不乖臣子興觀義，只有精忠與目連。

（其六）懷古元因一畫圖，意將懷璧儆愚夫。天臺何事誣光武，知是明人刺歹朱。

（其七）雍容樽俎說乾隆，審律應知與政通。夢想開元全盛日，欲將法曲問伶工。

（其八）先生退老盡開顏，我亦心儀謝傅間。憂國無心問絲竹，不知底處是東山。

光緒乙巳夏，聞伯仁兄太守見示先德總憲公檜門先生遺墨，業敬和三十首，復謹題八絕句，即以爲跋。

長沙王先謙

30. （其一）詠史分編自選樓，裹譏妙筆仿《春秋》。鐵崖、懷麓揚鑣出，又見新詩鬱古愁。

（其二）陽明論樂古無傳，樣子能傳虞與周。證以儀徵說三頌，方知四代有俳優。

（其三）丁歌甲舞睡昆侖，五萬春華入夢魂。南曲今同廣陵散，北音誰更問金元？

（其四）曾游帝所聽《鈞天》，同詠《霓裳》冠眾仙。老眼看花憑作劇，春風定子正當筵。

（其五）中年絲竹謝東山，將謂偷閒並未閒。哀樂性情詩句發，每逢佳處一開顏。

（其六）百感芒芒寫出難，欲澆塊壘藉毫端。老坡嬉笑文章好，莫作尋常戲墨看。

（其七）意雜莊諧三十篇，金樽檀板韻悠然。開元法曲何人見，夢想雍乾極盛年。

（其八）萬古心胸試拓開，英雄兒女盡堪哀。安知傀儡登場後，別有人間大舞臺。

闇伯太守仁兄見示先德檜門先生遺墨《觀劇》詩，前輩風流，令人欽慕，敬題小詩八首，以當跋尾，即希方家正之。

後學善化皮錫瑞題

31. 乾隆天子世昇平，侍從賡颺雅頌聲。上界霓裳時入詠，後堂絲竹老怡情。

安排高第王沂國，先生為乾隆元年狀元。紹述清芬陸士衡。法曲而今《廣陵散》，遺詩誦罷淚縱橫。

余既和先生絕句三十首，撫今追昔，不勝西方美人之感。復賦七律一章，以誌慨慕。質之闇伯，以為何如？

乙巳之秋八月既望，吉安朱溢濬

32. （其一）富貴功名春夢婆，匆匆十二萬年過。乾坤撐挂憑忠孝，替古擔憂淚較多。

（其二）優孟衣冠傀儡身，稗官傳衍假疑真。百年前事憑誰記，輸與當場說法人。

（其三）妙絕元人北九宮，魏梁一出變宗風。崑山近又無人會，那解尋源白石翁。

（其四）關王北曲厭金元，兒女聲情易斷魂。惱恨南人初解語，盛名翻累紫桃軒。改《南西廂》之李日華，偶與李君實同名。君實著有《紫桃軒雜綴》，卷二云：「余筮仕江州理官，有上官向余索《西廂記》，蓋以世行李日華《西廂》本也。余既辨明，付一哂。且幸此官未曾留意醫術，不從余索《本草》，《本草》亦有日華子注也」。

（其五）巍科二次舉鴻詞，先領宮花第一枝。此是昇平歌舞事，雍乾詩似盛唐詩。

（其六）畫壁詩成護碧紗，偶然遊戲筆生花。高文典冊今猶在，祀典煌煌正女媧。朱方增《從政觀法錄》云：「乾隆十七年，公上疏言：『女媧氏陵前寢殿中塑女像，旁侍嬪御。士人據為求嗣之神。實為瀆褻，應毀舊像，立木主。』下部議行。」

（其七）卅篇詞翰付青箱，祖硯相傳手澤香。閱盡滄桑人事改，戲場今已換排場。

（其八）我亦歟奇可笑人，崑崙皕詠替傳神。燕蘭譜與秦雲譜，肯讓江南二月春。

右題金檜門先生《觀劇絕句詩》後，即請闇伯仁兄大公祖教之。

乙巳春三月，葉德輝錄稿

顧信芳

顧信芳（1708～1771），字湘英，江蘇太倉人。庶吉士秉直女。吳縣諸生程鍾室。鍾字在山，有才名，偕湘英隱居逸園。園在西磧山下，面臨太湖，中建騰嘯臺，正望縹緲諸峰，有古梅百株環繞左右。著有《生香閣詩鈔》。見《（同治）蘇州府志》卷一一四、卷一三九等。

【念奴嬌·題逸仙宋夫人瑤台宴雜劇】

書空咄咄，向吟窗、譜就霓裳新闋。一點雄心消不盡，化作彩雲千疊。滴粉搓酥，描香繪影，長吉心頭血。步虛聲裏，泠泠似有仙骨。　　應是秋穎花生，墨池香潤，照徹瑤台雪。放眼乾坤供一醉，醉把唾壺敲缺。鬼也揶揄，天乎懵懂，此意憑誰說。倚歌而和，欲將長笛吹裂。（南京大學中國語言文學系《全清詞》編纂研究室編：《全清詞·順康卷》第一冊，中華書局 2002 年版，第 417 頁）

梁允植

梁允植，生卒年不詳。字承篤，號冶湄，河北正定人。貢生。歷官延平知府。著有《柳村詞》一卷。見《國朝詞綜》卷一一、《晚晴簃詩匯》卷六九等。

【驪山懷古（之五）】

梨園春夜奏新聲，散入輕颸滿鳳城。仙仗不來衰草暗，娟娟山月為誰明。（《藤塢詩集》，清康熙刻本）

【溜江灘偕菊庄月下聽歌】

（其一）萬里濃陰瘱晚巒，深深谷口接嚴灘。當窗自按紅牙拍，子夜重歌興未殘。

（其二）巉岩古木亂啼鴉，白苧聲聲散錦沙。坐對春江無限恨，忽雷何處問琵琶。

（其三）澄波瀲灩月團圓，撥罷鶌鷄酒滿船。我愧當歌桓子野，誰能度曲李延年。

（其四）急瀨寒煙捲夕潮，海門春晝笴全銷。酒酣漫唱鐃歌曲，荔浦重來萬國朝。（《藤塢詩集》，清康熙刻本）

張　藻

張藻，生卒年不詳。字于湘，青浦（今屬上海）人。知縣之頊女，詩傳家學，少與兄鳳孫唱和。適畢禮，爲繼妻。著有《培遠堂集》，王昶叙之。藻平生不以詩自炫。子沅官陝西巡撫，貽書告誡，皆切於民生國是。及迎養官署，屢勗以仁厚勤儉。歿後，乾隆四十五年（1780）帝南巡，沅居憂，詣行在，具奏母氏賢行，上賜「經訓克家」額旌之。沅建樓靈巖別業以奉宸章，吳下傳爲佳話。見《（嘉慶）直隸太倉州志》卷四八、《然脂餘韻》卷六等。

【秋夜彈琴】

涼月下微露，碧空凝薄煙。幽懷澹遙夕，綠綺臨風前。憶昨深閨佩蘭茞，雪庭詠絮飛蠻箋。母氏授以彈琴譜，手調指拂張冰弦。初分宮商刻徵羽，曲引節拍無牽纏。左手吟猱右勾踢，絫黍不失窮精研。當其手法半生熟，未免膠柱失自然。久乃得妙解，意會難言詮。每當指初落，神遇皆其天。四壁無聲萬籟寂，瓶笙忽聽茶爐煎。一彈再鼓夏幽韻，五音六律相回旋。細如寒泉掛蘿磴，洪如秋澗鳴潺湲。凄如涼風走敗籜，翩如輕燕淩芳荃。動如劍器舞渾脱，靜如處女來嬋娟。促節繁音無不可，矜心躁氣胥爲捐。乃知移情不在遠，何必海上偕成連。淵明蓄琴未曾鼓，無弦之琴以意傳。閒將夜雨瀟湘曲，一奏銀燈繡榻邊。（《培遠堂詩集》卷二，清乾隆刻本）

【和大兄秋夜聽隴客王珊苕彈琴元韻】

玉軫金徽太古音，風櫺紙破月痕侵。閒將落葉哀蟬曲，自寫紅蘭泣露心。雙瑣調絲秋塞黑，一燈照幕石房深。他時跡共邊鴻杳，也似成連海上尋。（《培遠堂詩集》卷四，清乾隆刻本）

【觀王媛繁華夢劇因題其後四首】

（其一）秦臺仙子愛吹簫，鳳去臺空不可招。賸與芳閨傳慧業，綠窗譜曲映紅蕉。

（其二）不爲海上騎鯨客，暫作花閒化蝶人。是幻是眞誰大覺，
好從明月認前身。

（其三）夙世知應是彩鸞，日書官韻博盤餐。新詞怪底能娟秀，
玉茗花開壓石欄。

（其四）應眞禪說羨人心，不涉言詮意獨深。遙想玉釵敲斷夜，
畫屏銀燭院沉沉。（《培遠堂詩集》卷四，清乾隆刻本）

裘曰修

裘曰修（1712～1773），字叔度，號漫士，又號諾皋，江西新建人。乾隆己
未（四年，1739）進士，改庶吉士，授編修。官至工部尚書，加太子少傅。諡文
達。文達以文學受知，神解超敏。喜賓客，宏獎後進。爲文章不搆思，每朝廷嘉
禮，輒奏賦頌。館試所爲文，詞林皆奉爲程式。詩格安雅，書法自成一家，其瀟
灑拔俗之致，似不食人間煙火者。著有《裘文達公詩集》。見《國朝書人輯略》
卷五、《清史稿》卷三二一、《晚晴簃詩匯》卷七五等。

【上幸翰林院錫宴賦詩禮畢後幸貢院又宣示長句四首恭紀（之四）】

德澤涵濡四朝久，思皇多士古所傳。茲意殷勤肯虛負，小臣執簡
趨御墀，螭頭豹尾恆追隨。卻從彩筆題名日，爲憶青袍上計時。孝廉
聞一能知幾，人海茫茫偶然耳。天策丹青圖學士，豔比神仙語徒侈。
袛今歷歷傳名氏，此事還須問青史。沈宋文章亦空綺，是日伶人奏伎演
十八學士及昭容選詩故事。因文見道有深旨。是日敬聆聖訓。大哉皇言職當
紀，況復琅函披宛委。頒賜御製文集。（《裘文達公詩集》恭和御製詩卷一，
清嘉慶刻本）

【雜憶詩二十首卻寄（之十三）】

濡首深杯酒不辭，自將檀板教紅兒。昨聞樂府翻新調，唱爾黃河
遠上詞。陸賓之。（《裘文達公詩集》古今體詩卷一，清嘉慶刻本）

【和汪謹堂司寇行圍雜詠（之二）】

西人雜沓來，先後相爲耦。聯道近摩肩，促坐密容肘。塞上天氣
佳，嘉讌啓重九。啾喁語可通，唯唯還否否。雜劇呈內家，當場小垂
手。塗抹分青紅，裝束雜男婦。禮數寬不拘，謔咍誕罔咎。黃幡綽者
流，爭妍亦可取。最噌降人奴，手搏增怪醜。褫衣裹而前，相持意赳

赴。習俗故選懦，氣勢甚軋紎。連雞翼不飛，鬭牛角相守。兩兩馬滾
塵，百草恣躪蹂。或如蝟縮毛，時復蝸露首。屢挫不爲嫌，小勝未容
狃。彼哉徒區區，其意則自負。良久力不任，稍定聞喘吼。厥長坐視
之，左顧顔不忸。（《裘文達公詩集》古今體詩卷七，清嘉慶刻本）

葉觀國

葉觀國（1719～？），字毅菴，閩縣（今福建福州）人。乾隆辛未（十六年，
1751）進士，改庶吉士，授編修。歷官侍讀學士。觀國五典鄉試、三督學政，乘
傳成吟，幾於一官一集。詩圓勻熨貼，極見功力。其七律專學坡公，蓋亦閩中博
雅之才。著有《綠筠書屋詩鈔》。見《清秘述聞》卷六、卷七、卷八、卷九、卷
一二、卷一六、《晚晴簃詩匯》卷八〇等。

【大理雜詠十首（之四）】

瑟瑟生金貢不通，唐家辛苦事和戎。長安天遠梨園斷，愁絕開元
老笛工。（《綠筠書屋詩鈔》卷三「滇南集」，清乾隆五十七年刻本）

【上元二首】

（其一）聞道官符下，燒燈慶上元。魚龍新戲集，簫鼓舊腔翻。
傾市香車出，沿湖皂蓋屯。華筵供一飽，何止萬錢論。

（其二）冬令雨全斷，春宵月復圓。花繁看火樹，人醉識豐年。
野老占星漢，歌塲角管絃。歡娛雜愁歎，把琖意茫然。（《綠筠書屋詩鈔》
卷六「垂橐集」，清乾隆五十七年刻本）

【聽歌】

四條絃滾曹綱手，一串珠生車子喉。及未聲時著意聽，聲來空費
錦纏頭。（《綠筠書屋詩鈔》卷十一「炳燭集」，清乾隆五十七年刻本）

【春仲八日皇十一子召集擷秀山房同人吉通政渭厓茅庶子耕亭錢殿撰
湘舲咸在坐】

春山掃翠春雲濃，麴塵待颻去聲催花風。明湖淰淰舒卵色，時節
恰在中和中。西園置酒值清暇，聯輝花蕚停紅驄。皇八子亦至。高襟各
自屏軒蓋，接席特許陪章縫。山房奧曠身未到，洞壑窅窱莎丰茸。架
標籤軸褾緗縹，案登尊罍兼瓷銅。須臾張燈奏新樂，樂句乃本香山翁。

演唱《長恨歌》新劇。金釵鈿合致繾綣，海山碧落追鴻濛。可信古詩皆入曲，《關雎》、《殷武》諧徵宮。人言是日佛出世，八關盛會喧兒童。見《歲時記》。流傳小說誰復訂？當歌且對氍毹紅。泛梧釀醅色瀲灩，掛榴初魄光朦朧。禮寬意優銜感重，席罷，貽古畫、玉器四種。辰良景羡言歡同。曲終上馬各歸舍，明發聽漏趨銅龍。（《綠筠書屋詩鈔》卷十六「得槐軒後集」，清乾隆五十七年刻本）

【題長恨歌劇本四首】

（其一）譜得清歌付教坊，開元遺事劇悽涼。簇新風月文章舊，底用塡詞費繡腸。

（其二）水天閒話襍悲歡，外傳流傳等稗官。好與香山借顏色，盡徵軼事作波瀾。

（其三）洪家院本簇絲桐，座客當筵擊節同。試遣龜年相品定，長坐長恨曲誰工？

（其四）歌喉珠串遏春雲，綠酒紅燈客盡醺。待洗平生箏笛耳，人間絲管漫紛紛。（《綠筠書屋詩鈔》卷十六「得槐軒後集」，清乾隆五十七年刻本）

弘　曉

弘曉（1722～1778），怡僖親王名弘曉，別字秀亭，號冰玉主人。怡賢親王允祥子。少穎悟，長好學不倦。其言語文章，自能發揮所得，彬彬乎有法度可觀。著有《明善堂集》。見《八旗詩話》、《八旗通志》卷一二〇、《晚晴簃詩匯》卷七等。

【同秋明四兄半畝園讌集】

朝罷承歡奉北堂，孔懷情切共飛觴。尊前細按霓裳譜，更喜同歌愛日長。（《明善堂詩文集》詩集卷十，清乾隆四十二年刻本）

【夏日奉母妃園中觀劇喜成】

板輿行樂日初移，絃管輕調絕妙詞。幸侍慈顏欣賞處，荷香樹碧午涼時。（《明善堂詩文集》詩集卷十一，清乾隆四十二年刻本）

【至洪光寺奉命諸王匰憩觀劇恭賦】

山靜鐘聲遠，天空雲影飛。晴明欣縱目，巖壑盡含輝。祇覺曇花

繞，難糸貝葉微。爲聆仙樂奏，幽賞欲忘歸。（《明善堂詩文集》詩集卷十一，清乾隆四十二年刻本）

【秋明四兄壬申萬柳堂之遊索其畫扇兼成十韻】

聞說城南好，名園集繡韉。其地元廉希憲別墅。輕塵拂馬足，茂草墜花鈿。節近三陽候，人逢尺五天。鄒枚偕上客，班馬繼前賢。柳隱垣邊寺，花迎磯畔船。相君曾顧曲，元趙松雪曾題新詞。遊女亦歌蓮。時歌伎劉氏曾唱《雨打新荷》曲。野膳供銀鬵，芳筵漱玉泉。宮商傳雅咟，絃管鬪清妍。樂事吾無與，豪吟君有焉。蘭亭圖粉本，妙手倩龍眠。（《明善堂詩文集》詩集卷二十四，清乾隆四十二年刻本）

【同樂園元夕侍宴歸賦燈詞六首】

（其一）鈞天樂奏萬方春，火樹燈輪接目新。每於山高水長處看煙火。更奏龜茲新樂府，虞廷百獸舞華茵。是日演新投回人部樂百戲。

（其二）璀璨煙光寶樹繁，是夜觀慶豐圖燈會。鳴珂此夕荷隆恩。春風角觝東西極，也向堯階獻至尊。觀厄魯特角觝戲。

（其三）月鏡交輝素彩流，攢星閣下擊銀毬。莫誇當日傳柑勝，王會新添貢玉州。連夕張燈觀劇，回部亦多在坐。

（其四）御爐香靄靜無塵，拜首彤庭漏正頻。歸路但思閶闔麗，不知燈火簇蹄輪。

（其五）黯黯城上鐘初動，每至禁門始定更。緩彎天街爆竹騰。月照九衢飛白練，踏歌聲裡一天燈。

（其六）入門笑語聲如許，洗盞華堂寶炬明。已聽九天新法曲，人間不數繞梁聲。（《明善堂詩文集》詩集卷二十七，清乾隆四十二年刻本）

【萬柳堂昔廉希憲趙文敏詠歌清讌命姬人度曲侑觴至今傳爲佳事今有人云於月夜見靚粧女子徘徊橋畔口吟石橋流水似當年之句即之不見時余扈從木蘭與履吉偶論及此口占以紀】

萬柳堂前景物賒，玉人錦句隔烟霞。不知獨步微吟者，曾是當年解語花。解語花，即歌姬劉氏也。（《明善堂詩文集》詩集卷二十七，清乾隆四十二年刻本）

【冬日過鏡齋兄第仝尹潤齋樹亭椒亭觀劇】

（其一）筵前紅豆度新詞，檻外廻風舞絮遲。座有周郎時顧曲，

引商刻羽妙如斯。

（其二）弟勸兄酹各盡觴，主賓交舄滿華堂。梨園小部翻新意，在昔龜年莫擅塲。（《明善堂詩文集》詩集卷二十七，清乾隆四十二年刻本）

【臘前仝鏡齋兄潤齋樹亭椒亭涵亭過四宜齋看梅西軒觀劇】

（其一）江梅消息傳幽徑，標格從來最瘦癯。未必西園能勝此，龍眠圖自欠工夫。

（其二）蓓蕾初開別有情，重簾深護暗香生。笑余漸老判花筆，風月而今讓尹卿。潤齋即席和余前作。（《明善堂詩文集》詩集卷二十七，清乾隆四十二年刻本）

【春夜寄友（之一）】

搏骰彈箏擘阮絃，是日演秦聲，夜復南詞。爲歡況值早春天。遲君莫負今宵景，秉燭還應效昔賢。（《明善堂詩文集》詩集卷二十九，清乾隆四十二年刻本）

【暮秋月下索醫士強彩章彈三弦歌吳詞】

（其一）國手年來慧業深，丹楓黃葉感秋心。相逢莫負霜天景，阮撥吳歈擲好音。

（其二）蕭蕭落木滿庭除，璧月當空夜氣虛。雅調清音歌七字，吳江秋思洞庭初。（《明善堂詩文集》詩集卷三十，清乾隆四十二年刻本）

【恭承恩命歸祝母妃八蓁壽辰因於西園演劇嘉筵誌慶】

聖德如天崇孝治，欣承恩命祝慈親。慚無麟脯祈眉壽，願着斑衣舞令辰。雨脚已垂波似鏡，冰顏有喜靄如春。吳歈聊作南山頌，從此千齡鶴髮新。（《明善堂詩文集》詩集卷三十二，清乾隆四十二年刻本）

【浩然閣觀劇有憶謹齋甥】

（其一）淡淡春風薄薄雲，輕寒送雨淨塵氛。清霄靜聽陽阿曲，解得深情獨屬君。

（其二）拂柳遊絲花滿墀，金尊檀板觸離思。何當客散鳥聲樂，獨憶春三去歲時。（《明善堂詩文集》詩集卷三十八，清乾隆四十二年刻本）

【浩然閣觀劇偶作】

深紅淺紫百花飛，小院清歌趁夕暉。醉後忽驚春欲去，一簾風靜

燕初歸。(《明善堂詩文集》詩集卷三十八，清乾隆四十二年刻本)

【贈歌者】

宛轉輕歌曲曲新，迴波媚眼十分春。最憐異日嬌容減，未必朱門念可人。(《明善堂詩文集》詩集卷三十九，清乾隆四十二年刻本)

【冬夜觀劇有憶謹齋甥】

一堂簫管暖如春，醉折梅花意俱新。曲罷滿天霜月冷，仰看征雁問伊人。(《明善堂詩文集》詩集卷四十一，清乾隆四十二年刻本)

【觀劇柬邀餘圃】

響遏行雲度曲遲，疏簾晴日午鐘時。周郎一顧風流甚，餘圃來時恐亦痴。(《明善堂詩文集》詩集卷四十二，清乾隆四十二年刻本)

【新秋觀劇有感二首】

（其一）淡雲薄日釀新秋，一曲吳歈莫與儔。忽憶卅年清夜裏，鈞天縹緲在瀛洲。

（其二）芭蕉翻碧雨餘天，含態騰芳繞畫筵。曾似彤庭歌湛露，離離簫管樂堯年。(《明善堂詩文集》詩集卷四十二，清乾隆四十二年刻本)

于宗瑛

于宗瑛（1722～1782），字英玉，號紫亭，漢軍鑲紅旗人。乾隆甲戌（十九年，1754）進士，改庶吉士，授檢討。歷官御史。著有《來鶴堂詩鈔》。見《天咫偶聞》卷五、《國朝書人輯略》卷五、《晚晴簃詩匯》卷八四等。

【僚友集八蜡廟聽歌酌酒夜歸有作】

州裏蟬聲入夜聞，雨晴石路月紛紛。奈何纔爲清歌喚，回首涼風送彩雲。(《來鶴堂詩鈔》卷四，清乾隆五十二年刻本)

汪 縉

汪縉（1725～1792），字大紳，江蘇吳縣人。歲貢。縉少不善記誦，年十六試爲文，數百言立就。年三十一始補博士弟子員，遂一意治古文。喜道程、朱、陸、王之學，通其隔閡，與長洲彭紹升、瑞金羅有高往復不厭。嘗一主來安建陽書院，以歲荒輟講歸，教授里中。食廩歲滿，貢太學。卒年六十八。著有《汪

子文錄》十卷、《詩錄》四卷、《二錄》二卷、《三錄》三卷。其中《二錄》、《三錄》最爲卓絕。見《（同治）蘇州府志》卷八三、《清續文獻通考》卷二七七等。

【虎邱題壁雜詩八首（之六）】

吳歌名海內，嗤點有崑生。隻字能知律，千人敢發聲。管絃人世鬧，梵貝佛門清。但得聞根淨，何分虧與成。（《汪子詩錄》卷一，清嘉慶三年方昂刻本）

楊有涵

楊有涵（1725～1798），字能蓄，號養齋，江西清江人。官雲南鹽法道。著有《遠香亭詩鈔》。見《（崇禎）清江縣志》卷八、卷九等。

【九日楊魯齋明府泗邀諸同人遊東山寺（之二）】

東山遊屐舊知名，絲竹何曾寫性情。地無梨園。剩有瘴烟迷遠客，可無詞賦集群英。夜猶秉燭歡嫌短，老不如人氣已平。十笏維摩容膝地，此心吾與白鷗盟。（《遠香亭詩鈔》卷三，清乾隆五十九年楊懋珩等刻本）

【雜詠十四首（之八）】

銀甲鷗絃小忽雷，綺筵彈動百花開。東風唱盡蘆塘曲，始信陽春有腳來。曹令自蘆塘以梨園至。（《遠香亭詩鈔》卷三，清乾隆五十九年楊懋珩等刻本）

汪啓淑

汪啓淑（1728～？），字愼儀，號秀峯，安徽歙縣人。官兵部郎中。乾隆壬辰（三十七年，1772）應詔，獻書五百餘種。明年發回，賜《古今圖書集成》一部。又於所進《建康實錄》、《錢塘遺事》賜題二詩。後四年，又賜《平定伊犁戰圖》一冊。五十二年，又賜《小金川戰圖》一冊。時皆榮之。所著有《水曹清暇錄》、《訒菴詩存》若干卷。又酷嗜金石文字，輯有《飛鴻堂印譜》、《漢銅印叢》諸集。見《（光緒）重修安徽通志》卷二二五、《國朝詞綜》卷四一、《碑傳集補》卷四五、《晚晴簃詩匯》卷八五等。

【聽春郎胡琴】

四絃輕曳聲切切，渾似冰溪水嗚咽。旁人未辨徵與商，但覺如嘶野馬鳴群羊。須臾變調更淒楚，欲泣吞聲暗私語。逐客魂消戍婦

愁，金烏斂彩雲悠悠。春郎、春郎何須爾許聲聲怨？遊子無腸與君
斷。(《訒葊詩存》卷一「綿潭漁唱」，清乾隆刻本)

【聞比鄰吳調曲】

日夕擁百城，兀兀坐超忽。宵分步中庭，鄰舍吳歈發。乍疑嫠婦
啼，轉作驍將突。嗚嗚雜淒淒，冰壺迸珠滑。繁聲貫碧雲，高天墜涼
月。四壁頓闃寥，慘悴搔短髮。長謠撫清琴，商飇振林樾。(《訒葊詩存》
卷二「飛鴻堂初稿」，清乾隆刻本)

【秋初偕王夢樓太守鮑雅堂中翰龍秀峰明府樊靜軒孝廉張平伯秀才遊何氏園】

聯襪訪何園，暑退風物美。入門挹溪光，塵抱生歡喜。當窗排煙
黛，繞砌馥芳芷。嘒嘒蟬鼓鳴，淅淅荷風起。蔭沼柳搖青，拂簷薇弄
紫。遺植說弘農，古柏翠於綺。閒憩香雪居，徵歌昵小史。時夢樓攜有
歌者。良會惜易徂，長謠興難已。(《訒葊詩存》卷五「邗溝集」，清乾隆刻本)

【七月十六日金櫻亭廣文招集三賢祠醉後放船紅橋聽彩郎度曲石莊上人倚洞簫而和之】

月波搖漾天宇涼，虹橋亭榭瓊瑤裝。飲散露臺碧筒潤，舟迴花底
蘭橈香。秦青歌喉似珠貫，笑泥枯禪洞簫按。流音已過雲彩飛，餘韻
還隨螢影亂。華燈高下奪明星，更伴啼螀作楚聲。須臾變調更清厲，
如聞丹鳳空中鳴。嘉會易徂休浪擲，天涯且遣羈懷適。漏轉河傾客自
歸，濕銀萬頃邗溝白。

附詩四首：

【同作】〔程晉芳〕白露未零熱未已，晚來圓月當澄水。水月相涵
得少涼，故人招我嘗醇醑。阿師橋畔縞如霜，三賢祠邊翠若洗。酒後
舟行從緩緩，夜靜草香猶靡靡。觥籌絲竹錯雜陳，醉裏聞歌易感人。
怪他衲子參神解，豎笛吹來六氣勻。阿彩年纔十三四，脣舌應簫柔且
脆。宛轉蟬聯哀艷呈，將母破道妖老僧。潛虬不吟語蟀咽，座客徐聆
嘆奇絕。字軟腔沉半闋移，天清月徙三更徹。林亭泉石澹欲無，好風
瑟瑟吹輕裾。迴燈泊船響稍寂，荷葉千枝向人碧。

【同作】〔金兆燕〕主人既醉客欲歸，中天寒玉騰清輝。燈火高低
畫船重，回首高樓昏似夢。石莊上人老且顛，簫聲中有文字禪。惠家

彩郎纔總角，歌喉一串珠絡索。簫聲綿綿歌聲遲，分寸暗與輕舟移。
箏琶羯鼓盡匼響，但裊一縷空中絲。泛音遠掠涼波歇，約住輕雲未教
滅。滿船醉客灑然醒，愁聽寒螿共幽咽。秋林庚墓王郎歌，千古傷心
喚奈何。與君且証聞果，更上空山吹法螺。

【同作】〔吳賢〕日腳沉沉澹將夕，銀蟾影貼遙天碧。濃烟翠霧滿
晴湖，帛舫紗籠燈似織。緩緩迴舟一水遙，涼飆墜葉正蕭蕭。誰囀音
喉度新曲，妙齡車子倚蘭橈。座上一僧獨無語，巧按珠歌入簫譜。嘹
亮聲高欲過雲，老魚出聽瘦蛟舞。一曲將終夜氣清，餘音嫋嫋更多情。
誰知此地三年別，翻覺今宵百感生。勞人相對各嘆息，紅橋舊事難追
憶。繫艇垂楊驚宿鴉，起視星河含曙色。

【同作】〔鮑之鍾〕雲容雨態秋暄妍，故人邀我乘湖船。湖中風景
夙所愛，屈指不到幾十年。朱欄半舊恰臨水，繫纜偶傍平橋邊。娟娟
荷氣含淨露，冉冉竹色搖輕烟。椒漿桂醑苦未辦，摳衣再拜參昔賢。
流連不知日已暮，況有急管催繁絃。石莊畫師老禪客，碧眼照窗霜作
骨。戲拈紫竹學鳳鳴，吹起涼蟾碧天色。當筵度曲梁塵飛，采郎濯濯
眞吳兒。歌喉一串落水底，點點清徹光琉璃。方舟響切行雲過，後舫
前船相問答。但覺清光萬里來，不知涼吹中流發。主人稱詩老客星，
徵歌昵酒常不醒。一官匏繫猶空橐，剩有豪氣凌滄溟。星廻漢轉涼露
零，夜歸不怕嚴城扄。繁華太息眞一夢，莫遣按板歌旗亭。（《訒菴詩存》
卷五「邗溝集」，清乾隆刻本）

吳省欽

　　吳省欽（1729～1803），字沖之，號白華，南匯（今屬上海）人。乾隆二十
二年（1757）召試，賜內閣中書。二十八年成進士，官至左都御史。白華著撰，
精心果力，不屑蹈襲前人。少日與趙損之、張少華同學漁洋、竹垞，既而別開蹊
徑，句必堅凝，意歸清峻。入詞垣，大考翰林第一，繇是衡文荊楚以及西川，遇
山屬水刻處，輒以五、七字寫之。或以東野、長江爲比，未盡然也。散體文於唐
似孫樵、劉蛻，於宋似穆修、柳開，亦復戞然自异。著有《白華前稿》六十卷、
《後稿》四十卷。見《湖海詩傳》卷二九、《國朝詩人徵略》卷四〇、《晚晴簃詩
匯》卷九二等。

【北舟雜詠（之十五）】

篳篥琵琶鬭竹絲，白楊古廟坐彈詞。匆匆便作登萊語，絕倒吳趨教曲師。（《白華前稿》卷三十三，清乾隆刻本）

【普救寺（之三）】

綵筆聯翩記《會真》，連廂檀板點歌唇。蛾眉只有青山影，始信文人易誤人。《金石文字記》：鄭恒夫人即世所傳崔鶯鶯，年七十六與鄭合葬。《曠園雜志》：鶯鶯祔鄭墓，在淇水西北五十里。秦貫《銘》：其四德咸備，而一再辱於元微之、王實甫、關漢卿，歷久而志銘顯出，洗冰玉之恥。寺枕峨嵋坡，亦作蛾眉。（《白華前稿》卷四十一，清乾隆刻本）

編者案：《詩詞卷·初編》已收吳省欽，此係增補。

曹士勳

曹士勳（？～1791後），字名竹，號菊田，浙江桐鄉人，祖籍嘉興。清康熙諸生，困於場屋，家貧，以塾師為業。著有《翠羽詞》。其詩清新俊逸，竹垞先生常稱之。著有《萍梗集》。見《兩浙輶軒錄補遺》卷二、《全清詞·順康卷》第二十冊等。

【菩薩蠻·觀劇】

玉簫吹徹秦樓月，歌聲約住行雲碧。香襯舞裙紅，蠻腰小扇風。

金尊遊冶處，惹起愁如霧。儂為忒多情，柔腸斷又生。（南京大學中國語言文學系《全清詞》編纂研究室編：《全清詞·順康卷》第二十冊，中華書局 2002 年版，第 11530 頁）

【沁園春·馬觀我太史見招觀演盤陀山劇即席漫賦】

翠羽簾鉤，雀尾屏開，春暖燒燈。正將圓鏡月，蛾眉滿滿，乍妝梅額，粉黛盈盈。舞蝶緣慳，歌鶯分淺，贏得梨園曲調清。周郎顧，漫宮移羽換，仔細聽聽。　　雕梁繚紗餘聲。卻勾引、東風入鳳笙。歎衣被貧民，即心成佛，恩流阱虎，化險為平。十七年來，悲歡似夢，打合機關最有情。祥雲散，看闌干珠斗，星耀長庚。是夜為其令兄稱祝。

（南京大學中國語言文學系《全清詞》編纂研究室編：《全清詞·順康卷》第二十冊，中華書局 2002 年版，第 11556 頁）

奎　林

　　奎林（？～1792），生卒年不詳。字直方，號瑤圃，富察氏，滿洲正黃旗人。以恩澤封公。由侍衛官至伊犁總統將軍。著有《幽棲堂吟稿》。《蒲褐山房詩話》：君以椒房戚畹，弱冠侍直乾清。其時，諸父兄弟勳階炬赫，而君甘澹泊，習勤苦，處之蒞如二十餘年。四方征討之役，無不身在行間，終歿於西藏之江卡。鞶鞬之暇，喜讀史傳。嘗閱《元史》，或問之其中愛慕者誰？曰：「耶律文正吾不敢期，最慕者王保保耳！」其寄託如此。周行萬里，所遇封疆大吏，唾涕視之。與王昶在滇蜀軍營數年，最為相契。及乙巳春使伊犁時，道出西安，留官齋劇談痛飲，呼小伶度曲，臨別書一絕而去。其餘間有所作，悉燬其稿。見《湖海詩傳》卷二九、《國朝詩人徵略》卷四一、《晚晴簃詩匯》卷八五、《樞垣題名》等。

【示李伶】

　　　　倦客看春尚有情，嫩紅柔綠眼仍驚。風流地主緣何事，不折楊枝贈遠行。（清‧王昶輯：《湖海詩傳》卷二十九，清嘉慶刻本）

龍　鐸

　　龍鐸，生卒年不詳。字震升，號雨樵。宛平（今屬北京）人。乾隆二十四年（1759）舉人，官吳江知縣。十二歲時，杭州老宿朱桂亭命詠瓜子皮，應聲曰：「玉芽已褪空餘殼，纖手初拋乍有聲。莫道東陵無託意，此中黑白盡分明。」朱歎曰：「此子將來必以詩名。」《觀魚》云：「子不知魚樂，君其問水濱。」《題畫》云：「亂泉尋石竇，歸霧斷山腰。」《贈友》云：「蓬轉三年雨，蘭言一夕秋。」皆少作也。見《國朝畿輔詩傳》卷四四、《國朝詞綜補》卷一四等。

【減字木蘭花‧贈小伶鳳珠】

　　　　彩雲幺夢，何處飛來紅玉鳳。笑倩人扶，一曲梁州一斛珠。　　眉歡目妥，教人坐立如何可。偏解相思，學語雛鶯小意兒。（清‧丁紹儀輯：《國朝詞綜補》卷十四，清光緒刻前五十八卷本）

畢　沅

　　畢沅（1730～1797），字纕蘅，又作細蘅，一字秋帆，自號靈巖山人。鎮洋（今江蘇太倉）人。乾隆二十五年（1760）殿試第一人及第，官至湖廣總督，贈太子太保。秋帆制府少得詩法於其舅張郎中少儀，登大魁，入詞垣，愛才下士，

海內交人，咸歸幕府。凡有吟咏，信筆直書，天骨開張。又好刻書，惠定宇徵君所著《經說》，悉爲剞劂。生平有幹濟材，在陝重建省城，又修華陰太白祠及涇渠；在豫開賈魯河，修桐柏淮源廟。金川用兵，凡軍裝、騾匹陸續協濟，故深受主知。所撰甚富，有《靈巖山人詩集》四十卷、《關中勝蹟圖志》三十二卷、《關中金石記》八卷、《晉書地理志新補正》五卷、《說文舊音》一卷、《音同字異辨》一卷等。見《湖海詩傳》卷二二、《國朝詩人徵略》卷三七、《(嘉慶) 直隸太倉州志》卷二八、《(同治) 蘇州府志》卷一一二、《清史稿》卷三三二、《晚晴簃詩匯》卷八九等。

【贈女校書沈浣秋】

（其一）綠波淼淼草萋萋，銀舫春宵泊翠隄。記得鄂君攜繡被，挑燈話雨越來溪。

（其二）蛾眉難買賤黃金，香草新詞寫素琴。數遍石交豪俠少，反將紅粉結同心。

（其三）釵頭金鳳蹙鈿蟬，雲鬢三盤雅色妍。不信玉顏花不及，推窗頻倚鏡臺前。

（其四）疑雨疑雲莽是非，遠嫌芳跡想依稀。鴛鴦水面雙雙宿，會向荷風深處飛。

（其五）繡緣花樣愛翻新，蘭澤輕施翠澤勻。贈我碧螺如意合，笑言郎是掃眉人。

（其六）茂陵病起訪雲英，爲畏人言浥露行。柳外紅樓春寂寂，曉風嗚咽玉簫聲。

（其七）碧闌十二種青棠，豔冶情懷雅淡妝。一舸花時閒載酒，五湖煙月弔夷光。

（其八）暗卜金錢寫好懷，容華掩冉錦箋乖。芙蓉帳底雙鴛夢，長抱零香上玉釵。（《靈巖山人詩集》卷九「五湖載酒集」，清嘉慶四年經訓堂刻本）

編者案：《詩詞卷·初編》已收畢沅，此係增補。

吳蘭庭

吳蘭庭（1730～1802），字胥石，浙江歸安（今浙江湖州）人。乾隆三十九年（1774）舉人。蘭庭壯遊燕趙，多蒼深清健之作。年六十餘寓京師，與仁和吳

長元齊名，時號「二吳」。著有《南雪草堂集》及《五代史記纂誤補》四卷、《五代史考異》、《讀通鑑筆記》等。見《湖海詩傳》卷三三、《兩浙輶軒續錄》卷一一、《國朝詩人徵略》卷四三、《國朝詞綜》卷四二、《清史稿》卷四八五、《晚晴簃詩匯》卷九六等。

【觀走馬妓歌】

霜蹄踏鐵拳毛騧，一歠玉兮再歠沙。據鞍仡仡誇身手，美人顏面如桃花。美人家本邯鄲住，折要學得輕盈步。流寓今來古濟州，朱簾翠箔指高樓。廣場中開臨直道，觀者千人齊側腦。結束裙裾顧影看，窈娘上馬弓鞋小。緩轡方矜行步工，垂鞭但覺風神好。忽盤遠勢離哉翻，風雲奔馳交往還。燕子身材舞翠盤，轉側變幻須臾間。有時蹶然立，鼇背出沒波浪急；有時帖然臥，醉者神全車不墮。有時藏身金鐙旁，有時倒植若垂楊。有時遶出馬腹下，千秋運轉相低昂；有時它馬交面過，騰身易位各超驤。一落無端千丈強，雙鬟不動神揚揚。我聞山東與河北，昔多響馬稱豪客。飛空一騎攪紅塵，深林白日聞鳴鏑。數十年來教澤深，畏途已成安樂國。技勇流傳尚絕倫，鬚眉往往慚巾幗。柳花飛雪春濛濛，主人開尊虎魄紅。一物已足罄千鍾，況茲絕藝兼雄風。不見漢家留侯似好女，馬上成功佐赤龍，美人駿馬辭重瞳。（《骨石詩文存》詩存卷三，民國吳興叢書本）

王文治

王文治（1730～1802），字禹卿，號夢樓，丹徒（今屬江蘇）人。乾隆二十五年（1760）殿試第三人及第，官至臨安知府。禹卿頗具才情，尤工書，楷法河南，行書效蘭亭。入京師，士大夫多寶重之。時全侍講魁、周編修煌奉使琉球，挾以俱往，故其詩一變，頗以雄偉見稱。出守臨安，被劾束還，遂無意於仕進。其時錢塘袁子才壯年引退，以詩鳴江浙間，禹卿繼其後，聲華相上下，年未五十即躭禪學，精於《楞伽》、《唯識》二書。晚年刻其詩，卷中多秀句。喜聲伎，行輒以歌伶一部自隨。辨論音律，窮極幽渺。客至，張樂窮朝暮不倦。海內求書者多有餽遺，率費於聲伎。然客散，默然禪定。夜坐脅未嘗至席，持佛戒，自言：「吾詩與書皆禪理也。」卒年七十三。著有《夢樓詩集》。見《湖海詩傳》卷二二、《國朝詩人徵略》卷三七、《國朝書人輯略》卷六、《清史稿》卷五○三等。

【秋筠閣聽王女彈詞】

秋筠小閣倚春雲，閣外梅花上夕曛。不用銅瓶供新蕋，箇人齒上有清芬。(《夢樓詩集》卷十一「柿葉山房集」，清乾隆刻道光補修本)

【立秋日同蔣心餘前輩暨諸子聽王范二女彈詞二女皆盲於目】

西風一入千林杪，萬里寥天肅清曉。客懷蕭瑟不能禁，誰遣哀絲撥纖爪？王女蘭心黯淡粧，微詞齒頰播芬芳。消瘦腰肢初病校，白羅衫子玉肌涼。范女韶年正豐艷，醫暈紅酥如酒釀。鴉雛雙鬟彈金釵，風動裙花蝶衣閃。成君浮磬子登璈，金醴曾經侍玉霄。謫降道緣猶未減，不將青眼看塵囂。紉質由來兼黠慧，傳神豈待秋波媚。輕雲冉冉月宜遮，香霧濛濛花愛睡。慢攏輕撚最有情，流泉瑟縮藕絲縈。嚼羽咀宮含復抑，故教幽意不分明。蔣侯奇氣高嵩泰，掣鯨祇覺西江隘。扁舟稱病謝蘭臺，開吐風雷逞雄快。余亦孤蓬天地間，布衣骯髒一漁竿。相逢偏是清商發，玉貌紅燈綺窗月。杜甫江南怨落花，樂天湓浦感琵琶。十載冰霜同宦海，中年絲竹又天涯。來朝黃葉空階積，惆悵江頭白日斜。次日心餘即返山陰。(《夢樓詩集》卷十二「西湖長集」，清乾隆刻道光補修本)

【次顧星橋韻再贈彈詞王女】

十年垂釣占蘇隄，相見西湖西復西。杜牧鬢絲渾改盡，綠鬟依舊映玻瓈。(《夢樓詩集》卷十四「快雨堂集」，清乾隆刻道光補修本)

編者案：《詩詞卷·初編》已收王文治，此係增補。

王曾翼

王曾翼(1733～1795)，字敬之，號芍坡，江蘇吳江人。乾隆二十五年(1760)進士，官至甘涼道。曾翼不以詩名而諸體皆工，無慚作者。如《苦雨》云：「長埢何時堪躍馬，深林昨晚又鳴鳩。」《籃輿》云：「浪喧危峽千堆雪，香裹幽花一片紅。」《謁楊忠愍公祠》云：「誤國何人開馬市，孤忠獨見觸龍鱗。」《初度》云：「前程底用占靈筊，歸計惟應理釣竿。」皆名家句也。著有《居易堂詩集》。見《蒲褐山房詩話》、《湖海詩傳》卷二二、《國朝御史題名》、《(同治)蘇州府志》卷一〇六等。

【乙巳冬月隨節侯赴喀什噶爾小住兩旬經過各回城或停驂數日或信宿而行所見所聞拉雜成詠共得斷句三十章仿古竹枝之遺意竊謂回疆風土十有七八矣（之二十）】

七歲兒童入市嬉，倒翻觔斗共矜奇。緣橦自昔誇繩伎，嫺習多應自幼時。回童七八歲輒能翻身作數十觔斗戲，跳擲飛騰，觀者目眩。（《居易堂詩集》吟鞭賸稿卷下，清乾隆王祖武刻本）

【乙巳冬月隨節侯赴喀什噶爾小住兩旬經過各回城或停驂數日或信宿而行所見所聞拉雜成詠共得斷句三十章仿古竹枝之遺意竊謂回疆風土十有七八矣（之二十一）】

對對回姬舞態濃，胡琴拍拍鼓鼕鼕。更闌曲罷還留客，手酌葡萄勸玉鐘。鼓，徑一尺六寸，高三寸，鞔以羊皮。胡琴，十絃。拍鼓、拊琴，回婦二人歌舞，此宴客之樂也。（《居易堂詩集》吟鞭賸稿卷下，清乾隆王祖武刻本）

江濬源

江濬源（1735～1808），字孟宰，一字岷雨，號介亭，江南懷寧（今屬安徽）人。乾隆戊戌（四十三年，1778）進士，授考功司主事，晉員外郎，又晉稽勳司郎中。己酉（五十四年，1789）典試陝西，出爲臨安府知府。訟者至，呼就案與言。有兄弟爭財，諭以骨肉之義，皆泣涕求去。歲巡視郡縣水道，興修水利，溉田無算。修葺書院，勸修橋梁五六十所，復義學五十九所。嘉慶二年（1797），興義苗叛，募鄉勇防禦，民得無恐。石屏地震，壓斃四千餘人，其存者爲捐廉煮粥，茸棚以安集之。後攝迤南道篆，引疾歸。著有《江介亭文鈔》六卷、《詩鈔》二卷、《外集》六卷，附《筆記》六卷、《筆記存》三卷。祀鄉賢。見《清秘述聞》卷八、《（光緒）重修安徽通志》卷一八一、《清續文獻通考》卷二七七等。

【讀葉縣王孝子碑】

屹屹昆陽城，湯湯汝瀆水。我從道左讀穹碑，請歌唐村王孝子。汝旁有水漲新秋，隔岸演劇鬼恣謀。村人往觀各嗟呇，日暮歸來喧渡頭。孝子偕父上小艇，眾爭同渡方挺挺。須臾中流紛踏翻，七十餘人愴滅頂。孝子落水忽上逃，蒼黃救父慘呼號。陰風黤闇怪雲黑，跳水一命輕鴻毛。咽恨吞聲不聞哭，血噴心腔水噴腹。雙瞳炯炯雙拳挐，踉蹌水底勢窮蹙。水神乍見爲含悲，導使子與父遇之。求父復生苦已晚，殉父同死甘如飴。詰朝眾屍若浮蟻，孝子尋亦抱父起。兩手環結

臥地僵，鄰里顧視酸筋髓。弔之哀誄築高墳，白沙黃草愁紛紛。長夜迴瀾漱空岸，精靈憤動如奔軍。嗚呼！江潭曹女，其碣千古。洸赫王生，汝水之浦。愚賤何知後世名，血誠端足泣秋雨。朗朗穹碑爭日光，風聲應得賢候樹。（《介亭詩文集》詩鈔，清介亭全集本）

編者案：《介亭詩文集》文集卷一收有《讀葉縣王孝子道碑記》，可參看。

翟　灝

翟灝（1736～1788），字大川，號晴江，浙江仁和（今浙江杭州）人。乾隆甲戌（十九年，1754）進士，官衢州府教授。晴江先生居艮山門外楊家橋，與吳西林先生居隔數里，常相從倡和。家塾延吟友為師，若朱古心、任石屏，先後一二十年間，風雅振興東鄉，號為詩國。其博覽羣書，精心考證，著有《湖山便覽》、《四書考異》、《爾雅補郭》、《通俗編》、《無不宜齋未定稿》等。見《文獻徵存錄》卷九、《兩浙輶軒錄》卷二八、《全浙詩話》卷四八、《湖海詩傳》卷一七等。

【看影戲】

雲窗縹緲是耶非，月窟光明舞羽衣。炫彩應貽羊鞟誚，釀金共向馬頭祈。社傳繪革流風遠，周密《武林舊事》：百戲各有社名，影戲曰繪革社。臺幕生綃膩燭輝。三尺生綃作戲臺，僧惠明《咏影戲》句，見《夷堅志》。爭說技高同五賈，村梢一夜看塲圍。賈震、賈堆、賈儀、賈佑、賈偉，皆南宋時善影戲者。（《無不宜齋未定稿》卷三，清乾隆刻本）

【與毛睿中論曲】

詞曲雖小道，淵源樂府歌。不藉解聲律，詩節無由和。古調欲聞惟天上，唐宋詩章亦絕唱。優場莫賤靡靡音，歌法今傳此猶尚。七均高下度短長，酒邊觸興聲淋浪。低眉宛轉自疊拍，娥月飛窺簾幌光。閒中往往發心悟，因筌得魚蹄得兔。遺風遞失遞相因，下水船當逆流遡。談書不達喻俗情，考器難狀舉今名。從來遠近理一貫，高論不顧庸耳驚。（《無不宜齋未定稿》卷四，清乾隆刻本）

【上元日琉璃廠觀百戲作俳體五十韻示同遊諸子】

春明官廠設，十種造琉璃。鴛瓦供無缺，羊燈代亦宜。東華遷舊市，太乙奉佳時。《燕都遊覽志》：燈市在東華門崇文街，今在琉璃廠。上元張燈，始漢，祀太乙。見《太平御覽》。祥雪新開霽，勞塵暫脫羈。屢豐家給足，百戲俗恬怡。舍利工呈幻，黎軒盡出奇。喬人高續脛，

見郭璞《山海經》註。立馬驟磨旗。見《魏志・甄皇后傳》註。板繫千秋索，毬裁八片皮。演書宗黑子，宋藝流供奉有李黑子，善演史。弄鉢賽容兒。張祜有《咏容兒弄鉢頭》詩。夭僑騰絚儷，翩翾翽木熙。旋空掛跟肘，距地擲腰肢。勢仄懸梯透，音繁縛角吹。《抱朴子》：禰衡為鼓吏，搖鼗擊鼓，縛角於柱，口就吹之，異聲並舉，聞者不知其一人也。今有打十不閑者，乃其遺意。連廂供耍令，踏鼓唱京詞。瞽女商弦撥，丫童越器持。胡涼紛假面，神鬼醜蒙魌。馴獸看料虎，奇蟲見疊龜。奇蟲見《鹽鐵論》。粤拳角觝社，賣口祝福毉。白索輪光曳，烏銅倩影窺。借指西洋景。黃花雙牘並，絳樹兩歌岐。絳樹能一聲歌兩曲，黃華雙管並下，見《嬻嬛記》。爥爥揮丸劍，亭亭累卵棋。踰鋒誇捷足，薅骨証頑肌。革冒通同拍，《宣政雜錄》：靖康初，民間以革冒竹鼓成節奏，取其聲似，曰「通同部」，今唱道情所拍者是。冰膠滑漣馳。郎當牽鮑老，宛轉習優施。立幟分千道，圍場判一規。饞顏工眠姃，險譚雜兇離。吳市瞻西子，揚州仰獻之。《孟子疏》：西施至吳市，觀者各輸金錢一文。王獻之自論書云：揚州一老母，惠臣一餐，作一字答之，令就市價，近觀三錢，遠觀二錢。未攜標下綵，稍費杖頭貲。油壁緣源出，青驄衝尾隨。堵觀雲路合，香襲綺叢毗。星貨排廛積，春書應節貽。鬧娥攢繡纈，風鷂引晴絲。土稊郳州樣，唐花浙水姿。晁說之《郳州排悶》：莫言無妙麗，土稊動金門。以郳州田𡉀造泥孩兒名天下也。土窖烘花之法，始於浙之馬塍。金絨挑鞬子，紅蠟綴椒枝。素女圖縈絹，文魚黍碧瓷。輝煌嘗藥玉，突兀詫糖獅。鳥咮餳簫奏，環鳴扇鼓移。酒樓橫榜署，茶社軟帘欹。蔬果均分局，臺盤各有司。煇豚陳厚脯，籠餅蘸烏飴。禁鑰三衢緩，歸鞭五夜遲。竹聲交劈裂，燈影又敷披。西漆南油彙，星橋火樹蕤。畫屏光凹凸，像綵勢躞跴。烟火梨花散，壺觴竹葉垂。咿啞吟鳳曲，磅礴響犀椎。細瑣書難徧，蹣跚樂不支。纏腰羞澁縮，過眼任參差。節物鄉情遠，年光世路疲。追尋優笑地，點綴太平詩。試舉同游客，當筵定解頤。

（《無不宜齋未定稿》卷四，清乾隆刻本）

陳 樽

陳樽（1739～？），字俎行，號酌翁，浙江海鹽人。乾隆丙戌（三十一年，1766）進士，廣西博白知縣，所畫山水有韻致。著有《古衡山房詩集》。見《歷

代畫史彙傳》卷一四、《兩浙輶軒錄補遺》卷六等。

【青樓曲】

青樓曲，嬌喉細，銀漢無聲露華膩。洞簫玉管聲參差，蠟燭啼紅
滴殘淚。滿堂絲竹嬌郎醉，夢繞巫雲抱花睡。紅塵蹴踏車馬嘶，酒醒
門外春風吹。(《古衡山房詩集》卷十，清刻本)

毛上炱

毛上炱，生卒年不詳。字羅照，號宿亭，鎮洋（今江蘇太倉）人。乾隆壬辰
（三十七年，1772）進士，四十五年十月由內閣中書入直，官至戶部主事。著有
《思補堂詩集》。羅照弱冠好詩，與同邑王瑜、陸元邁結詩社。出入唐宋，才情
橫屬。又工畫，初效原祁，繼與王宸臨摹宋元名蹟，縱橫變化，獨自成家。在中
書時，諸城劉文正公謂之曰：「『一卷青山送一年』，非君佳句耶？」其名重公卿
間如此。見《樞垣記略》卷一八、《湖海詩傳》卷三三、《（嘉慶）直隸太倉州志》
卷三六、《揚州畫苑錄》卷三、《樞垣題名》等。

【上巳日奕文攜酒萬春山坐次桐城方蘊綸山陰陳秉衡聽孫赤書度曲】

昨夜東林社雨過，握蘭鬬草踏青莎。柳邊笛撤唐天寶，竹裏觴
流晉永和。客倦幾人蓬鬢短，春寒三月杏花多。醉來獨立西峯閣，
不道鄉心落九河。(清·汪學金輯：《婁東詩派》卷二十六，清嘉慶九年詩志
齋刻本)

吳翌鳳

吳翌鳳（1742～1819），字伊仲，號枚庵，又號漫士，諸生。先世新安人，
高祖盧遷吳。翌鳳於學無所不窺，尤長於詩。自漢魏三唐及宋金元人詩，皆手自
選定。吳祭酒梅村詩集舊注詳略失宜，翌鳳考訂五十餘年，據史傳為之注。所為
詩格律深穩，得溫柔敦厚之旨。所撰輯之書甚多，卒年七十八。中歲應湖南巡撫
姜晟之聘，繼主瀏陽南臺書院，操行潔白，不可干以私。既老，倦而歸，橐中惟
書數千卷而已。父死哭過節，一目失明。事繼母以孝聞。與人交有終始，友人林
蕃鍾為婁縣教諭，病篤以書招，翌鳳馳往，卒為經紀其喪。著有《遜志堂雜鈔》
十卷、《東齋脞語》一卷、《梅村詩集註》十卷，編有《國朝文徵》四十卷，《印
須集》八卷、《後集》六卷、附《女士詩錄》一卷，《懷舊集》十二卷、《後集》
六卷、《續集》二卷、附《女士詩錄》一卷、《唐詩選》六卷等。見《（同治）蘇
州府志》卷八三、《鄭堂讀書記》卷七○等。

【鄒生以彈詞往來江湖間為盧都轉所賞名流多賦詩贈者今歸吳門寓東禪精舍蒲團佛火不復作諸侯客矣追述往跡閒為余說金陵舊院遺事感贈二絕句】

（其一）二分明月冷吟牋，猶說江湖載酒年。兩鬢蕭蕭秋影裏，寫將幽恨入三弦。

（其二）莫是當年柳敬亭，雲堂鐘鼓夢初醒。南朝多少傷心史，說與詞人總涕零。（《與稽齋叢稿》紀年詩刪上，清嘉慶刻本）

編者案：《詩詞卷・初編》已收吳翌鳳，此係增補。

戚學標

戚學標（1742～1825），字鶴泉，浙江太平（今浙江溫嶺）人。乾隆辛丑（四十六年，1781）進士，官河南汲縣知縣。學標天才高邁，嘗從齊侍郎召南遊。及館曲阜孔氏，師友極一時之盛。官知縣有政聲，暇則著述自娛。著有《四書偶談》內外編、《溪山講授》、《台州外書》、《三台詩錄》、《風雅遺聞》等。見《兩浙輶軒續錄》卷一三、《清續文獻通考》卷二五八等。

【路橋嶽廟觀賽】

（其一）告賽聞青嶽，連檣聚白楓。謝文肅鐸有《白楓河樂府》。仗過三市窄，洛陽有三市，金市、羊市、馬市。騎到百神從。簫鼓何曾斷，樓臺不計重。市會架木為臺閣，施綵繪。春來醒醉眼，老興未應慵。

（其二）百戲橋頭聚，千金道上傾。家家燒壽燭，處處搭春棚。白馬金羈絡，曹植詩：「白馬飾金羈。」紅裙玉佩鳴。繁華雖已甚，亦共幸昇平。（《景文堂詩集》卷六「五言律」，清乾隆五十六年刻本）

【里中觀迎賽】

牙簫象板沸官塘，繡柱珠簾溢看塲。常非月詩：「人壓看塲圓。」方笑楚人多事鬼，《呂氏春秋》：「荊人畏鬼而越人信禨。」那知魯國已如狂。《禮記》：「子貢觀于蜡曰：『一國之人皆若狂，賜未知其樂也。』」道邊枝戲逢蘭子，《列子》：「宋蘭子以雙屐長倍其身，以屬其脛，竝趨馳，後人謂之枝戲，即俗所云高趫也。」燈下形相認郭郎。《顏氏家訓》：「傀儡子有郭禿。」《風俗通》：「諸郭皆諱禿。」楊大年《傀儡》詩：「鮑老當筵笑郭郎。」溫庭筠詩：「偷眼暗形相，不如從嫁與，作鴛鴦。」紅袖繞船三四匝，不應夏統木為腸。晉夏統為《小海唱》，賈充使伎女繞船三匝，統旁若無人，充曰：「此吳兒，木人石腸也。」（《景文堂詩集》卷八「七言律」，清乾隆五十六年刻本）

【和鄒霞城送趙渭川改京職韻（之二）】

新詞幾疊譜連廂，北曲之先有連廂詞。滿壁蛟龍筆硯光。豈屑籬書同俗吏，自將清白訓諸郎。《楊震傳》：使後世稱爲清白吏，子孫以此遺之，不亦厚乎？絃歌事業能重見，湖海心胸得未嘗。愁聽驪駒今欲唱，鞭絲北指路茫茫。陸游詩：「愁在鞭絲帽影間。」（《景文堂詩集》卷九「七言律」，清乾隆五十六年刻本）

秦　瀛

秦瀛（1743～1821），字凌滄，號小峴，江蘇無錫人。乾隆三十九年（1774）舉人。四十一年召試，賜內閣中書。官至刑部侍郎。錫山秦氏，素以事功經術見稱，至對岩學士始擅詞章，有《蒼峴山人集》，故凌滄以小峴名集。在武陵數年，以文章、山水自任，招邀賢俊，屢爲詩酒之會。刻前哲遺書，又修望湖樓於湖上，以供東坡。性情蕭澹，從容和雅，雖勤於吏治而素無宦情。著有《小峴山人集》等。見《湖海詩傳》卷三三、《清史稿》卷三五四、《晚晴簃詩匯》卷九六等。

【偶題桃花扇】

南朝舊事話零星，法曲鈿蟬不忍聽。扇底桃花數行淚，秋風愁殺孔云亭。（《小峴山人集》詩集卷二十七，清嘉慶刻增修本）

編者案：《詩詞卷·初編》已收秦瀛，此係增補。

趙良㵎

趙良㵎（1744～1817），字肅征，號肖巖，安徽涇縣人。乾隆乙卯（六十年，1795）進士。著有《肖巖詩鈔》。見《（光緒）廣州府志》卷四五、《清秘述聞》卷八等。

【彭太守席上聽歌作】

（其一）廿年七向玉京遊，顑頷春寒擁敝裘。燕市更無屠狗客，傾囊買醉上歌樓。

（其二）雲鬟何必杜韋娘，能亂蘇州刺史腸。況乃人間寒措大，平生未慣聽鶯簧。（《肖巖詩鈔》卷七，清嘉慶五年涇城雙桂齋刻本）

【立春日寶慈堂觀劇分得魚字七言十二韻】

大造無私橐一噓，迎春春已遍郊墟。堂開慈父春尤好，曲奏梨

園樂有餘。紫陌頌聲騰士女，華筵豪翰萃簪裾。鸞簧待送條風裏，燕綵先搖霽雪初。笑語叢中花鼓鬧，_{宋俗於迎春日多打花鼓，盡正月乃止。}衣冠塲上錦毹舒。舞翻遲日停朱馭，歌遏行雲繞碧虛。何用滑稽思郭禿，眞令靈爽到華胥。預排寶鏡燃蓮炬，_{寶鏡謂影燈。}便倒金尊泛玉蛆。坐客心應抔酪酊，主人辭欲放瓊琚。戲仍角抵歡同物，詩比吹竽濫及予。兩醉紅裙聊復爾，_{新正己兩觀劇於寶慈堂。}九招雅集靜相於。_{是會爲消寒第九集。}爲君早報豐年兆，繭卜燈宵乃夢魚。（《肖巖詩鈔》卷八，清嘉慶五年涇城雙桂齋刻本）

趙希璜

趙希璜（1746～1806），字子璞，號渭川，廣東長寧人。乾隆己亥（四十四年，1779）舉人。官安陽知縣。渭川讀書於羅浮山，噓吸雲烟，變換肌骨，故其詩絕無塵土氣。其人亦風致翩翩，好交海內名士，嘗刻《黃仲則全集》，當時有「仙史」之目。著有《四百三十二峰草堂詩鈔》。同時黃仲則、張船山、馮漁山、洪北江、吳穀人、張藥房，皆稱道之。見《嶺南群雅》、《湖海詩傳》卷三三、《晚晴簃詩匯》卷一○一、《清史稿》卷四八五等。

【立春日秋塍招集觀劇同賦七言長律分得十四鹽韻】

春影依稀笑隔簾，春風勾引上眉尖。畫堂座已盈珠履，綺席杯初浸玉蟾。櫻口半開雲藹藹，蠻腰對舞柳纖纖。歌徵北里看橫笛，聱效東家詠撒鹽。《燕子箋》纔聽細度，《桃花扇》不恨新添。技如曇首心先醉，情有汪倫夢亦甜。漫道青陽宜白雪，暗拋紅豆當瑤籤。頗憐沈令因詩瘦，却愛巴渝信手拈。長袖拖寧供我嗜，匹綾贈定惹渠嫌。郇公飲饌傳豪侈，優孟衣冠動顧瞻。客擅高才勝枚叔，君持綵筆薄江淹。英華梁苑搜羅盡，賦物爭誇色相兼。（《四百三十二峰草堂詩鈔》卷十，清乾隆五十八年安陽縣署刻增修本）

王汝璧

王汝璧（1746～1806），字鎮之，四川銅梁人。乾隆三十一年（1766）進士。分吏部，補主事，陞員外郎中。授直隸順德知府。調保定知府，陞大名道。嘉慶四年（1799）二月，陞山東按察使。十月，會同布政使全保參奏德平知縣葉芳浮收漕糧，釀成重案。請將葉芳革職，並自請處分。奉旨交部議處，嗣經部議降二

級調用。奉旨準其抵銷五年。閏四月，遷江蘇布政使。六年，授安徽巡撫。八年，授禮部右侍郎。十一年卒。著有《銅梁山人詩集》。鎮之爲錢文端之壻，弱冠所爲詩，每一篇出，輒爲文端激賞，當時有快婿清才之目。少受沈歸愚及香樹老人詩教，及通籍後，與程魚門、錢南園聯會賦詩，時稱巨擘。服官內外，每移一地、攝一官，皆自爲集。其詩專學昌黎，戛戛獨造，力洗凡庸，但喜押險韻，時有附會。見《（道光）濟南府志》卷三七、《國朝詞綜補》卷一四、《晚晴簃詩匯》卷九三等。

【聽孫有堂度曲疊前韻歌以和之】

撲人衣袂吹蘭風，書籤歌板紅牙紅。低吟細細入寒碧，銀雲不肯流天東。蠕蠕粉臺離花笈，衚衕春深綠槐夾。箜篌忽報金釵歸，颯颯風沙走霜葉。平生心眼爲誰下？渥水騏驎本天馬。短歌長笑長歌悲，人間我亦銷魂者。斗酒酌君養心骨，移情海水紅絃捽。唱出家山雙鳳聲，十二峯頭搖不律。（《銅梁山人詩集》卷六，清光緒二十年京師刻本）

【續漫興七首（之五）】

風雲氣入更悲涼，敕勒歌翻萬里霜。心碎怕聽珠絡鼓，撩人更與唱連廂。（《銅梁山人詩集》卷六，清光緒二十年京師刻本）

張雲璈

張雲璈（1747～1829），字仲雅，號簡松，晚號復丁老人。錢塘（今浙江杭州）人。乾隆庚寅（三十五年，1770）舉人，官湖南湘潭知縣。簡松於學無所不窺，尤長於詩。選湖南安福知縣，調知湘潭。地當衝劇，審理積訟，人以爲能。尋謝病歸。當七十時，猶步至湖上，或登吳山，與文士賦詩談笑，無異少年。著有《簡松草堂詩集》二十卷、《蠟味小稿》五卷、《歸艎草》一卷、《知還草》四卷、《復丁老人草》二卷，又有《文集》十二卷、《金牛湖漁唱》一卷、《三影閣箏語》四卷、《選學膠言》二十卷、《選藻》八卷、《四寸學》六卷、《垂緌錄》十卷等。見《兩浙輶軒續錄》卷一〇、《（民國）杭州府志》卷一三七、《晚晴簃詩匯》卷九四等。

【夜過梁溪秸存之筵上贈老彈詞人沈建中】

（其一）虛堂銀燭影潭潭，絃索初調酒未酣。拋卻故園檀版恨，來聽白髮唱江南。

（其二）蕭瑟簷風雨似塵，三絃彈出一番新。青袍落拓逢君地，

錯認何戡是舊人。

（其三）無限鄉愁遣不開，尊前心事已如灰。十年消盡紅牙淚，欲換江東鐵板來。

（其四）揚州風物鬢絲侵，客思初濃每不禁。二十四橋歌舞地，還應根觸舊時心。（《簡松草堂詩文集》詩集卷五，清道光刻三景閣叢書本）

編者案：《詩詞卷·初編》已收張雲璈，此係增補。

黎 簡

黎簡（1748～1799），字簡民，一字未裁，號二樵，廣東順德人。乾隆己酉（五十四年，1789）拔貢生。畫法宋、元，卓然名家。善書，詩筆幽峭警奇，皆爲海內推重。《玉壺山房詩話》：二樵山人詩書畫靡不精妙，在「嶺南四家」中尤爲海內推重。願足跡不踰嶺，以明經終。其於詩，天姿既超，又益以孤往之力，成其獨造之能，窈峭深警，新響軋軋，見者咸歎。爲吟苦而不知，其詩才絕敏，繾幽鑿險之語，援筆立成，蓋神乎技矣！王蘭泉先生《湖海詩傳》，於粵詩家採二樵之作獨多，謂藥亭以下，皆不能及云。著有《五百四峰堂詩鈔》、《文鈔》、《藥烟閣詞鈔》、《芙蓉亭樂府》等。見《嶺南群雅》、《歷代畫史彙傳》卷一一、《桐陰論畫三編》下卷、《（道光）廣東通志》卷二八七等。

【寄陳湘舟禩芳二首】

（其一）阿容三五好歌喉，一曲黃河眉黛愁。南人得識邊情苦，爲汝歌成字字秋。妓阿容善歌，陳教歌「黃河遠上」一首。

（其二）衰柳寒雲官渡頭，風波失所荻花秋。時逐妓後。寒條夜夜啼鳥月，許照蠶山病玉樓。陳三新得妓李玉樓善病。（《五百四峰堂詩鈔》卷五「乙未年」，清嘉慶元年刻本）

【聽吳客作吳歌二首】

（其一）千里東風長綠蕪，江南春似廣州無。一般冷雨蕭蕭夜，不獨傷心爲鷓鴣。

（其二）吳女吳聲作短謳，水風荷葉送歸舟。一時悵望無尋處，月照松陵江水流。（《五百四峰堂詩鈔》卷六「丙申年」，清嘉慶元年刻本）

【寄上元朱徵君照鄰】

石城歸客愴南朝，不見秦淮舊板橋。白首新鶯春下淚，碧山殘月

夜吹簫。吳趨歌者誰相識？楚些魂兮不待招。記否耆卿少年事，瘴天風雨柳飄蕭。朱善詞曲，予所譜曲，嘗爲點定焉。(《五百四峰堂詩鈔》卷十二「壬寅年」，清嘉慶元年刻本)

【友人二妓佐酒索贈二絕句】

（其一）採得荷花挑兩筐，兩頭憐子在中央。一肩莫自有偏薏，看見重輕人在旁。

（其二）桃花紅照李花白，病始勝嬌酒始醺。人閒祇有三分月，杜牧司勳屬二分。(《五百四峰堂詩鈔》卷十五「乙巳年」，清嘉慶元年刻本)

【度曲】聽妻五唱《芙蓉亭》，淒然有詠。

譜曲當時枉有神，招魂今日卻無因。翻憐十載邕州客，呼得三生地下人。獨宿畏醒還畏夢，中年傷別過傷春。自言自聽皆吾妄，鬼錄何書許認眞。(《五百四峰堂詩鈔》卷十五「乙巳年」，清嘉慶元年刻本)

【紫洞村口夜泊寄妻五】

他夕衡山月，青天魂夢勞。曲終聞此語，「他夕」十字，余傳奇曲中句。海外屬吾曹。秋水蛟龍闊，新風木葉豪。無人自多警，燈火贅江皋。(《五百四峰堂詩鈔》卷十五「乙巳年」，清嘉慶元年刻本)

【客散】村中祈年賽劇了。

雨從花上來，花落竹根杯。客散鳥歸樹，歌闌雲占臺。孤村二月水，萬壑一聲雷。有樂無荒事，沄沄苗可栽。(《五百四峰堂詩鈔》卷二十三「癸丑年」，清嘉慶元年刻本)

趙德懋

趙德懋（1748～1821），字荊園，蘭山（今山東臨沂）人。乾隆己酉（五十四年，1789）拔貢，歷官大理知府。著有《妙香齋詩集》。見《晚晴簃詩匯》卷一〇七。

【堂上宴】

因事躋公堂，率履未爲失。邑侯最豪爽，相見每造膝。當晚開華筵，鐙燭燦星日。梨園爭獻技，清歌徹琴室。紛紜羅酒漿，飲啖餘芬飶。更進相爲壽，威儀何抑抑。主賓兩殷勤，夜深未許出。有吏捧文

來，啓緘動顏色。向空作咄咄，怛焉意慘惻。少閒復入席，言適奉上
飭。今年秋成好，平糶屬乃職。請君四民首，勉強各盡力。崇朝須奉
行，期迫納秸秸。坐客默無言，余亦暗歎息。比年逢不登，十家九䊔
食。稱貸與逋欠，公私動盈億。典衣未及贖，租稅催已急。兩征若并
行，滌場無一粒。竭我困中藏，輸作倉廩食。樂歲少宿飽，餓殍煩宸
衷。（《妙香齋詩集》卷二，清光緒十一年趙嘉肇三原縣署刻本）

張　誠

　　張誠（1749～1815），字熙河（或稱希和），晚號嬰上散人。平湖（今屬浙江）
人。乾隆四十二年（1777）舉人，候選知縣。性倜儻，好遊名山，九州歷其七，
五嶽登其三。所至賢士大夫如袁隨園、畢弇山、洪稚存、孫淵如輩，皆傾襟倒屣，
相見恨晚。詩由三唐上溯漢、魏，晚悉屏棄，專意窮經。著《鶴厂詞》一卷，附
詩集行世。另有《梅花詩話》一百卷。高邁蒼艷，能擷蘇、辛之精。見《國朝詞
綜續編》卷二、《國朝詞綜補》卷一七、《湖海詩傳》卷三六、《兩浙輶軒續錄》
卷一二、《晚晴簃詩匯》卷一〇〇等。

【感皇恩・新豐店馬周獨酌】以下五闋題《吟風閣》傳奇，應梁溪楊笠湖刺
　　史屬。

　　　　風雪滿長安，酒樓徙倚。火色鳶肩少年士。唾壺擊碎，腹有經綸
誰似？看功名異日，垂青史。　　燕市酣歌，皇都得意。只有常何是
知己。曉鐘金闕，望見天顏有喜。小臣來草莽，朝天子。（清・黃燮清
　　輯：《國朝詞綜續編》卷二，清同治十二年刻本）

【薄命女・邯鄲郡錯嫁才人】

　　　　明月皎，翻羨嫦娥無伴好，一炷沉檀裊。　　聽得椒房虛左，聞
得宮娥宣召，夢斷邯鄲鐙悄悄，冷落天涯渺。（清・黃燮清輯：《國朝詞綜
續編》卷二，清同治十二年刻本）

【東坡引・換扇巧逢春夢婆】

　　　　春風多戲弄，花開有情種。功名富貴人間夢。把浮生斷送，把浮
生斷送。　　羅浮一覺五更鐘，動宦海客聲名重，天涯猶憶君王寵。
當年曾供奉，當年曾供奉。（清・黃燮清輯：《國朝詞綜續編》卷二，清同治
十二年刻本）

【漁家傲・西塞山漁翁封拜】

萬頃恩波春浩蕩，一竿釣取蒼生望。簑笠歸來風五兩。江濤壯，片帆高掛青雲上。　宦海茫茫塵世網，閒鷗獨愛煙波長。只合漁樵來供養。低聲唱，斜風細雨桃花浪。（清·黃燮清輯：《國朝詞綜續編》卷二，清同治十二年刻本）

【十二時・寇萊公思親罷宴】

感親恩，天地高厚，寸草春暉難報。樹欲靜，淒風驚擾，慘殺私情鳥鳥。玉盌瑤觴，鐘鳴鼎食，逮養人偏少。君請看、昔日萊公，蠟淚滿前，根觸孤兒懷抱。　憶往時，慈闈訓子，夜夜寒窗鐙悄。指望成名，寵榮褒大，苦奈黃泉早。痛哭復痛哭，人間幾許無告。　晝錦堂，擎天赤手，緬想相州忠孝。自歎餘生，空懷孺慕，淚血憂心擣。又顯揚莫卜，何堪誦瀧岡表。（清·黃燮清輯：《國朝詞綜續編》卷二，清同治十二年刻本）

鐵　保

鐵保（1752～1824），字冶亭，號梅庵，滿洲旗人。乾隆壬辰（三十七年，1772）進士。由郎中遷少詹事，官至兩江總督、吏部尚書，降洗馬，賜三品卿銜。梅庵少與百菊溪、法時帆稱「三才子」，書名亞於石庵、覃溪。既登甲科，詩名益盛。嘗采輯《八旗詩集》百三十四卷進呈，詔旨優答，賜名《熙朝雅頌》。復手定其全集爲十八卷。菊溪稱其詩如王子晉向月吹笙，聲在雲外，至氣韻宏深，如河流發源天上。著有《梅庵詩鈔》、《應制詩》、《玉門詩鈔》等。見《清史稿》卷三五三、《晚晴簃詩匯》卷九五等。

【冬日于役廣陵過江遊金焦返棹維揚得詩六首（之六）】

山水遊孔佳，文讌亦快意。況復經維揚，千古歌舞地。梨園多白頭，曲譜實深邃。絲竹無近聲，啼笑有新致。宦場倏變遷，俯仰等遊戲。偶如萍水逢，聊作閒情寄。況爲得失林，亦足風有位。長歌謝主人，休明託鼓吹。（《梅庵詩鈔》卷二「古樂府、五言古」，清道光二年石經堂刻梅庵全集本）

【騰禧殿詞】高澹人《金鼇退食筆記》載：明武宗幸宣府得晉王樂伎劉良女，居之騰禧殿，南征亦隨侍行在。澹人有詩紀其事。

騰禧殿前秋草淒，鴛瓦蝕盡青琉璃。璚樓玉宇涸兵火，壘壘沙礫埋荒基。武宗翠華指宣府，邂逅晉邸誇名姬。姿首婉麗妙詞令，館以別殿名騰禧。六宮粉黛不足數，一時蹙盡雙蛾眉。羽林南征事天討，六龍駕擁朱顏隨。帳中美人競歌舞，帳前猛士摧鯨鯢。遺簪馳馬備實錄，軼事傳播邊人知。武皇不武諡以武，廟號無乃含微詞。烟花小部遇天子，風流創格真傳奇。離宮月黑豹房冷，愁看夾路雙槐垂。（《梅庵詩鈔》卷三「七言古」，清道光二年石經堂刻梅庵全集本）

【玉熙宮詞】《筆記》又載：明神宗時，嘗選近侍三百餘人，演新樂府、陳過錦水嬉之戲。愍帝宴次，報汴梁失守，遂罷宴，後不復幸。

太平天子教歌舞，三百宮人盡媚嫵。止知天子宴神仙，不道筵前動鼉鼓。齊聲爭唱玉娥兒，翻來樂府盡新詞。座中狎客誰第一？紀恩猶說嚴分宜。嘈嘈雜劇名過錦，綽約輕旃對對引。雅俗全登傀儡場，君王何處窺民隱。水嬉之製製更神，雕刻木偶投水濱。機緘運掣百靈走，出沒邐迤如生人。汴梁烽火連天起，玉樹新歌聲變徵。極塞風烟暗夕曛，故宮花木隨流水。珠房月戶蹟全空，瓦礫如灰棘作叢。惟有門前舊栽柳，依稀猶識玉熙宮。（《梅庵詩鈔》卷三「七言古」，清道光二年石經堂刻梅庵全集本）

【倈寧雜詩（之九）】

　　女伎當筵出，聯翩曳綺羅。歌應翻俚曲，舞欲效天魔。髮細垂香縷，眉長補翠螺。不堪通一語，默坐笑婆娑。（《梅庵詩鈔》卷七「玉門詩鈔」，清道光二年石經堂刻梅庵全集本）

【嫣娜曲】回人舞名。

　　崑崙迤西碣石北，中有雄藩古疏勒。國中女樂稱最奇，意態翩躚勝巴渝。當筵醉舞號嫣娜，對對紅粧耀新飾。低昂應節態婆娑，翩若驚鴻曳雙翼。齊眉翠黛入鬢長，拖地青絲隨袖側。勇音促節不可辨，俯仰低徊那能識？我會以意遇以神，彷彿離人訴反仄。夷人重譯嫣娜詞，座上聞之三嘆息。江南江北此最多，一曲纏頭無定則。朝朝暮暮歌吹繁，歲歲年年風月逼。江上琵琶曲未終，六朝金粉無顏色。我聞嫣娜聲嗚咽，迴首吳門隔西域。歸來為補《嫣娜詞》，懊惱聲中淚沾臆。

（《梅庵詩鈔》卷七「玉門詩鈔」，清道光二年石經堂刻梅庵全集本）

于學謐

于學謐（1752～？），字小晉，莒州人。著有《焚餘詩草》。見《晚晴簃詩匯》卷九九。

【觀演長生殿彈辭】

天寶年間老樂師，興亡唱盡淚絲絲。霓裳御譜沿門賣，千古才人飲恨時。（《焚餘詩草》，清乾隆榮慶堂刻本）

凌廷堪

凌廷堪（1757～1809），字仲子，一字次仲，歙縣（今屬安徽）人。六歲而孤，學貫未成，年二十餘始讀書嚮學，天性極敏，過目輒不忘。乾隆五十五年（1790）成進士，選甯國府教授。著述十餘年，卒於官。與黃文暘交。文暘最精於制藝，仲子乃盡閱有明之文，得其指歸，洞徹其底蘊。每語人曰：「人之刺刺言時文法者，終於此道未深。時文如詞曲，無一定資格也。」善屬文，工於選體，慕其鄉江永、戴震之學，貫通諸經，於《禮》尤深。好天文曆算之學，與江都焦循並稱。著有《禮經釋例》十三卷、《禮經釋例目錄》一卷、《燕樂考原》六卷、《梅邊吹笛譜》二卷等。見《揚州畫舫錄》卷五、《文獻徵存錄》卷八、《儒林傳稿》卷四、《疇人傳》卷四九、《（光緒）重修安徽通志》卷二一九等。

【三姝媚（花深春夜煖）】舊與程時齋、章酌亭譜有南北諸散曲，而時齋《一斛珠》傳奇尤擅場。庚子，白沙席上聞歌，感流水空彈，恨小紅難覯，製此以贈歌者。京江水滑之辭，不僅爲秋娘發也。

花深春夜煖。步香堦盈盈，靚妝初換。秀靨依然，想那回曾遇，寶釵樓畔。扇底傳情，已拚卻、瑤臺音斷。豈意芳筵，紅袖低垂，翠尊重款。　　我有文窗歌伴。記雨外燈前，研紅箋亂。俊譜新聲，笑近來零落，錦囊塵滿。若解相思，試檢與、低吹瓊管。莫惜銅壺頻擊，行雲正緩。（清·王昶輯：《國朝詞綜》二集卷五，清嘉慶七年王氏三泖漁莊刻增修本）

編者案：《詩詞卷·初編》已收凌廷堪，此係增補。

沙琛

沙琛（1759～1822），字獻如，號雪湖，雲南太和（今雲南大理）人。乾隆庚子（四十五年，1780）舉人，官霍丘知縣。姚惜抱曰：「沙君爲錢南園侍御之

友，既以吏治顯而又兼詩人之高韻逸氣，幽潔之思，雋妙之語，峯起疊出，與南園抗衡。信乎，滇之多奇士也。」著有《點蒼山人詩鈔》。見《（光緒）重修安徽通志》卷一四七、《晚晴簃詩匯》卷一〇二等。

【梨花（之一）】

嫣紅姹紫豔交加，蕭洒高枝只素華。朗月樹深雲蕩影，春陰香動雪團花。洗妝凌亂銀杯促，插鬢玲瓏玉蝶斜。記得廣寒翻曲譜，伶園絲管出天家。（《點蒼山人詩鈔》卷一，民國雲南叢書本）

【贈歌者】

水榭風簾月半明，爲余惜別可憐生。看花未誤櫻桃字，舞鏡空縈紫鳳情。醉後涼生團扇影，歌餘汎入斷腸聲。當庭一種春婪尾，記取芳時扚手行。（《點蒼山人詩鈔》卷四，民國雲南叢書本）

【伎曲】

鸞鏡雙雙影，蛾眉曲曲春。歌聲延月上，掩扇落花頻。細管遲迴雪，行雲疊繡茵。小鬟如解意，別曲帶愁顰。（《點蒼山人詩鈔》卷四，民國雲南叢書本）

【近日俚曲競唱七字高調猶是巴歈竹枝遺意但有豔冶而無情思則非國風好色之謂矣因仿其致得五曲】

（其一）儂歡相隔一條河，得過河來山又多。便是深山也相赴，不防雲霧起前坡。

（其二）今夜南橋月地晴，與郎密約可憐生。等到月斜郎不見，看看蹉過好月明。

（其三）你若無心我便休，用古小曲句，見語錄。儂歡可是不心投。年年燕子泥窩壘，春好端知要綢繆。

（其四）花落花開採芎時，把來紅豆種相思。相思種在胡麻地，實意虛情那不知。

（其五）竹枝幽豔隔山林，不辨歌詞祗辨音。儂亦愛歌儂自唱，山長水遠是儂心。（《點蒼山人詩鈔》卷七，民國雲南叢書本）

倪稻孫

倪稻孫，生卒年不詳。字穀民，號米樓，仁和（今浙江杭州）人。諸生。性嗜金石，所至搜採，考據、辨駁，多載其《海漚日記》中。精篆隸書，喜畫蘭。著有《夢隱庵詩鈔》、《夢隱菴詞》等。見《兩浙輶軒續錄》卷一九、《國朝詞綜》二集卷七、《國朝書人輯略》卷九等。

【一萼紅（可憐宵）】將有漢南之行，留鳩茲休於陳氏之歸雲草堂。時春雨不止，春愁中人。主人季馴解元招至江樓觀劇，紅氍毹上有月生雲衣者，中江之翹楚也。玉管一聲，離人腸斷。今雨既集，舊雨未來，因作此詞，寄劉大芙初，促其早放蘭陵之棹耳。

> 可憐宵，花前一夢，花影上眉梢。月解窺簷，雲能送雨，愁滿杯底紅椒。剛說是劉郎來也，算劉郎前度已無聊。候館春生，客窗人瘦，那不魂銷。　　我憶漢南楊柳，又千絲萬縷，綠到長條。渺渺江波，惝惝江路，去時春也蕭騷。有誰共江樓惜別，有沙鷗還有晚來潮。怕得伊人到遲，過了花朝。（清・王昶輯：《國朝詞綜》二集卷七，清嘉慶七年王氏三泖漁莊刻增修本）

王　曇

王曇（1760～1817），一名良士，字仲瞿，號蠶舟，秀水（今浙江嘉興）人。乾隆甲寅（五十九年，1794）舉人。曇博通經史，旁及百家，負奇才，善道家掌中雷法。左都御史吳白華以曇薦，白華夙與和珅有連，珅敗，方引避，曇亦被牽，不復振，屢試南宮，擯於有司，乃落拓江湖，佯狂玩世。生平著述甚富，大半零落。著有《煙霞萬古樓集》。戲曲方面，作有傳奇多種，如《歸農樂》九齣、《玉鉤洞天》四十八齣、《萬花緣》四十八齣、《回心院》四十二齣等，多已佚。見《兩浙輶軒續錄》卷一七、《國朝詩人徵略二編》卷四九、《晚晴簃詩匯》卷一〇九等。

【驪山烽火樓故址懷華清遺蹟】

> 仰不見斜陽羯鼓吹笛之樓，俯不見望春樓下宏農得寶之舟，何處宜春舊時苑，何處芙蓉勝容院，明珠何處南箏殿？亦不見鬬雞走馬內毬場，桃花何處元都觀？唯見驪山烽火樓，潼關走敗哥舒翰。我復登山望馬嵬，佛堂紅粉已成灰。當時馬上朝天去，一雨淋鈴再不回。憶昔開元全盛時，華清宮殿此參差。三姨宅裏分脂粉，妃子宮中洗祿兒。三郎羯鼓寧王笛，梨園龜年吹觱栗。教坊傳喚念奴來，野狐箜篌賀老

拍。新豐女伶謝阿蠻，三百萬錢犒樂籍。留得清平調幾章，而今何處
按《霓裳》？自從一曲《長生殿》，陛下優童淚幾行？踏到驪山最上頭，
琵琶西去出延秋。四條絃線今生斷，我亦斜陽無限愁。仰不改韋杜城
南尺五天，俯不改鳳棲鴻固樂遊原。皇子陂前月，清明渠水煙。紫峯
白閣依然在，香積慈恩不曾改。太乙終南萬古青，天寶繁華十三載。
傷心最是美人身，承得君王多少恩。朝廷不辦干戈事，輕把興亡罪媤
人。忠言逆耳蕭妃子，狎客吟詩孔貴嬪。從來夫婦愛，何必盡昏君。
叔寶心肝拚一醉，三郎檀板棄三軍。細取《唐書》讀，何關楊太眞。
君不見晚唐九廟無皇后，也有朱溫殺猘猻。（《烟霞萬古樓詩選》卷一，中
華書局 1985 年版，第 11～12 頁）

　　編者案：《詩詞卷‧初編》已收王曇，此係增補。

趙文楷

　　趙文楷（1761～1808），字逸書，號介山，安徽太湖人。嘉慶丙辰（元年，
1796）狀元。授修撰。己未琉球國請襲封，奉命賜麟蟒服，充正使，持節東行，
五晝夜渡大洋萬餘里。禮成，其國厚致略遺，堅卻不受。廉潔之聲，著於海外，
舉國敬禮，特爲立祠，爲前使所未有。既復命，旋以艱歸。服闋入都，出爲山西
雁平兵備道，以勞卒於任。著有《楚游稿》、《石柏山房詩存》等。所作《槎上存
稿》，皆奉使時所爲詩也。見《（光緒）重修安徽通志》卷一八一、《清秘述聞》
卷八、卷一六、《晚晴簃詩匯》卷一一三等。

【梁灝里（之二）】

　　　　八十衰翁作狀頭，梨園妝出盡風流。渠儂遇合原非晚，爭與今人
說不休。（《石柏山房詩存》卷四「遄征集」，清咸豐七年趙畇惠潮嘉道署刻本）

胡　敬

　　胡敬（1769～1845），字以莊，號書農。仁和（今浙江杭州）人。嘉慶乙丑
（十年，1805）進士，改庶吉士，授編修。歷官侍講學士。其詩長篇排纂，短章
縝密，嘗爲阮文達題《兩浙輶軒錄》云：「一品集繁存爵里，四靈家小輯江湖。」
爲吳仲耘制軍題《輯詩圖》云：「傳因紀事探幽遍，詩爲存人割愛難。」著有《崇
雅堂詩鈔》。見《兩浙輶軒續錄》卷二三、《國朝詞綜補》卷二二、《晚晴簃詩匯》
卷一一八等。

【聽女郎李如如彈琵琶】

碧雲吹空華月吐，花底間關燕雛語。絲柔指澀不成彈，旖旎風前可憐女。鬢雲覆額眉峰疏，十三未有十二餘。碧沙飛飛小鸂鷘，淥水泛泛新芙蕖。花花葉葉渾相對，似爾風姿壓流輩。揀盡春風總不如，師師女弟延年妹。浪說明珠論斛量，可憐飄泊倚門妝。天涯有客青衫破，不待聞歌已斷腸。（《崇雅堂詩鈔》卷三，清道光二十六年刻本）

【觀演徐青藤四聲猿傳奇戲作】

岑牟單絞吏撾鼓，書生如羊老瞞虎。樓成白玉天少才，旌節隱隱雲邊來。千椎阿瞞可知苦，書生神仙老瞞鼠。（《崇雅堂刪餘詩》，清道光二十六年刻本）

童　槐

童槐（1773～1857），字晉三，一字樹眉，號萼君，浙江鄞縣人。嘉慶乙丑（十年，1805）進士，歷官通政司副使。著有《今白華堂集》。見《國朝御史題名》、《樞垣題名》、《晚晴簃詩匯》卷一一七等。

【丁小山年丈杰談階平院長泰繼至十疊前韻】

迎門一笑便呼杯，徑落烏紗上月臺。爽節漫從經籍溯，小山丈謂重陽非出經典。清言都自性情來。蠻箋黏壁吟懷逗，鱸膾登盤醉眼開。更約幔亭簫鼓夜，倚醋同聽《紫雲回》。後夜門前以社事演劇。（《今白華堂詩錄補》卷四「近體詩」，清光緒三年童華刻本）

【連日公讌與諸同年觀劇占得竹枝詞六首】

（其一）無事神仙盡日忙，看花次第到秋光。曲江勝事歸何處？不是西河即虎坊。西河沿之祿壽堂、虎坊橋之浙紹鄉祠，兩處戲席最盛。

（其二）江南樂總變秦風，想為知音不易逢。可惜當時魏良輔，枉將曲律授吳儂。

（其三）只換衣裝與姓名，一般關目認分明。時新院本誰翻出？兒女英雄盡世情。

（其四）簪花盼到好團圓，辛苦蛾眉半世緣。休問郎才與郎貌，狀元例得美人憐。

（其五）反腰帖地亦危乎，足舞毬場頂倒摩。絕藝演成空死藝，軍中何不募巴渝。

（其六）豔曲誰禁菊部頭，要從蘊藉見風流。牙牀翠幔橫陳處，許散愁來卻惹愁。（《今白華堂詩錄補》卷五「近體詩」，清光緒三年童華刻本）

【同鄉諸君餞余於藥材會館示楚香】

雜劇曾教史相瞋，滿朝朱紫四明人。而今優孟應憐汝，一郡衣冠贗一身。（《今白華堂詩錄補》卷六「近體詩」，清光緒三年童華刻本）

沈欽韓

沈欽韓（1775～1832），字文起，號小宛，江蘇吳縣人。嘉慶丁卯（十二年，1807）舉人，官安徽寧國府訓導。欽韓質敏而爲學甚勤，暑夕苦蚊，置兩足於甕，讀書常至漏三下。家貧，借書於人，計日歸，輒寫其要，遂淹通經史，旁及諸子百家、古今別集、彙集、類書、雜記。其學自詩賦古文詞外，尤長於訓詁考證。著有《兩漢書疏證》七十四卷、《左傳補注》十二卷、《補訓故》八卷、《釋地理》八卷、《水經注疏證》四十卷等。其爲注，先寫於書上下左右，幾無隙，乃錄爲初稿，久之增刪，又錄爲再稿，每一書成，輒三四易稿。見《（同治）蘇州府志》卷八四、《晚晴簃詩匯》卷一一九等。

【元宮詞一百首（之二十）】

紫檀殿裏奏興隆，孔雀鬖影應節同。更召雲和開雜劇，看麾戲竹曲將終。（《幼學堂詩文稿》詩稿卷五，清嘉慶十八年刻道光八年增修本）

胡承珙

胡承珙（1776～1832），字景嘉，一字墨莊，號丹溪，安徽涇縣人。嘉慶乙丑（十年，1805）進士，由翰林院編修考選陝西道御史，陞任福建臺灣道。其究心經學，尤專意於《毛詩傳》。歸里後，鍵戶著書，與長洲陳奐往復討論不絕，著《毛詩後箋》三十卷。其書主於申述毛義，自注疏而外，於唐、宋、元諸儒之說及近人爲詩學者，無不廣徵博引，而於名物訓詁及毛與三家詩文有異同，類皆剖析精微，折衷至當。見《國朝御史題名》、《清秘述聞續》卷二、卷一三、《清史稿》卷四八二等。

【夜聽石泉度曲】

雨餘草木含清香，小園暑退生微涼。好風入戶如有約，滿堂搖動

蠟燭光。頻斟濁醁汎杯綠，浮瓜沉李歡不足。興酣隨意移胡牀，背有隱囊腹碁局。漸看幽月當藤蘿，對客起舞衣婆拖。韓公不解紅裙醉，謝傅還憐白苧歌。歌聲一發群語寂，花外啼鶯清嚦嚦。勸君莫惜知音希，更倩旁人爲吹笛。笛中宮徵高復低，曲折能與歌相隨。梁塵颯颯落如雲，簷際片雲停不飛。初聞繡戶傳嬌語，月白風清奈何許。數番哀艷斷人腸，棧閣淋鈴聽秋雨。曲終亂以吳歈新，鵾絃撥出江南春。揚州二月瓊花觀，晉陵十里垂楊津。因之忽憶去年事，漢江風景依稀記。鄰舟攏笛聞落梅，天涯滴盡羈人淚。彈指茫茫又隔年，歸依講舍親丹鉛。青衫尚有雙垂筯，赤壁重思一扣舷。佳辰勝踐半辜負，此樂年來豈常有？酒殘歌罷客亦行，予懷渺渺君知否？（《求是堂詩集》卷四「授經集」，清道光十三年刻本）

【九日招同人小集（之二）】

經旬禪榻繞茶烟，無復飛螽到鬢邊。好事尚留桑落酒，老懷休放柘枝顚。時村中觀優。蒓鱸自樂還同樂，稻蟹今年勝去年。只惜茱萸難辟疫，向平何怪早求仙。盧齋以疾作，不至。（《求是堂詩集》卷十九「歸田集」，清道光十三年刻本）

汪仲洋

汪仲洋（1777～？），字少海，成都人。嘉慶辛酉（六年，1801）舉人，官錢塘知縣。著有《心知堂詩稿》。王柳村曰：「少海句奇語重，大氣包舉，惟杜、韓腕下有之。巫峽、峨嵋之秀鍾於此矣。」少海以記遊、懷古爲擅場，在當時名與船山相亞，情韻圓美處稍遜，排奡鑱刻，更欲爭勝，洵不愧駸駸也。見《清續文獻通考》卷二八○、《晚晴簃詩匯》卷一一六等。

【陳午垣同年侍者靜蘭從予學詩度曲偶索吟贈爲成長句】

（其一）也愛清歌也愛詩，二分聰慧一分癡。情懷似酒誰能醉？氣韻如蘭不在吹。燕市夜寒風悄悄，吳船人遠夢差差。催粧學得香奩體，鵲渡雲軿定幾時。靜蘭，蘇州人。訂婚，未娶。

（其二）漫邀檀板按新聲，此事如詩在有情。樂府才華原綺麗，佳人吐屬自輕盈。衣冠傀儡登場易，磬澗謳歌識字清。一曲陽關纔入破，依依送我出春明。時予授靜蘭《折柳》、《陽關》等曲。

（其三）恨不分身有替身，花枝手檢故鄉春。靜蘭有「異日於吳中，

為覓一妾」之語。芳心宛轉真憐我，綺語纏綿太感人。染髮幾時調陸展，浣紗何處訪施顰。錢塘虎阜無多路，證取尊前未了因。（《心知堂詩稿》卷十四「鮑繫集下」，清道光七年刻本）

吳自求

吳自求，生卒年不詳。字蘭園，江寧（今江蘇南京）人。官景甯知縣。見《國朝詞綜補》卷二三。

【霓裳中序第一・題太真合樂圖】

繁聲恍聽得，約略《霓裳》第三疊，貼地錦褥瓊席。宛一霎春生，沈香亭側，玉如小立。儼倚醉、嬌慵無力。想欲演、《紫雲迴》曲，偷撅隔花笛。　　誰覓。生綃盈尺。早寫出、唐宮風月。豪華勝境爭識，瓊管吹香，舞衫翻雪。三郎真俊絕。把羯鼓、勻圓親擊。試問取、都蘭苕剌，何似戰鼙急。（清・丁紹儀輯：《國朝詞綜補》卷二十三，清光緒刻前五十八卷本）

孔昭恢

孔昭恢，生卒年不詳。字景度，號鴻軒，山東曲阜人。嘉慶十五年（1810）舉人。著有《春及園詩》附詞。見《國朝詞綜續編》卷六、《國朝詞綜補》卷二六等。

【如夢令・題歌郎韻蘭畫蘭】

染黛添莖時候，一點癡情暗逗。慧業認前身，恰似董家娟秀。娟秀，娟秀，數筆憐他醉後。（清・黃燮清輯：《國朝詞綜續編》卷六，清同治十二年刻本）

周　濟

周濟（1781～1839），字保緒，一字介存，荊溪（今江蘇宜興）人。嘉慶九年（1804）舉於鄉，十年（1805）成進士。例銓知縣，改就淮安府學教授。歲餘移病去官。生而敏悟絕人，少與同郡李鳳臺兆洛、張館陶琦、涇縣包新喻世臣以經世學相切劘，兼習兵家言，習擊刺騎射，以豪俠名。四十後悔之，因自號止安，復理故業，先成《說文字系》四卷、《韻原》四卷，輯平日詩詞、雜文各二卷。最後乃成《晉略》十冊，以寓平生經世之學，借史事發揮之。且於地志下考其沿

革，悉以今測之赤道經緯度分詳注之，遐識渺慮，非徒考訂也。嘗過京口，仁和屠太守倬方爲丹徒令，患居民訟洲田，莫得其實，久不決。教授曰：「明日可具鞍馬、夫役，爲君行視之。」晨起，至洲先丈量一處，計其步數，乃令役前行，凡若干步即止。馬至止所，又令一役前行。自晨至日晡，縱橫環繞，皆如之，凡八十餘里。還至署，令束取所記，用開方法，各乘除之，謂屠君曰：「此特以測遠法用之方田耳。」諸幕友如言，覆覈之，盡得其實，遂申報定案。其學有實用如是。著有《味雋齋詞》。見《疇人傳三編》卷二、《國朝詞綜補》卷二二等。

【永遇樂‧題祁生洞庭緣院本】

流盡年光，何時眞窴，寒碧千頃。水珮風裳，抵銷庸福，不是無人省。靈旗卷雨，輕綃護玉，還訪橘根仙井。算人間、花嬌柳寵，再來但尋波影。　　蓬萊路遠，憑仙風吹去，空笑浮萍斷梗。徐市新來，不堪重記，燒刧秦灰冷。巴陵山色，爲誰窈窕，只合共浮魚艇。休橫邃、眠珠正穩，莫將喚醒。（《存審軒詞》卷一，清光緒十八年周恭壽刻求志堂存稿彙編本）

【湘春夜月‧滄州道中見女子鬻伎】

恁天涯、幾人煙水浮查？不信霧鬢風鬟，都付與楊花。亂蹴秋千紅影，隔漾波青粉，柳外誰家？算吹簫那是，揚州舊路，雁齒橋斜。　　扁舟倦客，安排清淚，重賦琵琶。值得泛瀾，渾不到、廻鐙喚酒，低訴年華。明宵何處？料相隨、衹有昏鴉。向淡月、祝眉痕兩點，依他纖影，休被雲遮。（《存審軒詞》卷一，清光緒十八年周恭壽刻求志堂存稿彙編本）

張　澍

　　張澍（1781～1847），字時霖，一字伯瀹，號介侯，又號介白。甘肅武威人。嘉慶己未（四年，1799）進士，官永新知縣。張澍文章鉅麗，爲時所稱，阮文達以爲南方學者未能或先也。其詩淩厲勃發，不拘格律，故恒有音韻失調之處，而光氣固不可掩。著有《養素堂詩集》。見《清史稿》卷四八六、《晚晴簃詩匯》卷一一三等。

【觀劇演蕭何追韓信事有作】

從此潛逃事力耕，淮陽應曜可齊名。如何又逐酇侯去，焉得不爲

呂后傾。鐘室徒留百年恨，將壇空使一軍驚。未從蒯徹無須悔，獻革
辜佗北郭生。（《養素堂詩集》卷十一「入都中集」，清道光二十二年刻本）

路　德

路德（1784～1851），字閏生，陝西盩厔（今陝西周至）人。嘉慶己巳（十
四年，1809）進士，改庶吉士，授戶部主事。著有《檉花館集》。路德以道誼高
鄉里，名為制藝所掩，閻文介稱其懷抱峻潔，遺棄榮利，言學言理，切近踏實，
教人以不外求、不嗜利為治心立身之本，非尋常才士文人可同日語。其詩雅贍脩
潔，不事塗澤，而一種雄直之氣，溢於楮墨，所謂不求工而自工者。見《樞垣題
名》、《晚晴簃詩匯》卷一二一等。

【題葉小庚申薌同年天籟軒詞後（之九）】

兩宋詞非元代曲，歌喉豈為便梨園。如何風雅場中客，拈韻偏宗
菉斐軒。（《檉華館詩集》卷三，清光緒七年解梁刻本）

【演劇臺】

作十七史觀，問孰為將相，孰是王侯，儘後人唾罵譏評，做成甚
事；與三百篇異，悵幾輩英雄，幾般兒女，被一念歡欣踊躍，誤了多
人。（《檉華館雜錄》，清光緒七年解梁刻本）

桂超萬

桂超萬（1784～1863），字丹盟，安徽貴池（今安徽池州）人。道光癸巳（十
三年，1833）進士。歷官福建汀漳龍道。著有《養浩齋詩集》。見《（光緒）重修
安徽通志》卷一九二、《清史稿》卷四七八、《晚晴簃詩匯》卷一三七等。

【乞婦行】

朝過海陵城，清秋散炎熱。道旁有乞婦，哭聲何凄切。停車慰問
之，滄桑難具說。吾舅此州牧，勢焰亦云烈。十載富貴場，豪情恣歡
悅。罷職戀繁華，城南滯歸轍。車馬猶喧闐，姬姜并羅列。朝露何遽
晞，人事易蹉跌。夫婿遊蕩兒，身家齊瓦裂。顧影憐孤鴻，空拳左右
掣。饑餐古廟風，寒臥郵亭雪。漂泊年復年，朱顏已凋折。素月流秋
光，山山氣清澈。忽夢入高門，當戶銀屏設。蘭房寶鴨熏，蕙帳金絲
結。手持玳瑁梳，腰佩珊瑚玦。雜劇百般陳，一一少時閱。烏啼驚心
魂，獨聽流泉咽。（《養浩齋詩稿》卷二，清同治五年刻惇裕堂全集本）

【目蓮劇】

馬人言，牛鬼語，文字支離過童殺。園葵怒，盂蘭開，千人奔走供如來。里長釀錢沿戶派，家無晨炊須稱貸。三百年來流毒深，魑魅乘虛現靈怪。或云祁閭老儒始作俑，勸善教孝世尊奉。指舅為驢母為狗，公然孝子亦可醜。茹齋便向天堂居，釣弋至聖將何如。（《養浩齋詩稿》卷五，清同治五年刻惇裕堂全集本）

【姊妹花】

牝雞鳴，雌風行，姊妹花，結滿城。梨園新演《紅樓夢》，歌童姣好秋波送。木筆開殘又牡丹，姚家、魏家輪杯盤。霓旌揚，羽蓋張，大官巡春千人望。中道旌蓋撤回署，僕言主母出門去。（《養浩齋詩稿》卷五，清同治五年刻惇裕堂全集本）

林則徐

林則徐（1785～1850），字元撫，一字少穆，福建侯官人。嘉慶辛未（十六年，1811）進士，改庶吉士，授編修。官至雲貴總督，加太子太保，贈太子太傅。諡文忠。則徐經世之才，餘事為詩。緣情賦物，靡不裁量精到，中邊俱澈。卓識閎論，亦時流露其間，非尋常詩人所及。謫戍後諸作，尤悱惻深厚，有憂國之心而無怨誹之跡。當時好事者合公與鄧嶰筠廷楨制軍之詩，輯為《林鄧唱和集》，工力相敵，並稱傳作。其自有句云：「他日韓非慚共傳，即今彌勒笑同龕。」又云：「白頭到此同休戚，青史憑誰定是非？」歷代名臣遷謫，罕覯此風雅盛軌也。著有《雲左山房詩鈔》。見《清史稿》卷三六九、《晚晴簃詩匯》卷一二五等。

【江陵兩烈伎行】 張獻忠陷荊州，召歌伎楚雲、瓊枝侑酒。雲懷刃欲刺賊，賊覺，殺之。瓊進鴆卮，賊令自飲，立斃。皆臠其屍。

　　滔天狂寇無人制，美人乃為辦賊計。賊燄方張計不成，美人死節留其名。荊州城頭血流杵，章華臺下徵歌舞。妾貌如花鐵作肝，一雙俠骨同心女。杯中美醞袖中刀，誓為朝廷盡此妖。宛轉靚妝伴買笑，蕭騰殺氣已干霄。斯時意中無兩可，死不在賊即在我。事成天下同快心，謀洩二人並奇禍。夜半飛星大有芒，賊情狡獪能周防。忽窺匕首爭先發，盡反鴆醪立使嘗。鏡下肉飛鉛粉化，樽前骨醉血花香。可憐妾命如螻蟻，不解天心縱虎狼。吁嗟乎！前者刺梁後刺虎，彼何成功

此何苦。誰知國運換滄桑，要使蛾眉獲死所。生是青樓兩婦人，死憑彤管寫千春。愧他下馬投弓仗，也算當時一將臣。（《雲左山房詩鈔》卷一，清光緒十二年刻本）

吳清鵬

吳清鵬（1786～？），字程九，號西穀，浙江錢塘（今浙江杭州）人。嘉慶丁丑（二十二年，1817）進士，由翰林院編修考選山西道御史，官至順天府府丞。著有《笏庵詩鈔》。見《國朝御史題名》、《兩浙輶軒續錄》卷二八等。

【荏平見歌者】補錄前過荏平作。

驚塵吹不散，野店見嬋娟。馬首余何暇，蛾眉汝可憐。秦淮朝吹閣，吳苑晚燈船。並有千金值，如何只一錢。（《笏庵詩》卷二，清咸豐五年刻吳氏一家稿本）

【觀演劇二首】

（其一）《長生殿》：常疑漢武笑唐明，一為多情一寡情。趣去未憐鉤弋死，重逢還望玉環生。

（其二）《馬嵬坡》：漢武末年多自悔，明皇當日亦英姿。馬嵬大夢曾無覺，腸斷淋鈴一曲癡。（《笏庵詩》卷七，清咸豐五年刻吳氏一家稿本）

席慧文

席慧文，生卒年不詳。字怡珊，又號印滄，河南澠池縣人。浙江紹興知府椿女，山陰知縣吳郡石同福繼室。工花卉，兼善隸法，習吟詠，著有《瑤草珠華閣詩稿》。見《歷代畫史彙傳》卷七二、《國朝詞綜續編》卷二三等。

【鵲踏花翻・題黃韻甫帝女花院本傳明季坤興宮主事】

露咽秦簫，雲沉蜀鏡，青門路斷無人識。孰將舊事繁華，舊夢淒清，一齊付與寒螿泣。依稀豪竹間哀絲，當筵細譜龜茲律。　寫出多少，王康調逸。淚痕和墨如鉛瀉。回想禁苑烏嗁，鼎湖龍化，落葉添蕭瑟。千秋遺恨怕重提，生憐明月圓還缺。（清・黃燮清輯：《國朝詞綜續編》卷二十三，清同治十二年刻本）

萬 鈿

萬鈿，生卒年不詳。字淑娥，江西南昌人。見《國朝詞綜續編》卷二四。

【滿江紅·題黃韻甫帝女花院本傳明季坤興宮主事】

殘照西風，渾不見、漢家陵闕。更堪傷、瓊蕤珠蕊，一般摧折。
家國空悲田換海，親庭不奈金寒玦。痛餘生、何處認離宮，娥臺堨。
春繭恨，絲難絕。銀燭淚，唬乾血。歎吳門、鶴去秦樓簫咽。
眼底新歡人倚玉，心頭舊怨禽銜石。比樂昌、破鏡強重圓，圓還缺。

（清·黃燮清輯：《國朝詞綜續編》卷二十四，清同治十二年刻本）

張應昌

張應昌（1790～1874），字仲甫，號寄庵，浙江歸安（今浙江湖州）人。嘉慶
十五年（1810）舉人，官中書。性情誠懇，好學不倦。詞亦清迥絕塵，使人自遠。
著有《彝壽軒詩鈔》、《煙波漁唱》、《寄盦雜著》，並輯有《清詩鐸》二十六卷。見
《國朝詞綜補》卷二六、《國朝詞綜續編》卷六、《兩浙輶軒續錄》卷二六等。

【滬川觀劇】

十年不聽吳宮曲，村笛山謳滿胸俗。今朝重按郢中聲，白雪陽春
雙耳明。相逢翠舞珠歌隊，況是玉樓金勒地。廣寒宮府奏鈞天，飄飄
欲作淩滄仙。雖是睢陽鼙鼓後，猶存白髮龜年叟。開元弟子老伶工，
高唱名詞梁伯龍。吳中樂部名優，亂後猶有存者。清切綠雲遏雲退，一聲
貫耳三日在。團花簇錦脆箏絃，縈繞餘音客枕邊。（《彝壽軒詩鈔》卷十
二，清同治二年西昌旅舍刻增修本）

【鳳凰臺上憶吹簫】（閬苑桃花）題黃韻珊《帝女花》傳奇，記明長平公主事。

閬苑桃花，瑤池桂子，剛風吹墮穠芳。歎藥珠身世，劫換紅羊。
冷澹團蒲日色，夢不到、鴉影昭陽。君恩重，膠鸞合鏡，填鵲成梁。　　心
傷，斷魂剩縷，憔悴倚秦臺，明月如霜。恨碧簫聲斷，紫玉煙颺。千
古奇緣薄命，搔首問、無語茫茫。詞人筆，歌雲度來，散滿天香。（《煙
波漁唱》卷一，清同治二年西昌旅舍刻增修本）

【金縷曲】（銀柱黃金撥）劉燕庭方伯以所藏唐小忽雷徵詠，用稼軒琵琶詞

韻。桂未谷先生記云：韓晉公入蜀，伐樹製大、小忽雷二進獻。文宗朝，內

人鄭中丞善小者，以匙頭脫，送崇仁坊南趙家修治。中丞以忤旨縊，投於河。權相舊吏梁厚本在別墅垂釣，援而妻焉。因言忽雷在南趙家，取以歸。花下酒酣彈數曲，有黃門牆外竊聽曰：「此鄭中丞琵琶聲也。」達上聽，上宣召，赦厚本罪。兵亂後，小忽雷不知所在。康熙辛未，孔岸堂得之燕市，龍首鳳臆，頷下有小忽雷篆書嵌銀字，項有「臣滉手製恭獻，建中辛酉春」正書十一字，木似于闐紫玉。開元宦者白秀正使蜀，獻雙鳳琵琶，以逤邐檀為槽，此亦逤邐檀也。忽雷本馬上樂，又名二絃琵琶。按記所述，鄭中丞事本段安節《樂府雜錄》。

　　銀柱黃金撥，記梨園、玉妃弟子，羽衣彈月。天寶建中年華換，西蜀良材更發。雙鳳尾、輕攏胸雪。東坡詞：「願作龍香雙鳳撥，輕攏，長在環兒白雪胸。」妙手崑崙仙娥鄭。竟潯陽、塞北同淪沒。萍絮感，借絃說。　　紅羊刼後知音絕，想當時、春雷繞殿，繞殿雷，琵琶名。翠飛眉睫。略略星星么禽語，香山有《聽琵琶妓彈略略》詩。元微之《琵琶》詩：「甘州破裏最星星。」怨雨悲風吟徹。幾暗逐、銅駝塵滅。千載檀槽龍香在。又桃花、扇底歌雲歇。摩篆古，思去幽咽。（《煙波漁唱》卷二，清同治二年西昌旅舍刻增修本）

【金縷曲】（爛熳荊花樹）題黃韻珊《脊令原》院本，紀小說曾友于事也。

　　爛熳荊花樹，怎讓他、田家瑞事，獨傳千古。怪彼相煎何太急，不念同根共土。忍聽到、燃萁啼釜。室內操戈天上泣。指參商、怨煞星辰侶。尺布詠，角弓賦。　　仁人何怨何藏怒，愛吾廬、廉泉讓水，釀春庭戶。感得鴞音成豹變，重把連枝恨補。已虆葛、心傷尋斧。往事今朝歌演處。動頑夫、涕淚零如雨。鈔萬本，笘絃付。（《煙波漁唱》卷三，清同治二年西昌旅舍刻增修本）

季芝昌

　　季芝昌（1791～1861），字雲書，號仙九，江陰（今屬江蘇）人。道光壬辰（十二年，1832）一甲三名進士，授編修。官至閩浙總督。諡文敏。芝昌晚達，散館第一。皇帝預以硃筆書「魁」字於名簽，遂受特達之知，大考連列第三。《紀恩》有句云：「九重知己溫言逮，三度同符盛事傳。」其詩指事類情，自然工穩，晚年乃見風格雅近東坡。著有《丹魁堂詩集》。見《清史稿》卷三七五、《晚晴簃詩匯》卷一三六、《（民國）杭州府志》卷一二一等。

【登高四首（之四）】

護稻編蓬白露寒，茅龍衣作隱居看。連朝戽水車聲緊，一夕腰鐮野色寬。寄語良農休報賽，生愁古井起波瀾。鄉人演劇報神，有藉觀劇搶刈者。登高且先羣公賦，自喜蛙鳴不為官。（《丹魁堂詩集》卷一「古今體詩一百十四首」，清同治四年紫琅寓館刻本）

【茌平旅舍為歌者十齡女子作】

（其一）醉擁黃紬夢乍醒，記開缸面酒盈盈。銀箏彈指清如許，舞袖圍腰瘦不成。一口猜詳題合謎，十年商略字人情。幾能富貴花間住，祕錄殷殷譜小名。

（其二）琵琶遮面儘成行，憐煞雛鴉柳際藏。禁酒泥人耽卯飲，護花憑爾結丁香。扶床姑小誰重問？春夢婆催又一場。明日高唐城下過，可堪雲雨賦都荒。（《丹魁堂詩集》卷二「古今體詩九十六首」，清同治四年紫琅寓館刻本）

汪遠孫

汪遠孫（1794～1836），字久也，號小米，錢塘（今浙江杭州）人。嘉慶二十一年（1816）舉人，官內閣中書。自幼聰穎，侍祖父受經，能通大義。日讀注疏，以心得者輯為考異，又以抱經堂釋文本多譌闕，欲為補正。於湖濱起水北樓，春秋佳日棲息其中，因自號曰借閒漫士。屬樊榭《遼史拾遺》、《東城雜記》，梁處素《左通補釋》，汪選樓《三祠志》次第開雕，其他亡友詩文，代為校刊者更難悉數。卒年四十三。親疏遠邇，皆咨嗟太息。所著有《詩考補遺》、《國語考異》、《國語發正》、《國語古注》、《漢書地理志校勘記》、《借閒生詩詞》。配梁孺人，著有《列女傳校注》；湯孺人，著有《玉臺畫史》，半為其所訂正。見《國朝詞綜續編》卷七、《國朝詞綜補》卷二九、《兩浙輶軒續錄》卷二八、《（民國）杭州府志》卷一四六等。

【望湘人‧題洪稗畦先生填詞圖】

正沉吟抱膝，兀坐撚髭，傳神阿堵如現。棗核纖豪，蕉紋小硯。譜出新詞黃絹。舊事疏狂，閒身落拓，愁深愁淺。賴竹絲、陶寫幽情，悄把紅兒低喚。　　商略宮移羽換。聽珠喉乍囀，翠樽檀板。怕秋雨梧桐，滴盡玉簫清怨。靈均一去，旗亭淒斷。只賸湘流嗚咽。怎知道、林月溪花，舊日詩才尤擅。「林月前後入，溪花冬夏開」，稗畦句也。樊榭嘗亟稱之。（《借閒生詞》，清道光二十年錢塘汪氏振綺堂刻本）

【八聲甘州·庚寅秋仲薄遊當湖奉訪芷衫先生聽彈琵琶譜以贈之】

正弄珠樓畔十分秋，逍遙盪扁舟。喜幽人居近，苔痕巷陌，竹影簾鉤。得句高吟忘倦，驚起卧沙鷗。相見何嫌晚，一晌勾留。　爲我鵾絃試撥，似天風夜半，驟發還收。聽楚歌四面，肯作等閒愁。數從來、英雄兒女，放胸懷、千古去悠悠。更曲罷、焚香煮茗，人自風流。（《借閒生詞》，清道光二十年錢塘汪氏振綺堂刻本）

【鳳凰臺上憶吹簫·題黃韻珊憲清帝女傳奇後】

瓊樹花殘，寶輪月缺，故宮遺事淒涼。記粉侯初選，兵火倉皇。那更情牽羅綺，判永伴、繡佛閒房。天恩厚，釵聯鏡合，重叶鸞凰。

雕梁。西風換了，便燕子飛來，也感滄桑。況深秋人病，蓋篋衣香。一霎曇華墮影，應憔悴、綠鬢潘郎。愁中寫，新詞一編，江夏無雙。（《借閒生詞》，清道光二十年錢塘汪氏振綺堂刻本）

編者案：清·黃燮清輯《國朝詞綜續編》（清同治十二年刻本）卷七亦收有此詞，題作《鳳凰臺上憶吹簫·題黃韻甫〈帝女花〉傳奇後》，字句略有不同。

汪　鉽

汪鉽（1794～1856），字式金，號劍秋，錢塘（今浙江杭州）人。諸生。家貧嗜學，尤工塡詞。喜縱游山水，大風雪亦偕童冠笠屐登覽，買醉而歸。習以爲常。垂老境益困，終不易其樂也。所作詩詞題跋諸集，多燬於兵，今有《二如居贈答詩》二卷、詞一卷。見《國朝詞綜補》卷三五、《國朝詞綜續編》卷一〇、《兩浙輶軒續錄》卷三二等。

【齊天樂（詞僊老去音塵渺）】五月二日，樊榭徵君生日，同人祀於水北樓。酒半，觀西湖競渡，聽費五曉樓、金四聽樵度曲。雛鬟琵琶，即席有作，用徵君集中「夏五將歸湖上」詞韻。同人約蘆花時展徵君墓，故及之。

詞僊老去音塵渺，圖中乍歸顏鬢。河渚梅香，揚州月色，消受吟懷幽俊。鑪烟乍引。且侑以清歌，碧空流韻。彷彿神來，一尊況値翠鬟近。　琵琶輕攏似訴，笑風流二老，泥他眉暈。謂黃薌泉家覺所。薄醉樓頭，輕陰檻外，正是江南梅信。豪情未盡。更競渡聲喧，伴傾芳醖。莫負蘆花，續游期定準。（清·黃燮清輯：《國朝詞綜續編》卷十，清同治十二年刻本）

【念奴嬌·題李謨撌笛圖】

姮娥多事，把霓裳新調，等閒傳與。此曲袛應天上有，留下塵寰千古。法曲聲沉，胡旋女倦，催按梨園譜。月明牆外，有人偷劃橋柱。

猶記宴啓昭陽，鐙圍華萼，一笑君王顧。慢舞緩歌懽未足，換了漁陽鼙鼓。攜笛重來，料應怕聽，宮女花前訴。烟迷高閣，綠波嗚咽流去。（清·黃燮清輯：《國朝詞綜續編》卷十一，清同治十二年刻本）

丁　晏

丁晏（1794～1875），字柘堂，江蘇山陽（今江蘇淮安）人。道光元年（1821）舉人。著有《禹貢集釋》三卷、附《錐指正誤》一卷，《尚書餘論》一卷、《毛鄭詩釋》四卷、《校正陸璣毛詩草木鳥獸蟲魚疏》二卷、《周禮釋注》二卷、《儀禮釋注》二卷、《孝經述注》一卷等。見《書目答問》、《清史稿》卷四八二等。

【嚴問樵明府】

名保庸，丹徒人。嘉慶己卯，君發解第一。己丑成進士，改庶吉士。散館，授山東知縣，以忤大府告歸。君清才不偶，書畫皆工。揚州梅花嶺史閣部祠君題楹聯云：「生有自來文信國，死而後已武鄉侯。」甚爲當時傳誦。雅善度曲，嘗演《紅樓夢·巾緣》八齣，都下梨園盛行，爲彈章所糾，久之事解。晚歲落魄無聊，奔走乞食，有句云：「無情況味鰥孤獨，有限光陰老病貧。」亦可悲已。年五十八歿於袁浦，于湘山司馬厚殮之。

視草玉堂署，墮溷離花茵。才高天所忌，文采不庇身。賊氛熾江介，鐵甕哀圍城。孤鴻集淮浦，飢雀逃烽塵。桐棺勿復痛，桑戶猶反眞。（《頤志齋感舊詩》，民國四年羅氏雪堂叢刻本）

【安藹堂明府】

名貞吉，直隸邯鄲人。嘉慶丁卯舉人，官阜甯縣。廉惠勤能，政清如水，案無留牘，盜賊屏息，民甚德之。以忤上官罷歸，大府以「焦炭」呼之，嗤其黑而硬也。嘗邀余校閱童試，前十卷入庠者九人。君喜甚，演劇以寵其行。又延余主講觀海書院，余刻《讀經説》以課諸生。解組將歸，余往阜邑送行，君攜幼兒出見，曰：「他日冀先生識吾兒也！」言訖淚下，後終於家。

淡泊庭懸魚，政肅心如水。蠆尾靖萑苻，桃街傳子美。課最臻治平，挂冠來積毀。清白貽子孫，循吏歸梓里。（《頤志齋感舊詩》，民國四年羅氏雪堂叢刻本）

李星沅

　　李星沅（1797～1851），字石梧，湖南長沙人。道光十二年（1832）進士，官兩江總督。諡文恭。著有《李文恭公遺集》。見《國朝詞綜補》卷三八、《（光緒）重修安徽通志》卷一三九、《清史稿》卷三九三等。

【書長生殿劇後】

　　（其一）戈馬悉悉起范陽，猛聞鈴語喚郎當。凭肩有誓同牛女，掩面無端作帝王。自倚翠華甘謝錯，可憐黃土竟埋香。金釵鈿合須臾改，莫再含情問上皇。

　　（其二）羅襪淒涼墮劫灰，洗兒錢枉售疑猜。誰傳宮禁點籌事，幾見賓王草檄來。一死功能扶社稷，他生籍已注蓬萊。聽歌暗灑青蓮淚，曾醉沉香舊酒杯。（《李文恭公遺集》詩集卷四「五言律詩、五言排律、七言律詩」，清同治五年李概等刻本）

【即席有贈】

　　一顧當筵識舊因，氍毹席地起香塵。曲中許我稱知己，燈下看卿似美人。誤墮梨園同小劫，羞隨錦帳效橫陳。幾時重返仙源住，流水桃花自在春。（《李文恭公遺集》詩集卷四「五言律詩、五言排律、七言律詩」，清同治五年李概等刻本）

【再贈】

　　鶯篦猶共舞筵爭，又向騷壇問四聲。俯首願稱詩弟子，畫眉宛肖女門生。歌繙舊譜調冰柱，字換新腔引玉笙。羨爾解人鸚鵡慧，牙牙學語易分明。（《李文恭公遺集》詩集卷四「五言律詩、五言排律、七言律詩」，清同治五年李概等刻本）

【即席贈歌者綵雲】

　　（其一）檀槽一曲動梁塵，幻出輕盈掌上身。家在武陵源裏住，桃花老去尚羞人。

　　（其二）忽化莊姝忽窅娘，清尊曾不隔紅牆。却憐酒力難勝處，爲贈瑤卮一滴香。（《李文恭公遺集》詩集卷七「五言絕句、七言絕句」，清同治五年李概等刻本）

【綵雲曲】

　　（其一）流雲聲入管絃聞，宮樣羅衣雪色裙。故倚新妝學蓮步，

綵雲或恐是朝雲。

（其二）分明雜佩響闌珊，紅袖當筵子細看。食案如山酒如海，綵雲一散不成歡。

（其三）嬌疑少女豔疑仙，學舞娉婷態可憐。安得琴齋三五夕，綵雲長與月團圓。

（其四）梅花紙帳寄相思，愁聽揚州杜牧詞。著意尋春春欲暮，綵雲已是下山時。（《李文恭公遺集》詩集卷七「五言絕句、七言絕句」，清同治五年李概等刻本）

【綵雲以扇乞詩戲題】

（其一）酒半清狂不自持，纖纖楊柳鬥腰肢。秋來顦顇猶如此，想見東風二月時。

（其二）最好銀燈綺席前，蕭娘風致尙嫣然。折枝獨對花長歎，恨我遲生已十年。（《李文恭公遺集》詩集卷七「五言絕句、七言絕句」，清同治五年李概等刻本）

【雪兒度曲圖為路大華甫題】

（其一）曾聽霓裳到蕊珠，風塵猶自感轅駒。於今試按紅牙拍，爲問蠻雲識曲無。

（其二）與君把酒奈愁何，秋夜迢迢一醉過。明日旗亭同畫壁，新詞分付小鬟歌。（《李文恭公遺集》詩集卷七「五言絕句、七言絕句」，清同治五年李概等刻本）

【芝盷秋夜聞笛得四絕句索和】

（其一）蘭缸無焰漏聲稀，時見空庭蝙蝠飛。却抱秋心佇明月，不知涼露溼人衣。

（其二）記曲生憐蕊殿孤，肯翻新調譜笙竽。十年不傍宮牆立，猶被梨園喚李龜。

（其三）悔拈尺八緡聞根，羅袖香銷搵淚痕。纖玉未寒春夢醒，禁他倩女已離魂。

（其四）清歌折柳不勝寒，永夜西風落葉彈。我忍無情君有恨，一般扶醉凭闌干。（《李文恭公遺集》詩集卷七「五言絕句、七言絕句」，清同治五年李概等刻本）

托渾布

托渾布（1799～1843），字子元，一字安敦，號愛山，蒙古正藍旗人。嘉慶二十三年（1818）舉人，翌年成進士。適父喪，未出仕。服除，赴湖南安化、湘潭等縣。官至山東巡撫。著有《瑞榴堂詩集》。見《（光緒）湖南通志》卷一二三、《（道光）濟南府志》卷二九等。

【姑蘇舟次】

姑蘇城外水盈盈，半是歌聲半櫓聲。徹夜管絃聽不斷，張帆徑去不移情。（《瑞榴堂詩集》卷二，清道光刻本）

吳　藻

吳藻（1799～1862），字蘋香，仁和（今浙江杭州）人。同邑黃某室。工詩善琴，嫻音律，尤嗜倚聲。初刻《花簾詞》，豪俊敏妙，兼而有之。續刻《香南雪北詞》，則以清微婉約爲宗，亦久而愈醇也。嘗研訂詞學，輒多慧解創論，名流往往不逮，其名噪大江南北。著有雜劇《喬影》一種，今存。見《國朝詞綜續編》卷二四、《兩浙輶軒續錄》卷五四、《晚晴簃詩匯》卷一八七等。

【賣花聲・黃韻甫帝女花傳奇譜長平公主事】

法曲冷霓裳，重譜紅腔。修簫人愛月華涼。吹得秦臺仙夢煖，小鳳雛凰。　家國感滄桑，滿地斜陽。瑤天笙鶴散花忙。江管一枝春易著，不斷生香。（清・黃燮清輯：《國朝詞綜續編》卷二十四，清同治十二年刻本）

顧　春

顧春（1799～1877），字子春，貝勒奕繪之側福晉。才色雙絕，貝勒自號太素道人，春自號太清。又常自舉其族望曰西林，自署名曰太清西林春。貝勒詞曰《南谷樵唱》，太清詞曰《東海漁歌》，皆取其相配也。又有《天遊閣集》及傳奇戲《桃園記》、《梅花引》等。見《然脂餘韻》卷六。

【鳳凰臺上憶吹簫・題帝女花傳奇】

散盡天花，現身爲女，韶華十五芳年。悲歡集，纔聞引鳳，又賦離鸞。烽火洶洶朝市，當不起、雨驟風顛。最傷心，盈盈弱質，半臂刀瘢。　避難！維摩丈室無所有，惟留一榻相安。經多少，晨鐘暮

鼓，春冷秋寒。受盡無邊煩惱，消業障、天上人間。方了卻，蓮臺一笑因緣。（《東海漁歌》東海漁歌一，清鈔本）

【琵琶仙·題琵琶妓陳三寶小像】

歌舞風光，十三歲、索五千金高價。休矜燕子輕盈，腰肢更嬌妊。春院靜、琵琶一曲，也應算、調高和寡。十里湖光，無邊山色，花底游冶。　恍疑是、蘸小當年，又疑是、秋娘未曾嫁。眉目本然清楚，被旁人偷寫。爭不似、潯陽溢浦，抱檀槽、感動司馬。好稱珠勒金鞍，許誰迎迓？（《東海漁歌》東海漁歌一，清鈔本）

【賀聖朝·秧歌】

滿街鑼鼓喧清晝。任狂歌狂走。喬裝艷服太妖淫，盡京都游子。　插秧種稻，何曾能夠。古遺風不守。可憐浪費好時光，負良田千畞。（《東海漁歌》東海漁歌一，清鈔本）

【鷓鴣天·傀儡】

傀儡當場任所爲，訛傳故事憨癡兒。李唐趙宋皆無考，妙在妖魔變化奇。　駕赤豹，從文貍，衣冠楚楚假威儀。下場高掛成何用？刻木牽絲此一時。（《東海漁歌》東海漁歌二，清鈔本）

【燭影搖紅·聽梨園太監陳進朝彈琴】

雪意沉沉，北風冷觸庭前竹。白頭阿監抱琴來，未語眉先蹙。彈徧瑤池舊曲，韻泠泠、水流雲瀑。人間天上，四十年來，傷心慘目。　尚記當初，梨園無數名花簇。笙歌縹緲碧雲間，享盡神仙福。太息而今老僕，受君恩、沾些微祿。不堪廻首，暮景蕭條，窮途歌哭。（《東海漁歌》東海漁歌二，清鈔本）

【思佳客·臘九日同雲林雲姜紉蘭佩吉集於珊枝齋中時雲姜行有日矣佩吉鼓陽關三疊盡一日歡歸途城門將闔車中口占】

三疊陽關不忍聽，七條絃上半離聲。澆愁且盡盃中物，日暮君歸我進城。　弦月上，影懸冰。涼風吹面酒初醒。明燈小隊遵歸路，寒柝沿街已定更。（《東海漁歌》東海漁歌二，清鈔本）

【定風波·同諸姊妹聽佩吉彈平沙落雁一曲並見贈花卉四幀詞以謝之】

一曲瑤琴爲我彈，北風烈烈指頭寒。想見秋江殘照裏，煙水，聯

翩雁影下空灘。　　贈我新圖花似錦，能品。朱藤黃菊耐人看。少長咸集作平邀女伴，也算，瑤池小宴會神仙。（《東海漁歌》東海漁歌二，清鈔本）

【金縷曲·題桃園記傳奇】

細譜《桃園記》。灑桃花、斑斑點點，染成紅淚。欲借東風吹不去，難寄相思兩字。遍十二、欄干空倚。冰雪肌膚人如畫，繞情絲、蹙損春山翠。仙家事，也如此。　　凌風待月因誰起？總無非、心心相感，情情不已。南海觀音慈悲甚，泛出慈航一葦。渡仙女、仙郎雙美。記取盟言桃花下，問三生石上誰安置？得意處，莫沉醉。（《東海漁歌》東海漁歌四，清鈔本）

【高山流水·聽琴】社中課題。

七條絃上寫柔情。一絲絲、彈動秋聲。風拍小簾櫳，花陰恰有人聽。芭蕉影、隔住紅燈。分明是、流水高山絕調，戛玉敲冰。是幽蘭製佩，腕底散芳馨。　　泠泠。虛空度鴻雁，寒浦外、水淨沙平。何處怨蒼梧？送落葉舞風輕。掩朱帷、拍緩絃停。夜深也、還怕纖纖素指，錯點明星。默無言、恍若江上數峯青。（《東海漁歌》東海漁歌四，清鈔本）

【沁園春·題茂陵絃傳奇】

孑然一身，四海倦游，多病多情。正錦城春色，都亭逆旅，江山歷歷，花柳榮榮。有女懷春，文君新寡，法曲當筵一再行。琴心挑、託求凰有鳳，暗裏人聽。　　風流不避浮名。竟相就、同諧百歲盟。便當街滌器，當鑪賣酒，胸襟灑落，詞賦縱橫。文賺千金，名傳千古，封禪遺書孰與更。迴首處、臕琴臺日暮，芳艸青青。（《東海漁歌》東海漁歌五，清鈔本）

【踏莎行·冬夜聽歌】

鏤月裁雲，移宮換羽，歌喉怕惹嬌鶯妒。淺斟不問夜何其，三星早已當門戶。　　彩袖高揚，柘枝低舞，檀檀慢撚冰絃柱。曲終明月送人歸，小庭深院霏寒霧。（《東海漁歌》東海漁歌六，清鈔本）

【戲擬艷體四首（之四）】

采采芙蓉洛浦姿，碧闌晴雪落花時。一溪春水浮山影，盡日靈風颭柳絲。玉笛閒吹翻舊譜，紅牙低拍唱新詞。娉婷合是神仙侶，小謫人間歸去遲。（《天遊閣集》詩一，清宣統二年風雨樓本）

何其章

何其章，生卒年不詳。字小山，號琢甫。青浦（今屬上海）人。黃韻甫云：「七榆詞清淺橫斜，一空俗障。」著有《七榆草堂詞》。見《國朝詞綜補》卷三五、《國朝詞綜續編》卷七等。

【暗香·金陵歌伎金福色藝雙絕庚午秋曾兩見之越三載復往訪不知零落何所追念前遊不勝悽惋爰賦是解】

一枝竹笛，算幾番倚檻，吹醒秋夕。記取淚痕，脈脈蘭情耿相憶。桃葉重尋小巷，問前度、籠紗窗槅。早換得渡口愁蓮，香冷忍攀摘。　　消息。竟寂寂。待寄與好花，路隔江北。畫闌醉拍，溪水迢迢去無迹。何處聽鶯度柳，眉嫵認白門春色。但一片簾底月，舊時淡碧。（清·黃燮清輯：《國朝詞綜續編》卷七，清同治十二年刻本）

諸嘉杲

諸嘉杲，生卒年不詳。字麟士，號子量，仁和（今浙江杭州）人。道光十二年（1832）副貢，官江蘇州判。黃韻甫云：「子量向不作詞，自與予交，始致力焉。其一種雋妙之趣，迥非塵想，此事洵有天授。」著有《棗花簾詞》。見《國朝詞綜續編》卷一四、《國朝詞綜補》卷三八等。

【金縷曲·題韻甫帝女花傳奇】

偷換霓裳譜。寫不盡、兒女江山，離詞恨語。生小瑤池瓊闕種，兩字因緣天付。正羅綺、年華三五。猛底寒笳深夜警，莽天涯、兵氣銷歌舞。燐影裏，落花暮。　　芳魂仍遣瞿曇護。仗慈悲、幾番質證，因蘭果絮。故國妝臺圓舊鏡，一霎斜陽今古。又一霎、美人黃土。畢竟情天多缺陷，問笙蛾可有癡雲補。凄斷了，戍樓鼓。（清·黃燮清輯：《國朝詞綜續編》卷十四，清同治十二年刻本）

李光溥

李光溥，生卒年不詳。字競白，號儉才，仁和（今浙江杭州）人。道光十五年（1835）舉人。見《國朝詞綜續編》卷一六、《國朝詞綜補》卷三九等。

【滿江紅·題黃韻甫帝女花院本傳明季坤興宮主事】

一霎歌場，有無限、纏綿悱惻。渾閱盡、綺羅蓬葆，鐘魚琴瑟。並蒂蓮開心自苦（編者案：此句闕一「苦」字，據它本補），殘枝藕斷絲難擘。問畫眉、深淺入時無，無言泣。　　塵劫換，紅羊厄。星度朗，紅鸞吉。怪鵑嗁鵲噪，恁般幽寂。完璧一雙存國寶，聘錢十萬邀天錫。大排場了結，再生緣，才人筆。（清·黃燮清輯：《國朝詞綜續編》卷十六，清同治十二年刻本）

編者案：清·丁紹儀輯《國朝詞綜補》（清光緒刻前五十八卷本）卷三十九亦收有此詞，題作《滿江紅·題黃韻甫〈帝女花〉院本》，詞序曰：「傳明季坤興宮主既殂復蘸後仍下降事。」

陸應穀

陸應穀（？～1857），字樹嘉，號稼堂，雲南蒙自（今雲南箇舊）人。道光壬辰（十二年，1832）進士，改庶吉士。又守朔平，復官順天府尹，後巡撫中州，有政聲。爲詩多畫意，以清俊爲宗。著有《抱眞書屋詩鈔》。見《國朝御史題名》、《清秘述聞續》卷一五、《晚晴簃詩匯》卷一三六等。

【桂英曲有序】

蜀山樂籍，滇海女伶，雅擅吳歈，新來蒙邑。燕支學賣，春濃舞絮之天；粉黛新妝，色豔破瓜之日。雖纏頭多錦，而繫足有絲。來花縣之公子，紈綺多情；會蓉城之嬌娃，衾裯共命。本意家池水暖，綠鴨穩眠，何期離館風高，黃鶯惜別。北轅遽杳，莫尋桃徑之香；南鴈不歸，空灑梨江之淚。不堪鴇母，遂倩鳩媒。清酒一杯，黃土三尺。嗚呼！花隨面以俱殘，情根猶在；石爲心而不化，恨海難填。命薄憐伊，悲深自我。續煙花之舊傳，或者聊當劇譚；裁風月之長歌，庶幾別有懷抱耳。

蜀鳥悲啼三月春，花枝零落委芳塵。紅牙敲斷檀槽冷，千載鍾情一美人。濯錦江邊小家女，明眸皓齒嬌無比。偶隨阿母到滇南，卻擅新聲傾北里。新聲譜就蹙蛾眉，默默深情欲訴誰？唱到秋江離別處，有人背後淚雙垂。公子楊家最少年，芳姿屢顧意流連。明珠十斛黃金萬，不惜尊前買笑錢。三生約定迷香洞，午夜春濃新試夢。羞拈羅帶

拭啼痕，曾許雙栖一身共。佳期穩待銀河渡，春色別尋金屋貯。好鳥
行看便出籠，卻緣後約翻成誤。誤煞齊東去路賖，別船不忍抱琵琶。
可憐陌上相思子，不作園中並蒂花。阿母那知人意緒，新歡苦欲摧錢
樹。石心不轉任鞭笞，盼斷魚書朝復暮。東園楊柳綠依依，底事離人
不見歸。逝水韶華容易過，黃鶯啼老燕來稀。始信男兒真失行，萍飄
蓬轉蹤無定。如今白首難為期，自古紅顏多薄命。一杯鴆酒此生捐，
倩女魂歸離恨天。瑤瑟久拌今日破，玉簫擬結再生緣。彩雲散盡琉璃
碎，崔護重來人事異。斷送芳容已隔年，香幃顧影空如醉。寶華山畔
深埋玉，黃月低迷芳草綠。鬼唱猶聞宛轉詞，愁銷誰奏淒涼曲？好事
將成轉眼非，歌成紫玉淚霑衣。香魂寂寞歸何處，好趁東風化蝶飛。
雙飛難遂前生願，缺陷天公誰復怨。賸有堅貞松柏心，莫嗟婉變芙蓉
面。君不見花貌棘心紅粉兒，翻雲覆雨無定期。然脂又續傷心史，潦
倒情場我亦癡。（《抱真書屋詩鈔》卷六，民國雲南叢書本）

余家駒

余家駒（1801～1851），字白庵，小字石哥，貴州畢節人。貢生。著有《時
園詩草》。見《時園詩草》。

【演桃花扇劇】

媚香樓渺知何處？剩水殘山桃葉渡。香君當日別侯郎，粉褪香銷
樓上住。佳人不願配天子，一心甘為才子死。不惜玉容濺血鮮，桃花
紅染扇頭紙。雲雨夢殘二百年，金粉陳跡已如煙。雲亭山人裁月手，
兒女英雄一例傳。今日上場重演出，興亡戲劇都一局。人生何必南面
王，能死美人心亦足。（《時園詩草》，貴州民族出版社 1993 年版，第 89 頁）

王逢辰

王逢辰（1802～1870），字芑亭，浙江嘉興人。諸生。官訓導。見《國朝詞
綜續編》卷一六、《國朝詞綜補》卷四二等。

【百字令·永康諸生徐明英室吳絳雪名宗愛訓導士騏女工詩早寡有綠華
草康熙間耿精忠叛遣偽將徐尚朝寇浙道永康聞絳雪美而才欲致之眾
慮邑蹂躪謀以絳雪舒難夷然允行至三十里坑紿賊取飲觸塊死越百七
十年名氏將湮黃霽青太守為之傳黃韻甫孝廉更譜桃溪雪傳奇表揚之
今而後絳雪為不死矣】

冰壺滌筆，寫凄涼眉黛，楚絃哀裂。顧影素娥憐獨處，想像前身明月。心上秋生，耳邊火發，慘遇紅羊劫。家山回首，杜鵑花外啼血。　　堪笑衮衮羣公，談兵兒戲，應變偏無策。卻借紅顏銷白刃，不管綠珠飛屑。化石魂歸，成煙夢杳，鸞舞蓬山雪。長歌當哭，溪流同此嗚咽。（清・丁紹儀輯：《國朝詞綜補》卷四十二，清光緒刻前五十八卷本）

　　編者案：清・黃燮清輯《國朝詞綜續編》（清同治十二年刻本）卷十六亦收有此詞，題作《念奴嬌・題黃韻甫〈桃溪雪〉院本》。詞序曰：「傳吳絳雪女史殉烈事。」字句與此略有不同。

齊學裘

　　齊學裘（1803～？），字子貞，號玉谿。安徽婺源人。玉谿工書畫，以貴公子隱居綏定山中。著有《劫餘詩選》二十三卷、《蕉窗詩鈔》二十卷、《見聞隨筆》二十六卷、《續筆》二十四卷等。見《國朝書人輯略》卷一〇、《清續文獻通考》卷二八〇等。

【贈蔡寵九鏊尹錫齡】

　　人日題詩寄草堂，成語。焦桐何幸遇中郎。人如渾璞無圭角，句似幽蘭有遠香。海市樓臺供眺望，春宵燈月合絃觴。談今論古掀髯笑，明日同登傀儡場。時約同城外觀劇。（《劫餘詩選》卷八，清同治八年天空海闊之居刻增修本）

【右卿疊韻見答三用前韻酬之】

　　人生出處憑彼蒼，何必貴士不貴王。生老病死一彈指，達亦何喜窮何傷？收拾此心腔子裏，涉世無分變與常。出為名臣處名士，德功言立邦家光。蒲柳望秋歎搖落，松柏經多凌雪霜。無知草木有區別，生為男兒當自強。虎口餘生有何物，田園寥落詩盈囊。重遊海上何所得？秋水半潭山一房。開籠快放山人鶴，持杖閒看蘇武羊。輸他林鳥常知返，羨彼池魚未及殃。南園作客送春去，落花滿地空徬徨。金石圖書歸夢幻，詩心酒膽猶猖狂。筆禿無花才久盡，劍光射斗寒生芒。年近古稀老將至，何日雙溪歸草堂。浮萍身世了不顧，騷壇旗鼓還相當。豈真餘勇尚可賈，大敵當前能不惶？三戰三北不我怯，知我年衰

身手僵。佯狂垢汙逢賞識，嬉笑怒罵皆文章。不願抱頭作鼠竄，端愁寒齒以脣亡。連宵苦雨聽蕭瑟，何時紅日昇扶桑。好借笙歌助吟興，世事何須談慨慷。右卿約天晴出城觀劇。(《劫餘詩選》卷九，清同治八年天空海闊之居刻增修本)

【應蕃甥招觀劇】

繾得酒樓下，來登傀儡場。英雄兒女事，一夢付黃粱。舉世無非戲，今人實可傷。可憐歌舞地，幾個感滄桑。

附詩：【玉谿吟丈賞花觀劇兩作依韻奉和】

〔余鑑〕紅顏娛白髮，名士暢詩懷。粉黛三千界，風流十二釵。花圍群豔鬪，酒陣眾香排。羯鼓頻催後，珊珊來館娃。繁華歌舞地，空炫好排場。法部誇南北，生涯拙稻粱。近時戲門生意大壞，京崑兩班皆然。悲歡絲竹寫，聚散絮萍傷。幾輩羅敷似，休歌《陌上桑》。(《劫餘詩選》卷十八，清同治八年天空海闊之居刻增修本)

【鏡湖和余賞花觀劇兩首再用前韻答之】

（其一）蜃樓高百尺，幻景久忘懷。拇戰傾金斗，敲詩拔玉釵。紅搖千炬耀，青送九峯排。弱柳嬌無力，憐他小小娃。

（其二）日月雙輪轉，乾坤一戲場。衣冠貴優孟，伶人楊月樓每年聘金一千六百兩。粉黛足膏粱。詎識銷金地，偏懷缺月傷。楊月樓已去，梨園減色。秋胡妻不戲，誰採隴頭桑。楊月樓做《秋胡戲妻》，最爲絕調。去後無人步後塵矣，故并及之。(《劫餘詩選》卷十八，清同治八年天空海闊之居刻增修本)

【元宵小雨蔡君季白招飲即席賦詩用孫子與元宵遣懷原韻】

雨打上元燈有例，休言佳節是虛名。子與詩語。滿天雨意將花潤，遍地燈光賽月明。寶馬香車似流水，酒龍詩虎鬧深更。唐虞之際斯爲盛，盈耳簫韶奏九成。是夜觀劇。(《劫餘詩選》卷二十，清同治八年天空海闊之居刻增修本)

【長安李紹白恩翰明府罷官來遊申江以醫濟世工詩善書年七十三行走如飛重晤夷場作詩贈之】

長安宿士紹白李，書追陽冰詩子美。不爲良相爲良醫，濟世活人

心如水。挂冠去職走天涯，年逾古稀行如駛。家徒四壁立蒼茫，詩定千秋昭正始。江南江北偶相逢，十七年過一彈指。余年七六顛復顛，終日扶筇游海市。只愁搜句未盈囊，那管空庖有無米。車輪如水馬如蓬，舉國若狂究何以。歌臺舞榭聲震天，長衢夾巷人如蟻。道逢故舊邀還家，話舊論心笑不已。相邀觀劇天仙園，同賞璧人小貴子。伶人小貴壽，色藝俱佳。紹白云。（《劫餘詩選》卷二十一，清同治八年天空海闊之居刻增修本）

【李紹白明府贈詩次韻奉答】

與君同寓築耶城，老去難求舊友生。惠我分書古且勁，裝池高挂草堂楹。長歌何啻百朋錫，陸離彪炳如玉瑛。讀破萬卷行萬里，筆端風雨飛秋聲。子同罷官不歸去，釣鈎去餌投滄瀛。存物惟存毛穎傳，結交先結孔方兄。瓦缶雷鳴黃鐘棄，蟬翼爲重千鈞輕。咄咄怪事置勿論，且喜荷香到骨清。今夕只可談風月，洛陽何處尋耆英。

附錄：【原作】

〔李恩翰紹伯〕昔我於從崇川城，班荊始識玉谿生。家學淵源善紹述，詩才卓犖富鑿楹。上接風騷下唐季，宏奇瑰偉羅瓊瑛。襄然成集稱富有，擲地直欲作金聲。詎知一瞬廿載別，邂逅復遇申江瀛。問年古稀復晉六，長余三歲余之兄。愧余作吏橫被黜，於今方悟功名輕。蒙惠篇章容什襲，年華愈老律愈清。何日與君拚一醉，酒酣耳熱呼紫英。來詩有伶人戲語故併及之。（《劫餘詩選》卷二十一，清同治八年天空海闊之居刻增修本）

張金鏞

張金鏞（1805～1860），字海門，浙江平湖人。道光二十一年（1841）進士。由翰林院編修官湖南學政，待士甚寬，得鎗手但扶出之，不問姓名。然終其任，無幸獲者。或請其術，金鏞笑曰：「鎗手文專尚靈機，絕無根柢，本非所取，甯有術也？」喜獎掖才俊，王闓運、蔡毓春、張自牧等，皆所識拔。後生得張學使一言，榮於領解。咸、同以後，湖南文學茂興，經教浸廣，金鏞倡之也。所著有《躬厚堂詩集》、《絳跗山館詞鈔》。其詞清微窅眇，矜鍊之極，歸於自然。見《國朝詞綜續編》卷一八、《國朝詞綜補》卷四五、《國朝先正事略補編》

卷二等。

【齊天樂・黃韻珊帝女花院本紀故明長平公主事刊成見寄輒書卷端】

銅駝石馬淒涼意，滄桑頓驚如許。鶴市煙甦，鸞臺鏡返，重訂月邊簫譜。愁顰怨緒。賸九死芳心，淚摻花雨。掩抑悲懂，十三陵上黯雲樹。　　仙音誰獻法曲。聽哀彈宛轉，疑對張女。粉泫巾紅，香煎篆碧，字字并成酸楚。秦樓鳳侶。只冷玉深薶，羽衣黃土。草矗秋墳，瘦鵑闌夜語。（清・黃燮清輯：《國朝詞綜續編》卷十八，清同治十二年刻本）

黃燮清

黃燮清（1805～1864），初名憲清，字韻甫，號韻珊。海鹽（今屬浙江）人。道光乙未（十五年，1835）舉人，湖北候補知縣。韻珊工詞曲，所譜傳奇爲藏園九種之亞。《帝女花》述長平公主事，《桃谿雪》爲永康吳絳雪作，哀感頑艷，尤膾炙人口。王慶勳曰：「韻甫穎敏絕人，才思秀麗。所撰樂府諸詞曲，流傳人口，幾欲接武前賢。詩格尤不名一家，隨物賦形，不能測其筆端之造化。才氣所鍾，儗以尤悔庵諸公不爲過也。」著有《倚晴樓集》。見《兩浙輶軒續錄》卷三五、《晚晴簃詩匯》卷一三八等。

【夢橫塘・聽歌者蝶雲演四絃秋送客一劇】

黛眉顰翠，玉指絃冰，少年心事愁憶。感遇悲秋，借四柱、流泉幽抑。酒暈難留，夢痕無據，可憐今昔。看登場掩袂，忽忽心傷，傷心處、誰知得。　　風塵我亦天涯，歡韶華易換，素鬢催織。信美嬋娟，空點染、楚詞顏色。但秋水、江湖照影。芳草年年寄蘭澤。九派潯陽，淚珠多少，到今朝猶滴。（《倚晴樓詩餘》卷四，清同治六年刻本）

鄭　珍

鄭珍（1806～1864），字子尹，號柴翁，貴州遵義人。道光丁酉（十七年，1837）舉人，官荔波教諭，特用知縣。子尹貧而苦讀，篤學能文，才力贍裕，溢而爲詩，能運健筆，委折達所欲言，簡穆深厚，時見才氣，亦有風致。意象開拓，力避庸軟。邵亭與之齊名，當日互道心得，庶幾各愜分際。初刻詩九卷，貴筑高氏刻後集四卷，華陽王氏再刊於粵中，補錄遺集一卷。其詩世多稱誦。著有《巢經巢詩鈔》、《巢經巢文鈔》等。見《道咸同光四朝詩史》甲集卷二、

《晚晴簃詩匯》卷一三九、《清史稿》卷四八二等。

【題仇實父清明上河圖四首（之二）】陳虞封圻藏。

南北瓦頭諸伎新，龍津橋外漲紅塵。荔支腰子蓮花鴨，羨爾承平醉飽人。（《巢經巢詩文集》詩後集卷三，民國遵義鄭徵君遺著本）

張文虎

張文虎（1808～1885），字孟彪，一字嘯山，南匯（今屬上海）人。諸生。候選訓導。文虎邃於經學、小學，旁通曆算、聲律。爲金山錢氏校刊《守山閣叢書》、《指海珠叢別錄》，海內推爲善本。曾文正開江南書局，亦倚之。早年及見阮文達。黃漱蘭體芳創立南菁書院，首延主講。詩出入蘇、黃，論戒標榜，謂徵倖傳名與徵倖科第有何高下，而以題圖徵逐爲可厭。著有《舒藝室詩存》。見《清史稿》卷四八二、《晚晴簃詩匯》卷一四八等。

【都城雜詩（之一）】

京師萬人海，風雪一茅庵。車馬前門盛，笙歌北里酣。寓近前門，左右多優伶、倡家。近遊安健步，宴笑劇清談。磨滅懷中刺，君知七不堪。（《舒藝室詩存》舒藝室詩存三，清光緒刻本）

【都城雜詩（之四）】

委蛇初退食，聲色暫忘機。浮世同今古，登場孰是非？諸郎魁菊部，公子慕萊衣。把盞休辭醉，當筵禮數稀。（《舒藝室詩存》舒藝室詩存三，清光緒刻本）

吳承勳

吳承勳，生卒年不詳。字子述，錢塘（今浙江杭州）人。諸生。性冷，不諧俗。詩有宗法，尤好爲詞曲，與黃韻珊大令、許芷卿茂才、吳蘋香女史相唱酬。其繼室查氏名定生，亦能詩，惜皆散佚。承勳詞作幽膩冷豔，人嘗比之翡翠凌波、珊瑚篆月。至其音律綿細，毫忽不苟，尤爲近人所難。時人謂：「世有此才，老困一衿，且以幽憂死，遺孤復殤，可爲慘悼。」著有《影雲館詞》。見《國朝詞綜續編》卷一九、《國朝詞綜補》卷五二、《兩浙輶軒續錄》卷三八等。

【金縷曲・題黃韻甫帝女花傳奇】

打出傷心稿。恁收場、繁華世界，夢兒潦草。憑著蕊珠留幻影，

倐忽墓門斜照。有臢水、殘山相弔。坎坎箜篌聲斷絕。似宮人、白髮談天寶。焚碎玉，鳳凰叫。　　風情總被塡詞惱。莽銷魂、水邊橫笛，花邊側帽。汗滅懷中銀字譜，化鄃旃檀煙裊。是一樣、承平年少。不識悲從何處起，作神仙、痛哭瞿曇笑。歌未闋，月輪小。（清·黃燮清輯：《國朝詞綜續編》卷十九，清同治十二年刻本）

　　　　編者案：清·丁紹儀輯《國朝詞綜補》（清光緒刻前五十八卷本）卷五十二亦收此詞。詞序曰：「譜明季長平公主事。」字句與此多有不同。

邊浴禮

　　邊浴禮，生卒年不詳。字變友，號袖石，直隸任邱（今屬河北）人。博綜羣籍，才思煥發。性尤嗜詩，弱冠所爲已數千篇。與馬壽齡、楊淞、華長卿、陶樑相友善，有「畿南才子」之目。道光二十四年（1844）成進士，改庶吉士，授編修。居京師，閉戶讀書，敦屬名節，升沉枯榮，未嘗攖諸懷。官至河南布政司。有《空青詞》。見《國朝詞綜補》卷四六、《國朝詞綜續編》卷一九、《國朝御史題名》、《碑傳集補》卷一七等。

【月華清（雪魄難圓）】歌郎藥仙，醒香主人侍史也。曇華猛謝，倩影空留，主人繪《清宵憶月圖》，用誌悲悼，石頭居士讀而傷之，爲綴此詞。

　　　　雪魄難圓，冰魂易缺，名花彫盡風雨。碧海青天，此恨怎生分付？墮塵刼、些少年華，翻豔曲、幾多愁譜。歸去，悵彩雲飛散，總無尋處。　　小像櫻桃一樹，盡熏徹沉檀，不關凄楚。憔悴潘郎，吟斷鬢絲幾縷。鴛牒在、淚凝紅冰，麝骨冷、塚平黃土。題句，只墜歡如夢，那堪重訴。（《空青館詞稿》卷一，清刻本）

【霓裳中序第一（銅荷蠟淚滴）】歌席即事。

　　　　銅荷蠟淚滴，照見新詞題畫壁。錦字眞珠密織，記酒瀉翠尊，花颭瑤席。蘭蕤蕙質，蕩冶情、無數箏笛。都忘卻，茸裘繡鋏，歲暮遠爲客。　　幽抑，俊遊重憶，共繫馬、朱樓綺陌。芳韶轉眼過隙，漸訊渺湘紅，夢斷楚碧。豔歌閒趁拍，膩怨粉、凄金凝積。暗惆悵，一眉霜月，兩地伴岑寂。（《空青館詞稿》卷三，清刻本）

徐宗襄

徐宗襄，生卒年不詳。字慕雲，宜興人。道光二十九年（1849）舉人，官內閣中書。著有《絮月詞》、《柏蔭軒詞》等。見《國朝詞綜補》卷四七、《國朝詞綜續編》卷二○等。

【暗香・袁浦遇都中舊伶】

似曾相識。問歸來燕子，飄零誰惜。舞罷羽衣，猶憶宮商李謩笛。朝雨輕塵浥徧，看襟上、啼痕難覓。但回首、綺夢如烟，香冷已無跡。　京國。麗春色。盡妒豔逞妍，總易消歇。翠華望極。自謫蓬萊路敧側。多少嫣紅姹紫，任收入、東皇仙籍。待訴與，離別恨、甚人解得？（清・丁紹儀輯：《國朝詞綜補》卷四十七，清光緒刻前五十八卷本）

李欣榮

李欣榮（1813～1878 後），字陶邨，號廣文，廣東南海（今屬佛山）人。少為名諸生，既長，挾策遊幕府，稱上客。嘗屢試不第。老而退閒，以文籍自娛，工小楷。著有《寸心草堂詩鈔》、《寸心草堂文鈔》等。見《寸心草堂詩鈔》卷首。

【戊辰閏夏于役朝郡晤張巒坡協帥招遊西湖寺訪老君岩小函谷諸勝晚歸行寓故人金問漁少尹過從為寫芍藥畫扇以誌將離度曲倚聲至漏下四鼓而別】

禪機未澈託玄機，寺與湖名兩兩非。賢守舊題留篆碣，岩上有嘉善黃霽青太守安濤題名石刻。元戎小隊駐征騑。全吞海氣涵盧白，半捲城陰入翠微。樽酒莫辭拚一醉，徵歌當日故人稀。

〔附金元問漁和韻〕

自從宦海昧先機，小住何論是與非？音律就荒猶按板，星霜屢易喜停騑。與陶翁別二十年矣。尚留酒膽狂如醉，況遇詩心老人微。忙煞蘭齋一枝筆，時朱少笙章哲齋索畫，陶翁初來，又有酬應。蓬門莫訝故人稀。（《寸心草堂詩鈔》卷四，清光緒十六年海幢經坊刻本）

【大觀園觀劇隨步海幢寺呈貫乘上人索和】

（其一）火裏蓮花尚刺心，新聲全部抵千金。《火裏蓮》傳奇，金問漁少尹為歌郎五壽填譜，名流題詠已遍。西泠公子才人筆，任是無情也

不禁。

（其二）飄蕭兩袖鬢如蓬，來叩禪關謁遠公。卅載塵勞拋未得，願聞清梵與疏鐘。

〔附僧貫乘和作〕

（其一）妙法蓮花救苦心，祇園佈地有黃金。戲園地租歸寺庫。空空色色都成幻，獨惜當年恨不禁。（其二）舊交居士半蒿蓬，矍鑠者年獨有公。願得禪門長護法，松園再聽廿年鐘。（《寸心草堂集外詩》補遺，清光緒十六年海幢經坊刻本）

羅惇衍

羅惇衍（1814～1874），字椒生，廣東順德人。道光乙未（十五年，1835）進士，改庶吉士，授編修。官至戶部尚書。諡文恪。著有《集義軒詠史詩》。見《清史稿》卷四二一、《晚晴簃詩匯》卷一三八等。

【宋璟】邢州南和人。武后、中宗時歷官洛州長史。睿宗即位，以吏部尚書同中書門下三品，以守正貶。元宗立，累拜尚書右丞相，封廣平郡公，致仕，卒年七十五，贈太尉，諡文貞。

第一流人懾六郎，直聲早見震巖廊。通侯靳賞彌邊釁，旱魃讐忠演教坊。金筋長教調鼎鼐，玉環何至侍帷房。激時聊作《梅花賦》，不減《長松》鐵石腸。

「第一」：嘗宴朝堂，二張，列卿三品，璟，階六品，居下坐。易之詔事璟，虛位揖曰：「公第一人，何下坐？」璟曰：「才劣品卑，卿謂第一，何耶？」是時，朝廷以易之等內寵，不名其官，呼易之五郎、昌宗六郎。鄭善果謂璟曰：「公奈何謂五郎為卿？」璟曰：「以官正當為卿，君非其家奴，何郎之云？」「靳賞」：璟為相時，入蕃使郝靈佺斬突厥默啜，傳其首京師，靈佺自謂必厚見賞。璟顧天子方少，恐後干寵蹈利者夸威武，為國生事，故抑之。「旱魃」：璟為相忠直無私，疾負罪而妄訴不已者，付御史臺推治之。會天旱有魃，優人作魃戲於前。上問：「魃何為出？」魃曰：「奉相公處分。」又問：「何故？」魃曰：「負冤者二百餘人，相公悉以繫獄，故魃不得不出。」上心以為然。未幾，罷璟相。真德秀曰：「以其時考之，楊思勖以內侍貴倖，而璟不與交言；姜皎以舊勳寵昵，而璟斥其太盛。王仁皎，后父也，築墳過制而璟爭之；王仁琛，藩邸故吏也，除官過制而璟又爭之。是數人者，皆不便於璟者也。優伶之戲，必此輩實為之。帝雖始初清明，自溺意教坊之樂，倡優雜

進於前，至是遂傾賢相。「金筯」：帝嘗賜環金筯，曰：「非賜汝金，表汝直也。」「梅花」：初璟作《長松篇》以自況，《梅花賦》以激時。蘇味道深歎賞之曰：「王佐才也。」見顏魯公所作《廣平碑》。（《集義軒咏史詩鈔》卷三十五，清光緒元年刻本）

【李商隱】字義山，河內人。始文宗末入官，爲宏農尉。歷仕至宣宗時，官節度使判官、檢校工部員外郎。府罷，客滎陽，卒年七十二。

　　玉臺人去風流絕，又見樊南筆一枝。惜爲詩家開艷體，豈同騷客寓微詞。楊、劉撏撦文終敝，牛、李擠排數太奇。獺祭讀書翻悔歎，不將經帙付驕兒。

　　「玉臺」：陳徐陵有《玉臺新詠》十卷，見《隋書・經籍志》。「樊南」：商隱有《樊南》甲乙集。「詩家」：商隱詩多言情之作，時目爲西崑體。「楊、劉」：宋時楊大年、劉子儀等效西崑體，適內廷觀劇，優人戲爲義山鶉衣破帽，蹣跚而前曰：「吾爲楊、劉撏撦，故至此。」上大笑。見《古今詩話》。「牛、李」：商隱初爲令狐楚所知，後王茂元愛其才，表掌書記，妻以女。茂元善李德裕，於是牛、李黨人以商隱爲詭薄無行，共排笮之。「驕兒」：商隱《驕兒》詩有句云：「兒慎勿學爺，讀書求甲乙。」又云：「當爲萬户侯，毋守一經帙。」然商隱每作文，必檢點載籍，羅列案頭，時謂之義山獺祭。（《集義軒咏史詩鈔》卷四十，清光緒元年刻本）

【孔道輔】字原魯，兗州人，孔子四十五世孫。仁宗時歷官御史中丞，出知鄆州。卒年五十四，贈侍郎。

　　侮聖當筵責契丹，安能和氣致天寒。碎蛇觀裏魚鬚笏，鳴鳳臺端豸角冠。賢重母儀風教肇，諛譏相職露章彈。僉壬言進程琳累，末路憂危直道難。

　　「侮聖」：奉使契丹，道除右司諫龍圖閣待制。契丹宴使者，優人以文宣王爲戲，道輔艴然徑出。契丹使主客者邀道輔還坐，且令謝之。道輔正色曰：「中國與北朝通好，以禮文相接，今俳優之徒，慢侮先聖而不之禁，北朝之過也。道輔何謝？」契丹君臣默然。（下略）（《集義軒咏史詩鈔》卷四十二，清光緒元年刻本）

周壽昌

　　周壽昌（1814～1884），字應甫，一字荇農，晚號自庵。湖南長沙人。道光乙巳（二十五年，1845）進士，改庶吉士，授編修。歷官內閣學士，署户部侍郎。

壽昌少年喜爲駢儷之文，自謂學二雅之雋博而去其纖僻，曾國藩極推其能。填詞尤工小令，散文亦有義法。餘事爲詩，奄有眾妙，要以義山、劍南爲歸。晚遭困窶，益造平淡，蓋所得彌深矣。著有《漢書注校補》五十六卷、《後漢書注補正》八卷、《三國志注證遺》四卷、《思益堂古詩》二卷、《駢文》二卷、《詩集》六卷、《思益堂詞》一卷等。見《清史稿》卷四八六、《晚晴簃詩匯》卷一四七、《道咸同光四朝詩史》甲集卷二等。

【雜詠三首（之二）】

白雲遠上湧黃河，田舍奴將妄語訶。妙妓解歌伶解唱，賞音翻愧汝曹多。（《思益堂集》詩鈔卷一，清光緒十四年王先謙等刻本）

【岳陽孔縣丞席上觀繩伎即調其幕客潘某】

（其一）翔燕騰金索，盤龍踔玉鞍。不知心底恨，時拂寶刀看。

（其二）舞罷低含笑，妝成故作嬌。檀郎魂大小，經得幾回銷？

（《思益堂集》詩鈔卷一，清光緒十四年王先謙等刻本）

【題張玉夫大令聲玠玉田春水軒雜劇九首】

（其一）傾巢那信卵能全，孝鳥嗁聲慘杜鵑。解道籲天憑數語，未應腸斷蓼莪篇。吉翂。

（其二）煙霞手闢絕追攀，成佛生天興太頑。更有宣城好才調，一時同說謝家山。謝靈運。

（其三）三箭天山大合圍，那堪張賞誤嘲譏？吳蒙搖櫓臨江日，千古成功兩白衣。薛仁貴。

（其四）千金一擲價誰償？竟放文章一代狂。但肯聽琴先解事，好龍休笑沈諸梁。陳子昂。

（其五）稷嵩聲名飯顆香，紫宸除詔拜眞王。芙蓉城並遮須國，湯沐千秋有醉鄉。杜甫。

（其六）肥羊濁酒說風流，畫頰眞教窘虎頭。誰貌將軍楊大眼，不須援臂早封侯。黨進。

（其七）殘醉重扶酒國秋，山光湖影供清謳。新豐不用傳封事，自有君王識馬周。于國寶。

（其八）冬青陵樹邈山河，一別千秋此恨多。玉軫莫彈離黍調，傷心猶有斷琴歌。汪水雲。

（其九）故國湖山臕鼓鼙，畫圖自寫武林谿。最憐一樣王孫草，長向東風綠不齊。趙子固。（《思益堂集》詩鈔卷二，清光緒十四年王先謙等刻本）

【南安鄧厚甫仁堃太守招飲牡丹亭戲柬二絕】亭在南安郡署後東園，後人因湯臨川樂府附會而成也。厚甫慮舊說不典，特種花以實之。

（其一）穠華含雨睡初醒，紫玉歌從月下聽。詞客風流邈何處？行人猶問牡丹亭。

（其二）金縷雲裳費翦裁，名花都向鄧林開。千秋莫笑爭墩誤，我亦東園載酒來。（《思益堂集》詩鈔卷二，清光緒十四年王先謙等刻本）

【書王仲瞿煙霞萬古樓詩集後（之一）】

少哭憤王同杜默，先生下第歸，集琵琶伎拜項王墓。晚攜仙眷住祇園。有佛寺，先生逐僧出，挈眷居之。琵琶響絕王郎老，斷碣誰題畫狀元。其夫人金姓，善畫，時呼畫狀元。先公數月卒。（《思益堂集》詩鈔卷三，清光緒十四年王先謙等刻本）

【李芋仙大令招飲門前有老姬彈琵琶詢之則秦淮舊院中人逃寇難來江西者也】

十載江南痛枕戈，尊前話舊酒如波。那堪夜雨瀟瀟曲，白髮吳娘掩淚歌。（《思益堂集》詩鈔卷四，清光緒十四年王先謙等刻本）

【書賈鳧西彈詞後有序】賈鳧西《廿一史鼓兒詞》一冊，早歲爲轟亦峰借去未還，頃聞益吾言得此書，擬即借閱，鐙下憶及，題三絕句。

（其一）怒罵文章絕代才，雍門一曲不勝哀。三絃彈徹明湖水，只當西台痛哭來。

（其二）身閱滄桑激楚音，別存懷抱古傷心。蕭蕭易水無人問，披髮空山獨鼓琴。

（其三）哀音險語恣無稽，山鬼悲吟杜宇嗁。除卻老顛風景裂，千秋誰識賈鳧西？（《思益堂集》詩鈔卷五，清光緒十四年王先謙等刻本）

王 拯

王拯（1815～1876），原名錫振，字定甫，一字少鶴，馬平（今廣西壯族自

治區柳州市）人。道光辛丑（二十一，1841）進士，授户部主事。歷官通政副使。著有《龍壁山房詩集》。見《清史稿》卷四二三、《晚晴簃詩匯》卷一四四等。

【追悼陳少逸上舍_森嘗為石函記傳於時者】

東風三百梨園隊，天寶當年樂未涯。璧月樓臺空色相，彩雲歌管左風懷。搜神干寶才難盡，荷鍤劉伶恨豈埋？昔日龍城曾記錄，雨餘陰火散秋齋。（《龍壁山房詩草》卷九「己未集詩」，清同治桂林楊博文堂刻本）

【夜飲黃翔雲兵部_鵠寓齋聽彈琴作】

衰陽遁空雪霰霏，山童水壑百卉腓。高齋會客聊永夕，醉飽不用思蕨薇。主人四壁蒲與韋，匡牀瑟瑟明螺徽。率然有請弗我違，危襟斂顏一再揮。天寒道遠客不歸，隴岡日落摧征騑。洞房連闥生蚑蛾，有女在室垂空幃。漫漫長宵寂以欷，菰蘆水深鴻雁饑。豚魚舞風百尺磯，斷蓬隨風何所依？我生未識妃呼豨，樂人伶官荒是非。看君十指衡氣機，悄然已復聲微稀。重華在天泣二妃，薰風拂人雩或沂。秦箏趙瑟疾鄭衛，況乃琵笛充皇畿。我言徒大人所譏，爲君偶發情庶幾，世間此器危乎微。勸君韜錦慎輕發，糗藜何處棲巖扉。（《龍壁山房詩草》卷十一「庚申集詩」，清同治桂林楊博文堂刻本）

許瑤光

許瑤光（1817～1882），字雪門，善化（今湖南長沙）人。道光己酉（二十九年，1849）拔貢，歷官嘉興知府。著有《雪門詩草》十四卷、《談浙》四卷、《包村殉難始末記》一卷。見《清續文獻通考》卷二六二、《晚晴簃詩匯》卷一五○等。

【都門雜紀（之一）】

浮湘截漢渡黃河，春到皇州氣色多。碣石曉雲開鳳闕，西山霽雪照鸞坡。國喪遏密梨園曲，軍政遙傳桂海波。二百餘年光化日，蚩尤休挺逆天戈。（《雪門詩草》卷二「悠游集」，清同治十三年刻本）

【錢塘雜感（之五）】

表裏湖山起暮雲，新來菊部不堪聞。秋風薜荔荒於墓，細雨莓苔濕岳墳。吠犬如聞新府尹，騎驢閒煞故將軍。忠奸倒置非今始，鴟革

浮江早不分。（《雪門詩草》卷二「悠游集」，清同治十三年刻本）

【闈中感事（之一）】

曾調銀管譜霓裳，舊序頻操古尺量。慚愧翻新少時樣，桂花一曲斷人腸。（《雪門詩草》卷二「悠游集」，清同治十三年刻本）

【闈中感事（之二）】

紫雲唱徹廣寒遊，月府新裝七寶樓。不逐嫦娥偷藥去，空留玉斧替人修。（《雪門詩草》卷二「悠游集」，清同治十三年刻本）

【聽畢淳齋彈琴】

別君五載烽煙多，憶君西湖明月波。見君故山各驚歎，聽君琴軫聲溫和。落霞遊曳度松嶺，閒雲寂歷橫岩阿。歲月羲皇儼如昨，那知塵世還坎坷。人生感物異歡戚，心平隨感無偏頗。憶昔浙東上虞邑，鳳鳴山畔飛泉梭。紫藤翠篠不知歲，中有碧雞鳴泉窩。士人謂之青鸞。非絲非桐了莫辨，泠然兩耳清風過。是時四明亦有警，而我到此忘憂痾。泉流禽語今何處，夢魂夜夜飛烟蘿。山水清音口難喻，聽君一曲為君歌。薰風螳螂向槐柯，江潭魚龍愁網羅。攜壺今日伴君醉，醉倚琴臥拋金螺。（《雪門詩草》卷四「蒿目集」，清同治十三年刻本）

【兆富里聽王麗娟彈詞】

淞雲海雨富鶯花，大道旁開曲徑斜。自命詞場擅矜寵，不知同是抱琵琶。（《雪門詩草》卷十二「上元初集」，清同治十三年刻本）

金 和

金和（1818～1885），字弓叔，一字亞匏，上元（今江蘇南京）人。貢生。性兀傲，工詩賦，好聲色。縱酒飲輒數斗。金陵破，全家俱陷。時向忠武駐軍城外，亞匏謀內應，而官軍屢誤期。會謀洩事敗，僅以身脫。時論壯之。詩酒跌宕，老於賓客。黍離之顛覆，身親目睹，故言皆實錄，可當詩史。著有《秋蟪吟館詩鈔》。見《清史稿》卷四九三、《晚晴簃詩匯》卷一六七等。

【秦淮雜詩十首】

（其一）燈火秦淮舊有涯，而今畫舫盡東移。荒城野水仇家渡，

也似人生得意時。前明燈舫，以東西水關爲十里秦淮，載諸《板橋雜記》甚明。及余少時所見，西關不能如明時之盛，惟自東水關至文德橋而止，數十年無少異。今則東關迤西漸無人迹，而船市東聚於仇家渡，且駸駸乎入大中橋矣！

（其二）煙月城南路幾條？更無人問往來潮。釣魚巷裏春如海，便抵當年長板橋。《板橋雜記》謂：明季歌姬舊院爲最，次則舊内，次則珠市。其後舊院少衰，與貢院前牛市鼎峙而三，無所軒輊，而東西釣魚巷次之。賊亂以前，大致如此。今則冶遊所趨，惟釣魚巷爲煙花淵藪，他無聞焉。

（其三）南朝閒煞好樓臺，盡買揚州芍藥栽。料得二分明月色，一齊收拾過江來。髮賊之亂，金陵歌姬雲散，冀羣一空。今之粉白黛綠、望衡對宇者，大抵自揚州而來，前後凡數十百輩。竹西歌吹，其盡於此乎？否乎？

（其四）桃葉渡頭春不歸，重來風景更全非。琵琶商婦皆黃土，賸有年年燕子飛。壬申、癸酉之間，有撰《白門新柳記》者，尚附載金陵舊姬數人，列之「衰柳」，以誌餘慕。十年以來之數人者又俱老死，而北里名妹，今遂無一土著。輕煙淡粉之風流，於是掃地盡矣。

（其五）東舫西船面面鄰，煙花原是一家春。近來都愛樓居好，落得藏嬌各避人。舊時燈舫不施屏障，而客與諸姬從無同舟者。風露涼宵，萬花齊放，煙水離合，相望而不相從，所以稱雅遊也。今則船上皆安高樓，大可容十數人，翾聚而嬉，招搖過市，不足爲外人道矣。

（其六）玉笛聲中寫豔情，幾人心醉不分明。白頭爲是開元曲，也向樽前百感生。金陵諸姬，小調尤勝。雖靡靡鄭、衛，而柔絃脆管，盡得樂府之遺。今則盛稱裏下河調，間有一二能歌舊曲者，聞之黯然。

（其七）美人頭上幾花枝，羞縮黃金縷縷絲。數一枝花一杯酒，昔年臣醉欲狂時。舊時諸姬，夏日晚妝後皆結抹麗爲流蘇，簪之可數百朵，香風四流，不御鈿羽。今則無此妝飾，金斜玉橫，至不見髮，闒靡而已。

（其八）泠泠風月夜濃時，少卻青天筆一枝。絕憶繁星千萬點，塔燈光滿月牙池。縣學面秦淮，爲泮池，故有月牙池之名。報恩寺塔雄峙池右，高數十丈，時人謂之文筆。環塔有燈，不數數點點時則斯池獨有倒影，泛舟者必聚觀之。今塔燬於賊。

（其九）幾多金粉水雲鄉，蔣妹祠前碧草荒。寄語疊雲諸弟子，青溪居處更無郎。賊平之後，金陵女尼最夥。故三山二水之間，新築尼庵，相望於道。而小姑祠之在淮青橋畔小巷者，蕪蔓已久。若羣盎茸而居之，其名甚正。青溪香火，未必不勝於南海經魚也。

（其十）舊京喬木久傷心，丞相空拌種樹金。滿地夕陽無障處，至今一柳不成陰。舊時，秦淮兩岸百步、數十步之間，必有大樹一二株，泛舟者隨意繫繩，流連嘉蔭，往往終日。自賊來，全燬之。曾文正公前後三督兩江，凡命補種柳樹者數矣。所費不貲，而奉行不善。朽株淺薶，不遂生意，至今無一柳焉。（《秋蟪吟館詩鈔》卷七「奇零集」，民國五年刻本）

錢符祚

錢符祚，生卒年不詳。字小南，宛平（今屬北京）人。諸生。小南懷才不遇，幕遊江右，與人落落難合，以是見嫉於儕輩。故人李藹如官嶺北時，延司筆札四年。壬子移家北上，流連燕市。又半年許，而小南即於是歲冬歿於京邸。平生於詩古文詞，援筆立就。遺稿半燬於火，其存而未刻者尚十餘卷。見《國朝詞綜續編》卷二〇、《國朝詞綜補》卷四四等。

【長亭怨慢‧寒夜讀韻甫所為院本感而有作】

聽簷瓦、敲冰都碎。似為愁人，劃成愁界。讀曲枝枝，一鐙明滅總無賴。酒杯猶在，判不睡、將愁酹。掩卷莫重看，有幾箇、黃昏能耐。　　窗外。正梅花獨自，與我影兒相對。沉沉月色，也應見、此愁態。便淚點散作真珠，怎償得、前生愁債。況屋小如舟，怕更愁多難載。（清‧黃燮清輯：《國朝詞綜續編》卷二十，清同治十二年刻本）

謝章鋌

謝章鋌（1820～1903），字枚如，福建長樂人。光緒丁丑（三年，1877）進士，官內閣中書。枚如道光間即以詩名，亞於張亨甫，久困名場。及通籍，年已六十。時方多故，抑塞磊落之氣，悉發於詩，雄深鬱律，可稱閩越鉅子。集中《論詩絕句》三十首，仿遺山體，專論閩詩，略古詳今，頗寓闡微之旨。劉芑川曰：「秋宵不寐，聞魚龍叫嘯之聲與風雨相應，若有拔劍而起，喑啞咤叱，几案皆鳴，此則枚如之詩歟。」著有《賭棋山莊集》。見《晚晴簃詩匯》卷一七一。

【賀新涼‧閩縣李光瑚字亦珊仕廣州別駕以家難歿於官妻蔡氏殉之其友仲振履為之填雙鴛詞院本甚悽惋哀之而作】

苦雨淒風夜。把這卷、長吟一片，數行泣下。夫婦人間多似蟻，

似汝淒涼蓋寡。盡辛苦、艱難都罷。委曲求全還未得，況無端貝錦
工嘲罵。心中痛，誰能寫。　　肝腸寸斷顏凋謝。卻猶將、綱常二
字，時時認者。爲婦爲兒無一可，此罪千秋難赦。說不出，淚痕盈
把。博得旁觀稱苦節，想君心、聽此添悲吒。眞不願，如斯也。(《酒
邊詞》卷一，清光緒刻賭棋山莊所著書本)

【念奴嬌·題東洋學山閣壁】

愁塵萬斛，看沉埋、一帶江山如許。太白騎鯨歸採石，知道此
間難住。大是無聊，藥爐丹竈，苦把神仙數。霍君應笑，神仙究竟
奚據。　　見說問月亭邊，宵深有鬼，猶唱秋墳句。鬼也於今零落
盡，剩得淒風疾雨。我本羈人，只宜酤醉，否則歸家去。長年作客，
獨行獨坐何趣。問月亭，崔刺史世召別業。相傳刺史歿後，猶能召梨園讌客。
詳芑川《鶴場漫志》。(《酒邊詞》卷三，清光緒刻賭棋山莊所著書本)

【憶秦娥·觀劇】

歌聲咽，登場裝束腰肢削。腰肢削，秋波一轉，送迎雙絕。　　羅
衫如漬紅榴血，金釵斜顫青絲髮。青絲髮，爲誰留戀，眉痕暗結。
(《酒邊詞》卷四，清光緒刻賭棋山莊所著書本)

吳仰賢

吳仰賢(1821～1887)，字牧騶，浙江嘉興人。咸豐壬子(二年，1852)進
士，改庶吉士。歷官雲南迤東道。仰賢詩渾成典雅，於其鄉諸先輩中雅近汪雲壑
殿撰。詩話附集以行，揚搉古今，往往有獨到處。著有《小匏庵詩存》。見《兩
浙輶軒續錄》卷四二、《晚晴簃詩匯》卷一五三等。

【洋涇竹枝詞二十首（之八）】

龜茲小部偶登臺，吹徹銅笙錦幔開。薑髮蛾眉羅上列，笑聲一片
拍張來。夷人觀劇，至佳處必拍掌踏搖轟笑助樂，亦北人喝采之意。(《小匏庵
詩存》卷六，清光緒刻本)

【明魏子一庶常學濂承父兄忠孝之後以氣節自勵甲申在都遇變殉難稍
遲議者謂污僞命然一死塞責亦可謂勇於補過矣劉念臺錢幾亭諸先生
爲剖辨甚力近見海鹽黃韻珊大令所著帝女花傳奇中形容醜詆則太過
矣爲拈一律正之】

兩字從容竟誤公，蓋棺未釋越人弓。將身餌賊眞孤注，以死酬君亦鬼雄。見事雖憐荀彧晚，全軀不與鄭虔同。蕺山史筆分明在，持證傳家忠孝風。（《小匏庵詩存》卷六，清光緒刻本）

俞 樾

俞樾（1821～1907），字蔭甫，號曲園，德清（今屬浙江）人。四歲隨父鴻漸遷仁和臨平，母姚口授四子書，過目不忘。道光三十年（1850）進士，改庶吉士。咸豐二年（1852）散館，授編修。五年簡放河南學政。罷職後僑居蘇州，主講蘇州紫陽、上海求志各書院，而主杭州詁經精舍三十餘年，最久。課士一依阮元成法，遊其門者咸有聲於時。東南遭亂，典籍蕩然。樾總辦浙江書局，建議江、浙、揚、鄂四書局分刻《二十四史》，又於浙局精刻子書二十二種，海內稱爲善本。著述宏富，有《春在堂全集》。戲曲創作方面，作有傳奇《驪山傳》、《梓潼傳》，雜劇《老圓》等。見《清史稿》卷四八二、《（民國）杭州府志》卷一七○等。

【偶於吳蔗農孝廉處借小書數種觀之漫賦一律】

老去深知精力屝，舊時學業半從刪。拚將暮史朝經力，都付南花北夢閒。楊蓉裳以《天雨花》彈詞、《紅樓夢》平話並稱，謂之「南花北夢」。往日虛名眞自誤，異時俗論莫相訕。驪山女紀文君傳，擬闢名山山外山。余擬以《史》、《漢》所載驪山女事爲《驪山女紀》，即世傳驪山老母也。又以今世祀梓潼文昌帝君，謂即高朕禮殿碑之梓潼文君，擬撰《梓潼文君傳》，然亦徒存其說而已。（《春在堂詩編》庚辛編，清光緒二十五年刻春在堂全書本）

【贈吳蔗農孝廉（之三）】

如君才調本翩翩，麗句清才儼欲仙。北夢南花傳誦外，而今又唱《遂初緣》。君著有《遂初緣》彈詞。（《春在堂詩編》庚辛編，清光緒二十五年刻春在堂全書本）

【曉枕口占（之四）】

老年精力愈衰微，暮史朝經事盡非。平話偶看《花獨占》，彈詞更聽《鳳雙飛》。偶看《今古奇觀》平話，内有「獨占花魁」一回。《鳳雙飛》，則新出彈詞也，頗可觀。（《春在堂詩編》己庚編，清光緒二十五年刻春在堂全書本）

編者案：《詩詞卷・初編》已收俞樾，此係增補。

陳　錦

陳錦（1821～？），字畫卿，號補勤，浙江山陰（今浙江紹興）人。道光己酉（二十九年，1849）舉人，由知縣歷官山東候補道。著有《補勤詩存》。見《補勤詩存》卷六、《晚晴簃詩匯》卷一四九等。

【滿庭芳詞】滿庭芳者，海上新翻曲部也，子弟多出京園。

（其一）選舞徵歌鬭海邊，大羅僛奏降從天。冶遊莫吝黃金擲，樓閣先糜十萬錢。

（其二）纖塵微步下銅街，豔闋新翻十二釵。遮莫上場學吳語，南人今已識齊諧。

（其三）寶鏡嵌星閃窄衣，公孫劍器捷如飛。就中鼓掌誰稱好，有客曾遊日下歸。

（其四）對客飛來樹下鶯，延年女弟也移情。低頭自愧無顏色，不妒蛾眉妒曲聲。時有挾妓觀者。

（其五）簫鼓重登百尺臺，銀燈列隊夜場開。明星萬點無人管，坐看西洋火自來。西人坎地然煤，隧道百出，隨處以銅管導之，令火氣上蒸，夜則爇管代燭，悉穿牆屋而出，謂之自來火。列市皆然，戲園亦用是。（《補勤詩存》卷十四「重行行草」，清光緒三年橘蔭軒刻光緒十年增修本）

【題宣瘦梅鼎墨戲圖**圖畫戲四十劇為江小梅】**

沐而冠，吾知其為猴；茶而盤，吾知其為鳩。孫叔而復生，驪姬而夜泣，吾知其為孟與施之優。一囊粟，飽侏儒；一石酒，醉淳于。好隱請為隱，人鬼爭挪揄，乾坤顛倒紅氍毹。貌寢郎，一何惡；支離疏，工謠諑。丑紐存嘉名，鼻堊不可斲。上有風流南面王，下有僂籧東方朔。團扇悲歌柳敬亭，龜年絕調傳絃索。詼諧譎諫仗縣河，命世文章罵世多。屈身所貴能事主，佝僂時行郭橐駝。要與無鹽鬭奇醜，蹩躄在前戚施走。變態隨人慣不同，朝為美人暮蒼狗。相君之面訐奸雄，談笑攖鱗動九重。簡兮秉翟多賢者，忠義時出優伶中。即今世事都如戲，戲場無復真天地。鐵面冰霜按晒遭，千金賣笑慚無計。君不見，七情所感生緣因，嬉笑怒罵貪癡瞋。眼前誰是真面目？老大還學東施顰。有時雨立仰秦旂，自顧不如俳優臣。圖中人，圖中人，胡為倚門曲媚骯髒終其身，吁嗟我亦圖中人！（《補勤詩存》卷二十三「捧檄集」，清光緒三年橘蔭軒刻光緒十年增修本）

【鐵冠圖】是圖相傳出鐵冠僊師。洪武十三年太祖封記，不得擅開。説見《綏寇記略》及《虎口餘生》傳奇，互有不同，其實皆意揣，非目擊也。予於曲阜衍聖公府見立軸，長四尺許，廣尺餘，畫分三層：上畫宮殿如太廟，門盡闔，顏曰「垂裳而理」。階下一人作跪伏狀；次畫煤山林木，一人披髮左跣縊山樹狀；又次畫各色旗置大寶中，左八人兒童，右八人武士，狀與傳奇相似，而去《綏寇記略》遠甚矣，究不知其何以存孔氏也。

鐵冠神算高皇朝，扃鑰天機鐵液澆。子孫臨難圖斯出，建文之季出其一。建文遜國時，少監王鉞言高帝升遐有一篋，云「臨大難當發」，因碎之，得度牒、袈裟、薙刀。按此當是《鐵冠圖》之一。後來髮亂苦冠多，宮中有秘殿，係先朝所封。崇禎十年啓之，得古畫數幅，其一人而七冠者，曰官多法亂。委鬼茄花徧地歌。萬歷間有歌於市者，曰：「委鬼當朝坐，茄花徧地紅。」未幾，而有魏客之禍。五鳳樓前獲黃袱，元年得黃袱小函於五鳳樓前，曰天啓七、崇禎十七，還有福王一。迴瀾塔下簫貫竹。成都迴瀾塔下掘地得碑，有曰：「吹簫不用竹，一箭貫當胸。」謂獻忠死箭也。簫不用竹，謂肅也。碑末署漢炎興元年諸葛孔明記。淳風舊本供猜詳，紅李枝頭縣一目。淳風《推背圖》有一株紅李，上縣一目之象。《虞淵沈》載宋太祖取淳風舊本，亂其次第，人以爲李闖之讖，實則李亞子繼朱梁也。勝朝圖讖訖思陵，祕殿先藏九廟靈。寶篋有神滴天髓，劉青田所著。分明此畫通幽冥。九重宮闕垂裳理，禁闥長扃闃如洗。中有一人跪不起，衰柳山亭哭鼎湖。西風慘淡號弓烏，下有兩行旗楯錯立糾桓徒。圖成二百七十有七載，夢裏含冤訴眞宰。往事但看被薙王，袈裟、度牒今猶在。由來鼎祚有移時，創業皇靈謝不知。底是此圖偏再出，問之老佛夫何辭。松江袁生燦若，夢至一所，歷代創業主會議革命。有帝者披髮伏地，嗚咽訴枉，明高帝語之曰：「此事非我所能主，當問建文皇帝。」按：革命大事，高祖尚不能主，問建文何爲？建文蓋遵《鐵冠圖》而出者也。有謂壬午、甲申，事多相類。太后呂氏之與懿安皇后，三皇弟之與三皇子，馬后之與周后，無不吻合。且兩帝廟號及前後殉難諸忠贈卹，一時同出宏光。然則，是圖之作，前爲建文，後爲思陵，與明祚相終始。圖中第一層，其即袁生夢境邪！至今眞本留東魯，尼山金石同終古。爭道圖容即帝容，可能遺像明良補。至今，圖與明良遺像及邊大受縣賞捕李闖示，同存公府，得毋有春秋比事之義，並存褒貶歟？論古者當識之。(《補勤詩存》卷二十三「捧檄集」，清光緒三年橘陰軒刻光緒十年增修本)

郭崑燾

　　郭崑燾（1823～1882），字仲毅，號意城，湘陰（今屬湖南）人。道光甲辰（二十四年，1844）舉人，候補四品京堂。崑燾幼從羅忠節讀宋五子書，慷慨論世事。張惠肅招佐幕府，與左文襄共事。文襄作書札輒自署老亮，目意城新亮以諧噱。其雖迭佐大府，灰盤密謀，多所參與，而不樂仕進，晚以子慶藩官浙江，安輿西遊，終於養舍。著有《雲臥山莊詩集》八卷。見《清續文獻通考》卷二八〇、《晚晴簃詩匯》卷一四六等。

【平原道中聞歌】

　　一曲嬌音百轉哀，鷗弦嘈切暮雲開。蒼生兒女無端感，並入琵琶調裏來。（《雲臥山莊詩集》卷二，清光緒十一年郭氏岵瞻堂刻本）

【歲暮雜感（之六）】

　　盜賊乘荒歉，椎埋各自豪。合流誰置柵，渤海尚攜刀。夜雨千村暗，春風百戲高。歲朝多樂事，歌管預喧嘈。（《雲臥山莊詩集》卷五，清光緒十一年郭氏岵瞻堂刻本）

【去歲以詩壽龍樹棠六十樹棠既次韻見和頃復疊韻為余五十壽敘次余平生所以推獎之者甚至循誦喟然疊韻卻答】

　　龍君運思破天慳，虭吟苦好為苟難。傳箋壽我光爛斑，一讀一汗慚吾顏。吾心茅塞不可刪，草榮木萎身所安。偶然仗劍陪登壇，諸公袞黼躬躳桓。古井深汲無波瀾，寶玉不琢太璞完。拂衣歸釣湘江灣，重鑽故紙嘔心肝。世人多口喜嘲訕，蒙也癖嗜殊鹹酸。山中偃臥晝閉關，坐見日月如跳丸。鬢髮忽驚霜雪殘，婆娑欲戰風露寒。卅年精力嗟疲殫，常時高論真欺謾。五十無聞良足歎，老境自放成癡頑。開歲雨晴人事閒，隣里宴樂能體胖。龍鐙百戲來相環，狂歌綺語甯須刊。長城堅壁摧者艱，偏師直入吾何患。願君更示駐顏丹，歲歲唱和藏名山，世事但作浮雲看。（《雲臥山莊詩集》卷六，清光緒十一年郭氏岵瞻堂刻本）

【同眉生遊獨山】

　　我來杭州八十日，梅花候過桃亦殘。看花屢屢意未饜，欲覓勝地窮追攀。六幸翁有愛花癖，搜訪乃復知獨山。目所未接神先往，花海預擬紅霞漫。揭來招我共幽討，曉出北郭尋溪灣。瓜皮艇子泛深碧，

岸花歷亂溪流潺。鄉邨春賽雜百戲，坐對景物開心顏。小橋斜轉水清淺，維舟躡履登巑岏。天風捲地海濤怒，嶺樹蔽日雲旗翻。茫然四顧迷望眼，但見山水交廻環。松間啜茗暢談笑，疑是仙境非塵寰。獨山古寺在山麓，叩門不應僧閉關。寺前方塘廣一畝，萬木映水枝屈蟠。夭桃委地散紅雨，游魚唼花躍紫瀾。自昔美人怨遲暮，飄墮每惜知者難。咄哉兩翁眞好事，與花慰藉爲花歡。佳人窈窕伴高士，老梅千樹尤奇觀。虯枝偃蹇飽霜雪，百年幾閱滄海乾。近城咫尺名不顯，卻以寂寞天眞完。始知佳境隨地有，耳食豈免遭欺謾。吾儕好尚與時異，選勝只合披榛菅。明年花時會相訪，期君更試腰腳頑。（《雲臥山莊詩集》卷七，清光緒十一年郭氏岵瞻堂刻本）

錫縉

錫縉（1823～？），初名錫淳，字厚安，一字後諟，號淥矼，滿洲旗人。咸豐丙辰（六年，1856）進士，歷官駐藏大臣。厚安官戶部，與尚書肅順抗，遂不用，久之事白。時軍事未平，度支告匱，厚安迎機立斷，措置裕如，長官倚如左右手。以其間爲詩，詩直逼盛唐，乾嘉以來江、浙二派之習，無一字犯其筆端。於書則眞、草、篆、隸，無不精妙。文章幹濟如此，而終以疾廢。著有《退復軒集》。見《清史稿》卷四八六、《晚晴簃詩匯》卷一五五等。

【書事二首（之一）】

黑山無草木，青海有波瀾。比歲氐羌畔，斯民水火殘。葉公悲免冑，先是副將有出哨遇番虜免冠死者。優孟喜彈冠。軍門好觀劇。卻聽鐃歌奏，誰將計簿看。（《退復軒詩》卷一「古今體八十五首」，清末刻本）

【仿白香山新樂府體十首（之十）】

《演戲》：漢京角觗呈妙戲，人走索上如履地。唐有坐伎次立伎，雅樂部在立伎次。今樂未知雅不雅，參以角觗何爲者。優孟忽作山鬼號，侏儒乃似小丑跳。倒挂之鳥升木猱，楚歌未歇秦聲高。陡然起落不飛塵，盈耳洋洋響過雲。奇劇只從今日有，新腔莫使古人聞。（《退復軒詩》卷四「古今體一百十一首」，清末刻本）

余　珍

余珍（1825～1865），字子儒，號寶齋，又號坡生。貴州畢節人。彝族，本名龍灼。著有《四餘詩草》。見《四餘詩草》。

【讀桃花扇傳奇】

選舞徵歌繼後陳，燈花紅亂夾元春。到頭兒女風云散，天子無緣配美人。（《四餘詩草》，貴州民族出版社1993年版，第104頁）

林　直

林直（1827～1873），字子隅，福建侯官人。著有《壯懷堂集》。謝枚如曰：「子隅詩氣勁詞雄，不爲錚錚細響，其五七律尤佳。」見《二知軒詩續鈔》卷二、卷六、卷八、卷一○、《晚晴簃詩匯》卷一三三等。

【同少香雪樵紫嶷莘田少伯五明府廉叔舍弟冶山觀劇同雪樵作】

盜賊關河耿未收，秦川公子漫登樓。知交人海誰青眼，子弟梨園易白頭。歷歷興亡爭頃刻，匆匆成敗閱千秋。哀絲豪竹無情物，迸入寒笳一味愁。

附原作：

干戈滿眼送流年，海國笙歌尚此筵。敢笑登場皆傀儡，漫思有酒學神仙。飄零風雨雙龍劍，蕭瑟關河一馬鞭。時莘田將于役閩清。想對梅花彈別鶴，更添幽怨上冰絃。（《壯懷堂詩初稿》卷八，清咸豐六年福州刻本）

【贈歌者】

斜抱琵琶半掩羞，新鶯一串囀珠喉。爲燒麝炷薰歌扇，巧折鸞釵當酒籌。入夜眞稱香暖手，當筵肯惜錦纏頭。漫辭靧輔紅潮上，擊碎珊瑚樂未休。（《壯懷堂詩》二集卷三，清光緒三十一年羊城刻本）

【贈舞者】

短裾長袖舞翩跹，作態行經玳瑁筵。細點香鞢跳火鳳，輕梳雲鬢薄冰蟬。欲將調笑欺阿頓，便擬橫陳得小憐。粉汗未乾蘭氣重，更看結束上鞦韆。（《壯懷堂詩》二集卷三，清光緒三十一年羊城刻本）

【唱彈詞瞽姑竟有絕色者戲贈】

豈特城傾國亦傾，燈前瘦影太娉婷。眉如桂府初三月，腸斷陽關

第四聲。五夜心情偏旖旎，一枰黑白莫分明。眼中世事聊如此，且耐溫柔賴有卿。（《壯懷堂詩》二集卷三，清光緒三十一年羊城刻本）

【有贈】

咫尺蓬山事未諧，年年風雨怨天涯。含愁整遍琵琶索，一曲新聲紫玉釵。（《壯懷堂詩》二集卷四，清光緒三十一年羊城刻本）

【贈歌者李翠林】

團團明月照花顏，午夜清樽數往還。最是多情忘不得，一聲聲唱古陽關。（《壯懷堂詩》二集卷四，清光緒三十一年羊城刻本）

【同恢垣城西觀劇晚就舟中飲】

江風蕩蕩吹帆腹，飽臥蓬窗少拘束。箛鼓城西正賽神，千秋龍媼思遐躅。血食年來廟貌新，進香士女密如雲。沿沙裙屐然鐙夕，達旦笙歌落月晨。咿啞江干萬柔艣，羅綺聯群揮不去。金錢亂擲如泥沙，主客紛邀話煙雨。當前且自矜豪疎，到眼霓裳羽衣舞。匆匆人代閱興亡，落落襟懷傾臟腑。是時無酒歸亦得，李子泥余浮太白。與君異鄉同作客，豈必相逢盡相識。古今幻夢幾蕉隍，況是衣冠劇孟場。歸途早趁三更月，捉臂當筵罄此觴。（《壯懷堂詩》三集卷五「端居集二」，清光緒三十一年羊城刻本）

【中秋日風雨忽憶去年舊游再纍恢垣舊作登揆天閣韻】

驟雨忽晴晴復雨，撩人詩思滿秋天。龍祠簫鼓仍前渡，去歲中秋同恢翁龍母祠觀劇。𧍴峽波濤感逝川。今日秋風閒裏過，昨宵明月夢中圓。登樓指顧看新捷，員嶠方壺在眼前。時嗣君赴秋闈。（《壯懷堂詩》三集卷七「端居集四」，清光緒三十一年羊城刻本）

王 韜

王韜（1828～1897），初名利賓，十八歲以第一入縣學。督學使者為秦中張筱坡侍郎，稱其文有奇氣，旋易名瀚。後更名韜，字仲弢，又字子潛、紫銓，自號天南遯叟，五十後又曰弢園老民。江南長洲（今江蘇吳縣）人。其才大學博，倜儻有奇氣，詩古近體皆可誦，駢體文亦多佳制，亦擅小說，著述極富，有《春秋左氏傳集釋》六十卷、《春秋朔閏考》三卷、《春秋日食辨正》一卷、《皇清經解札記》二十四卷、《瀛壖雜志》六卷、《臺事竊憤錄》三卷、《普法戰紀》十四

卷、《四溟補乘》三十六卷、《法志》八卷、《俄志》八卷、《美志》八卷、《西事》凡十六卷、《甕牖餘談》十二卷、《火器說略》三卷、《乘桴漫記》一卷、《扶桑游記》三卷、《海陬冶遊錄》七卷、《花國劇談》二卷、《老饕贅語》十六卷、《遯窟讕言》十二卷、《淞隱漫錄》十六卷、《弢園文錄》八卷、《弢園文錄外編》十二卷、《蘅華館詩錄》八卷、《弢園尺牘》十二卷、《弢園尺牘續鈔》四卷，都二十有六種。見《弢園文錄外編》卷一一、《霞外攟屑》卷二等。

【讀曲歌二首】

（其一）願爲蝴蝶襦，勿作鴛鴦帶。襦貼郎身邊，帶繫郎腰外。

（其二）樹下見郎來，拋个青梅子。郎莫嫌梅酸，妾心亦如此。

（《蘅華館詩錄》卷一，清光緒六年弢園叢書本）

【小蘐蘭語樓明珠校書索贈新詩酒闌燈炧更盡香溫別有根觸走筆得七律五章書之金箋并寫寄天涯俾領略一段愁況也】

（其一）見便含羞別便思，多情轉悔識卿遲。已虛別浦迎桃葉，合向章臺問柳枝。擬託鳩媒通綺約，好修鴛牒寫盟詞。酒邊夢裏眞愁絕，風味年來只我知。

（其二）曲巷閒門阿那家，香塵門外走鈿車。風流心性工題葉，骯髒年華感落花。故里蕭娘成陌路，窮途王粲久天涯。青衫自有辛酸淚，忍向筵前聽琵琶。

（其三）便擬溫柔老此鄉，不愁才少恨情長。綠蒪春夢三生果，紅豆秋心九曲腸。多恐前身是明月，由來小字號珠孃。迷香洞裏今纏到，準向花叢醉幾場。

（其四）已教孤負夙生緣，晼晚春光總自憐。有約玉簫成影事，無題錦瑟悵華年。難將恨石塡深海，誰把情雲補漏天？今日看花倍惆悵，鬢絲輕颺藥爐烟。

（其五）翠袖香消殢薄寒，熏爐斜倚撥灰殘。只緣情種生愁種，肯爲新歡失舊歡？小別忍教長訣絕，此生合與永團欒。恩深義重難忘却，梅子中心本自酸。（《蘅華館詩錄》卷二，清光緒六年弢園叢書本）

【校書明珠微患慍羝戲贈一絕】

酒半留髡夜未央，羅襦偷解玉肌涼。荻蘭橋畔春風軟，那識銷魂別有香？（《蘅華館詩錄》卷二，清光緒六年弢園叢書本）

【有李氏女子自揚州來此作校書贈以二絕句】

（其一）阿儂生小住揚州，只解相思不解愁。姊妹飄零夫婿死，天風吹下粵江頭。

（其二）揚州此日等天涯，愁說揚州是妾家。怨殺春風供飄泊，李花今已作楊花。（《衡華館詩錄》卷四，清光緒六年弢園叢書本）

【席上贈小鐵校書】

鐵中錚錚有小鐵，此鐵乃是肝腸結。洪爐熾炭胡不鎔，要煉人間蕩子魄。嫣然一笑天為春，吳兒木石亦關情。琵琶彈出銷魂曲，三條絃上多秋聲。天涯我久嗟淪落，羞同白傅青衫哭。東游特地泛槎來，失意看花愁萬斛。筵前忽與小鐵逢，迷離燭下明粧紅。知我狂吟發清興，玉手為捧青芙蓉。研名。柳橋春色今已盡，小鐵容與徐娘並。鐵天地亦壞多情，何況凡軀花作命。小鐵聞言意轉悲，珠喉抑塞歌聲遲。轉向當筵催進酒，勸我斗酒吟百詩。詩成小鐵惝若失，四座無譁宵漏急。即傾江水作淚波，憂時不滿此胸鬲。酒闌燭炧飲不豪，青衫那及紅顏嬌？驪車各自東西去，寸鐵殺人空爾驕。（《衡華館詩錄》卷五，清光緒六年弢園叢書本）

【芳原新詠并序】

東京為日本新都，壯麗甲他處，而芳原尤為繁華淵藪。每當重樓向夕，燈火星繁，笙歌雷沸，二分璧月，十里珠簾，遨遊其間者，車如流水、馬若遊龍，轔轔之聲，徹旦不絕，真可謂銷金之窟也。烟花之盛、風月之美以及色藝之精巧、衣服之麗都，柳橋、新橋皆不逮也。旅居無俚，偶從密友買醉紅樓、看花曲里，覽異鄉之風景，瞻勝地之娟妍，覺海上三神山即在此間。爰即是日所見，為七絕十二章，聊付小紅，藉浮大白。敢作柳枝之新唱，或可補花月之舊聞云爾。

（其一）殿春花放我東來，入夢繁華眼倦開。不數揚州花月盛，本來此處是蓬萊。

（其二）到底風流是上京，十分裝束動人情。我來惜已春光暮，綠樹陰中聽晚鶯。

（其三）大道朱樓十里連，美人像竝列楣邊。燃犀何用煩溫嶠，請自從頭辨醜妍。芳原一帶皆妓居，紅櫻夾道，廣廈崢嶸。以西法照妓像懸屋外，俾遊客辨其妍媸，而後締好焉。

（其四）第一樓中第一人，春花作貌玉精神。紫雲幾效樊川乞，

慚愧東來眼界新。角海樓名妓曰小紫，素肌奪雪，玉貌花妍，媚眼流波，秀眉浮黛，洵不愧爲此中翹楚。

（其五）歌舞筵開選藝場，不教雲雨夢襄王。宓妃曾贈陳思枕，故在人前太曲防。日本青樓中人，分色妓、藝妓二等。色妓但薦寢而已，藝妓妙擅歌舞，侍酒侑觴，然只爲當筵之奏，而不能爲房中之樂也。

（其六）阿玉雛鬟最擅名，腰肢輕亞藝尤精。弓身貼地銜盃起，羊侃家中尚數卿。藝妓玉姬，綺年玉貌，於工歌舞之外，能反身至地，以口銜盃而起，洵藝妓中之巨擘也。其他如阿鐮、小千代、小留，雖以藝稱，而仍以色勝，皆平康里之矯矯者。

（其七）唇脂狼藉復塗金，粉盉脂盒，時藏身畔，而屢以小鏡照容，藉加塗飾，此與嶺南、灄北髮髻相似。惟胭脂之外，復以金點唇，則不同。雲鬟花枝不上簪。最是舞裙斜露處，雙趺如雪似觀音。多赤足不襪，六寸膚圓，雪光緻緻。

（其八）當筵音調聽咿啞，推手琵來抑手琶。樂器看來渾不似，不煩玉指仗紅牙。歌妓多攜三絃琴，其有十三絃者，不恒見也。悉以牙片撥絃成聲，不煩十指。

（其九）幫閒亦慣習箏絃，男子之習曲藝者，曰「幫閒」。五十樓中領袖偏。新舊嬌娃都識遍，煙花隊裏小神仙。

（其十）舞盤舞傘疾如飛，熟勝宜僚技亦稀。富本半平善於股技，以雙足承物盤旋，勝於宜僚之弄丸。最喜雄聲出雌口，流鶯百囀聽來非。玉姬能轉喉作男子聲，甚雄偉。

（其十一）向來東北限鴻溝，此日飛軒任爾遊。十萬名花齊待汝，人生何再覓封侯。昔芳原東北地設門爲限，止遊客可入，今已闢爲通衢。一至夜間，色妓皆靚粧炫服，列坐門前屋中，令遊客見，而悅意者即留宿焉。

（其十二）如此繁華洵足誇，教工歌舞屬誰家？黃金安得高於屋，買盡東京十萬花。（《衞華館詩錄》卷五，清光緒六年發園叢書本）

【阿傳曲有序】阿傳，日本農家女子也。生於上野州和根郡下坂村，貌美而性蕩，笄年偷嫁所歡浪之助，非父母命也。後浪之助得惡疾，阿傳恥之，共避去。浴於草津溫泉，以此泉能治癩也。鄉人聞而憐之來，勸之歸，阿傳不從。適絹商某旅途宿此，見阿傳事夫甚謹，異之。其妾閒時就阿傳語，始知爲同族姊妹行，因勸夫邀阿傳共往橫濱，延美國良醫平文治之。座有橫濱船匠員弁吉藏者，

願任其事，延阿傳夫婦於家。而又有魚貫清五郎者，俠客也，憐阿傳夫婦，時濟其窮。顧浪之助病卒不瘳，仍就浴於溫泉。途中遇盜失金，哭訴於逆旅。主人絹商某，適寓其家，時方讌客，婢以事聞絹商，憫其貧，探囊贈以資斧。及來謝，乃知即阿傳，遂與繾綣。旋阿傳從絹商於家，商妻畀以金絕之。未幾，浪之助死，或傳其死爲吉藏所毒，然事終不明。夫死一周，阿傳歸省父，縷訴往事艱辛狀。阿傳父母慮女前行，令妹貽書規之。阿傳置弗省，邂逅市太郎，即作文君之奔。其他穢行不悉數。最後寓東京淺草天王橋畔旅舍，曰丸竹亭，室宇精潔，花木蕭疏。吉藏素識阿傳，因呼侑觴，并留宿，而不給以金。阿傳憾焉，乘其醉寐，手刃之，託爲報姊仇。被逮至法廷，猶爭辯不屈，幾成疑案。經三年而後決，今年正月中事也。時演於新富劇塲，以寓勸懲。余特作《阿傳曲》，紀其事。

　　野鴛鴦死紅血迸，花月容顏虺蝪性。短緣究竟是孽緣，同命今翻爲併命。陰房鬼火照獨眠，霜鋒三尺試寒泉。令嚴終見爰書麗，閭里至今說阿傳。阿傳本自農家女，絕代容華心自許。爭描眉黛鬥遙山，梨花閉戶春無主。笄年偷嫁到汝南，羨殺檀奴風月諳。花魂入牖良宵短，日影侵簾香夢酣。歡樂無端生哭泣，溫柔鄉裏風流刼。一病纏綿不下牀，避人非是甘岑寂。溫泉試浴冀回春，旅途姊妹情相親。一帆又指橫濱道，願奉黃金助玉人。世少盧扁眞妙手，到底空床難獨守。狐綏鴇合只尋常，鰈誓鶼盟無不有。伯勞飛燕不成群，亢儷原知中道分。手調鴆湯作靈藥，姑傳疑案付傳聞。一載孤栖歸省父，骨肉情深盡傾吐。阿妹貽書伴弗省，眞成跋扈胭脂虎。市太郎經邂逅初，目成已見載同車。貌艷芙蓉嬌卓女，才輸芍藥渴相如。自此倚門彈別調，每博千金買一笑。東京自古號繁華，五陵裘馬多年少。旅館凄凉遇舊歡，燄搖銀燭夜初殘。詎知恩極反生怨，帳底瞥擲刀光寒。含寃地下不能雪，假手雲鬟憑寸鐵。世間孽報豈無因，我觀此事三擊節。阿傳始末何足論，用寓懲勸箴閨門。我爲吟成《阿傳曲》，付與鞠部紅牙翻。

（《衡華館詩錄》卷五，清光緒六年弢園叢書本）

【席上贈角松校書】角松校書，艷絕人寰，眾美畢具，風流秀曼，殆無其儔，固新橋巨擘也。余始見之於濱乃家臨水亭子上，即不能忘。余青衫老矣，落拓天涯，苦無知己。今之愛角松者，譬諸天生一種名花，不得不愛護珍惜之也。此意甚公，見者幸勿以私心測度也。

　　（其一）姊妹花開竝擅名，風流才調果傾城。秋波無限銷魂處，

媚眼天生百種情。

（其二）雪作肌膚玉作容，艷名早已噪京東。新橋春色惟卿擅，萬綠叢中一點紅。用句。（《衡華館詩錄》卷五，清光緒六年弢園叢書本）

【贈小菊】

婀娜風情窈窕姿，玉環態度燕腰肢。菊花鬥艷秋風裏，正是王郎歸去時。（《衡華館詩錄》卷五，清光緒六年弢園叢書本）

【贈小今】

綽約風流迴出塵，玳簪斜插鬢雲新。樊川已老秋孃少，要結今生未了因。（《衡華館詩錄》卷五，清光緒六年弢園叢書本）

【招角松校書不至再疊前韻】

笑共飛觴數酒籌，晚涼亭畔似初秋。神光忽被巫雲阻，艷影曾隨壁月流。前度曾偕角松小立池畔。團扇悲涼新詠在，仙裙縹緲別家留。算來不是蓬山遠，慚愧王郎到此洲。（《衡華館詩錄》卷五，清光緒六年弢園叢書本）

【鹿門所招歌妓未來戲呈一律】

一泓碧水漾漣漪，消夏亭中此最宜。未見紅裙捧觴立，却教玉手捲簾遲。跳魚撥刺時聞響，涼鷺迷離正浴池。醉倒王郎歸去晚，蘋風荷露夜深時。（《衡華館詩錄》卷五，清光緒六年弢園叢書本）

【題補春天傳奇】春濤先生，今代詩人也。令子槐南，承其家學，又復長於填詞，最工度曲。年僅十七齡，而吐藻采於毫端，驚泉流於腕底，詞壇飛將，復見斯人。今夏同人小集不忍池邊長酡亭上，先生出示其令子所作《補春天》傳奇，情詞綺旎，丰致纏綿，雅韻初流，愁心欲絕，不禁有感於懷，爰題六絕句於上，以誌鴻爪。

（其一）千古傷心是小青，拆將情字比娉婷。西泠松柏知誰墓？風雨黃昏獨自經。

（其二）秋墳鬼唱總魂銷，誰與芳魂伴寂寥。絕代佳人為情死，一般無酒向春澆。

（其三）一去春光不復還，補天容易補情難。嬋娟在世同遭妒，寂寞梨花泣玉顏。

（其四）好事風流有碧城，同修芳塚慰卿卿。知音隔世猶同感，地下人間聞哭聲。

（其五）譜出新詞獨擅場，居然才調勝周郎。平生顧曲應君讓，付與紅牙唱夕陽。

（其六）刻翠裁紅渺隔生，怕聽花外囀春鶯。當年我亦情癡者，迸入哀絃似不平。（《衡華館詩錄》卷五，清光緒六年弢園叢書本）

張景祁

張景祁（1828～？），字蘩甫，錢塘（今浙江杭州）人。同治甲戌（十三年，1874）進士，官連江知縣。著有《孳雅堂詩集》十一卷、《駢文》四卷、《新衡詞》六卷、《外集》一卷等。見《（民國）杭州府志》卷九四、卷九五、《晚晴簃詩匯》卷一六六等。

【摸魚子‧家仲甫丈宴黃韻甫大令於湖上即席賦贈竝送歸海鹽】 韻甫驚才絕艷，所著《帝女花》、《鴛鴦鏡》、《桃谿雪》各種傳奇，盛行於時。曾在皖中李藹如方伯幕府，擘箋賭句，翦燭傳歌，殆無虛日。今方伯溘逝，時變日亟，大江南北，滿目烽塵，殊有蕭瑟江關之慨矣。

放輕橈、曉峯橫黛，晴波搖曳煙柳。南湖未抵西湖好，況是采蓴時候。杯在手。歎曲譜輪袍，空把才名繡。萍游倦否？慣京國垂鞭，滄江洗硯，詞恨老黃九。　　山陽路。戎幕悲涼感舊。高歌頻擊銅斗。雜花滿樹群鶯亂，歸夢已濃於酒。春漸瘦。料送得、春歸早是人歸後。離亭話久。問夜火沙河，殘陽漁市，此去幾回首？（《新衡詞》卷一，清光緒九年百億梅花仙館刻本）

施補華

施補華（1836～1890），原名份，字均父，烏程（今浙江吳興）人。同治庚午（九年，1870）舉人，官山東道員。補華起自孤露，刻苦就學，通敏識時務。佐左文襄等公幕，多所毗贊。詩閎偉沉摯，有句云：「好憶高堂淚，臨行滴汝衣。黃金富天下，難買是春暉。」又云：「客行無遠近，門外即天涯。」皆自至性流出。著有《峴傭說詩》二卷、《澤雅堂古文》八卷、《古今體詩初集》八卷、《二集》八卷。見《兩浙輶軒續錄》卷四八、《晚晴簃詩匯》卷一六四等。

【清風店】

　　黝黯忽已朗，微微沙路斜。樹聲風落棗，水暈雨跳蛙。村小猶成市，泥深漸沒車。客愁彈不散，渾欲怨琵琶。_{地有女妓嬲歌者。}（《澤雅堂詩二集》卷一，清光緒十六年兩研齋刻本）

張之洞

　　張之洞（1837～1909），字孝達，號香濤，直隸南皮（今河北寧津）人。晚自號抱冰。督兩廣時，創廣雅書院、廣雅書局，故人稱廣雅。少有大略，務博覽為詞章，記誦絕人。年十六，舉鄉試第一。同治二年（1863）成進士，廷對策不循常式，用一甲三名授編修。六年，充浙江鄉試副考官，旋督湖北學政。十二年典試四川，就授學政，所取士多雋才，遊其門者，皆私自喜得為學塗徑。歷任山西巡撫、兩廣總督、湖廣總督、軍機大臣等職。諡文襄。著有《張文襄公全集》。見《清史稿》卷四三七、《石遺室文集》卷一等。

【康對山故里】

　　太邱弔張讓，貶節但自保。康齋謁石亨，感恩遂顛倒。賢哉康殿撰，行權乃合道。孰能救空同，大德不恤小。中情荃不察，黨廢甘枯槁。樂府琵琶哀，鶯花沜東好。肝膽照千春，蒙污自皎皎。蟲室發孤憤，感歎交遊少。世事如翻雲，鄠杜多秋草。（《張文襄公古文書札駢文詩集》詩集一，民國十七年刻張文襄公全集本）

【讀史四首（之一）】

　　《李龜年》：散序霓裳出月宮，重逢岐薛按秋風。漢宮不獨威儀在，猶有梨園舊樂工。（《張文襄公古文書札駢文詩集》詩集四，民國十七年刻張文襄公全集本）

陳作霖

　　陳作霖（1837～1920），字雨生，號伯雨，晚號可園，江寧（今江蘇南京）人。光緒乙亥（元年，1875）舉人，就職教諭。可園研精經史，留心鄉邦文物，著述甚夥。江寧文學自汪悔翁後允推碩果。性好山水，淡於榮利。晚歲失明，猶口授兒子輩，吟哦不輟。其孤懷高志，往往見於篇章。感事憂時，清而不激，出入於杜、韓、白、陸而不襲其貌。晚年喜學山谷，不流褊仄。著有《可園詩存》二十八卷、《可園詞存》四卷、《可園文存》十六卷等。見《晚晴簃詩匯》卷一七○。

【明初金陵小樂府十二首】

（其一）淮甸起眞人，符籙膺天命。王師採石來，指麾下集慶。
《王師來》。

（其二）大計賴贊襄，屢幸先生宅。參謀不受官，品高誠意伯。
《聘靜誠》。

（其三）干戈猶未定，禮賢館已開。帝王知重士，乃有眞儒來。
《禮賢館》。

（其四）儒臣資輔導，位界監撫尊。悔令都耦國，飛燕啄皇孫。
《大本堂》。

（其五）天子好微行，小犬吠花影。譜入青邱詩，殺機生秘省。
《青邱子》。

（其六）高樓臨衢市，風月有主持。太常掌禮樂，乃轄教坊司。
《十四樓》。

（其七）靖難雄兵來，飛渡長江水。誰開金川門，九江紈袴子。
《金川門》。

（其八）帝座犯客星，同里皆遭戮。不比方先生，誅止及十族。
《瓜蔓抄》。

（其九）夫人化碧後，此石留眞形。尼菴不敢奪，佛火光廻青。
《血影石》。

（其十）長干建高塔，金碧燦光輝。前殿閉不啓，僉云祀碩妃。
《報恩塔》。

（其十一）南洋島夷長，冠帶慕華風。朝天不復返，誰識鄭和功。
《淳泥墓》。

（其十二）落日獨龍岡，秋草人縱牧。長生懸金牌，孝陵誰逐鹿。
《長生鹿》。（《可園詩存》卷一「爐餘草」，清宣統元年刻增修本）

【明季金陵小樂府十二首】

（其一）史公志社稷，臨議何徘徊。化龍有福邸，四鎮挾之來。
《迎福藩》。

（其二）東林有替人，清議在復社。義子那能容，顧生眞健者。
《防亂帖》。

（其三）飛燕銜箋來，奄兒詞不俗。天子眞無愁，把盞聽新曲。

《燕子箋》。

（其四）春燈猜雅謎，十錯恍先知。已錯不復悔，江山送纖兒。
《十錯誤》。

（其五）叵耐王之明，中外駭相矚。惜少雋不疑，引經斷斯獄。
《太子獄》。

（其六）侯生去不回，奄奄遂臥病。宮扇桃花紅，藉寫妾薄命。
《桃花扇》。

（其七）善寫十眉圖，樓高雲可接。風流龔尚書，打槳迎桃葉。
《顧橫波》。

（其八）丹青寄閒情，權奸才亦富。點畫後人加，名漫辱閨秀。
《馬士英》。

（其九）警報馳九江，西防誰足恃。扼要板子磯，鎮移黃闖子。
《左兵來》。

（其十）國家經撞壞，人不食其餘。高門生莠草，誰重宰相居。
《雞鵝巷》。

（其十一）馳道闕門前，孤臣敢安坐。墜車非畏誅，名義千秋大。《大忠橋》。

（其十二）灌園夫婦老，觸目黍禾愁。種瓜青門外，羞說東陵侯。《開平菜》。（《可園詩存》卷一「爐餘草」，清宣統元年刻增修本）

編者案：《詩詞卷·初編》已收陳作霖，此係增補。

朱益濬

朱益濬（？～1920），字萸卿，蓮花廳（今江西蓮花）人，光緒進士。曾任湖南清泉縣知縣、湖南提法使、湖南巡撫等職。見《（光緒）江西通志》卷三六、《（光緒）湖南通志》卷一二三等。

【和檜門先生觀劇絕句三十首】

（其一）《加官》：今朝良會競稱觴，漫道官場如戲場。就令天恩齊拜賜，諸公何以報君王？

（其二）《八仙》：洞賓每醉岳陽酒，湘子曾驂秦嶺煙。咫尺相逢不相識，翻從海上覓羣仙。

（其三）《虞姬》：忽報韓彭壁壘新，虞兮一喚一傷神。項王信是

多情種，不念三軍念美人。

（其四）《蘇子卿》：萬里冰天老此身，夢魂時繞上林春。節旄落盡終歸漢，衛李何顏送故人。

（其五）《明妃》：如雲如雨空復多，無人衛得漢山河。君王自選妾顏色，莫怪毛生畫筆譌。

（其六）《李太白》：有詔傳呼李謫仙，金龜換酒醉朝天。宮嬪呵就生花筆，一掃南蠻萬里煙。

（其七）《馬嵬驛》：仙山歸去亦君恩，芳草至今餘淚痕。若令上陽歌白髮，後人何處吊香魂。

（其八）《南內》：宮花無復御袍黃，白髮尚書天寶妝。楊柳不知春色莫，風前猶似舞霓裳。

（其九）《白羅衫》：快絕秦廷誅假父，幸哉張祿認天親。羅衫血淚都成錦，始信蒼蒼不負人。

（其十）《周倉》：將軍名著魯貞碑，當日陳書倘見遺。凜凜寶刀有生氣，千秋猶護故侯祠。

（其十一）《尋親記》：壽昌身世幾艱難，棄職尋親淚不乾。天意一般憐孝子，古今明月照圍團。

（其十二）《范蠡》：今日隨君返浙東，昔年獻妾入吳宮。吳山浙水自興發，少伯西施相始終。

（其十三）《黨太尉賞雪》：學士莫須笑黨姬，紅裙白雪劇多姿。郵亭唱到風光好，何異銷金帳裏時。

（其十四）《聽琴》：一曲求凰奏未終，春風已自逗簾櫳。七弦儻有同心結，何用殷勤侍者通。

（其十五）《岳忠武》：岳爺忠義滿乾坤，千古豈惟三字冤。今日誰籌和守戰，莫留鐵象在祠門。

（其十六）《玉簪記》：雲屏霧帳影冥冥，中有仙靈講道經。何事潘郎獨憔悴，芳卿傳語太丁寧。

（其十七）《掃松》：千尋連理孝通天，白兔營營出墓前。稗史緣何淆黑白，欲教王四早歸田。

（其十八）《寫本》：星斗昭彰河漢明，黃天列祖鑒精誠。五奸十惡數難盡，留待他年藍道行。

（其十九）《趙文華》：翩翩文采會逢時，何苦權門乞視師。不似仇鸞遭反噬，慈溪猶算是佳兒。

（其二十）《嚴嵩》：平生寵倖仗青詞，票擬無人漸不支。惡絕東樓眞莫測，結援海國欲何爲。

（其二十一）《獅吼記》：何不尋花返洛陽，黃州乃爲畫眉忙。秋來赤壁同攜酒，懸料客中無季常。

（其二十二）《別頭巾》：少壯儒冠誤乃翁，烏紗白髮笑春風。龍頭從此簪花去，何患當年隆準公。

（其二十三）《演官》：沐猴底事笑難禁，畢竟峩冠世所欽。倘見告身供一醉，誰甘虛牝擲黃金。

（其二十四）《周遇吉》：兩番殺賊勇如神，萬箭攢胸不顧身。宣府居庸盡豚犬，頭顱合寄劉夫人。

（其二十五）《刺虎》：誰題三尺報君親，嬝嬝青霞舊侍嬪。安得景陽鐘歇後，滿朝化作女兒身。

（其二十六）《柳敬亭》：柳生故是滑稽流，所惜胸中少壑邱。話到天崇爭屬耳，梅村掩泣阮亭羞。

（其二十七）《目連母》：四恩欲報待何年，爭向盂蘭懺夙愆。直到黃泉方見母，何如幾諫在生前。

（其二十八）《鍾馗》：終南何處得科名，嫁女居然眷屬情。安得藍袍封鬼國，委蛇罔象一時平。

（其二十九）《邯鄲夢》：春夢一場不自知，老僧無計療貪癡。紛紛牛李相傾軋，請看邯鄲乍醒時。

（其三十）《達摩》：九年面壁具神通，一葦度人塵海中。西法何嘗有文字，紛紛裨販總虛空。（《觀劇絕句》中卷，葉德輝輯：《觀劇絕句》，《叢書集成續編》本）

錢 瑗

錢瑗，生卒年不詳。宛平（今屬北京）人。諸生錢筱南符祚女。見《國朝詞綜續編》卷二四。

【長亭怨慢·題帝女花院本】

問何事、興亡重譜。爲惜瓊花，慘遭風雨。幾點殘山，倩誰來

畫、舊眉嫵。杜鵑嗁苦，家國恨、從頭數。缺陷總難償，合付與、傷心人補。　　三五。算華年草草，併向亂離中度。恩恩去也，夢不到、舊時宮樹。倩絮影、替寫愁痕。又生怕、斜陽無主。衹一縷情絲，還被犀簾鉤住。（清・黃燮清輯：《國朝詞綜續編》卷二十四，清同治十二年刻本）

【百字令・題桃谿雪院本】

餘生有幾，最難得、挨到收梢時節。妨命衹緣才太艷，倒受千般磨劫。錦字緘情，綠華寫恨，用本事。淚點成紅雪。至今谿畔，但聞流水嗚咽。　　遙見狂虜氛中，桃花一騎，絕代傾城色。直算望夫山下殞，梔子同心先結。用本事。兵氣飛揚，愁雲慘淡，魂冷天邊月。我來題曲，凍痕冰指如鐵。（清・黃燮清輯：《國朝詞綜續編》卷二十四，清同治十二年刻本）

寶　廷

寶廷（1840～1891），字竹坡，號偶齋，清宗室，鑲藍旗人。同治戊辰（七年，1868）進士。喜吟詠，好山澤遊。家故貧，而交接寒畯，隨手資助，無少吝。立朝直言極諫，奏疏傳誦於四方，官禮部侍郎。著有《偶齋詩草》。見《清秘述聞續》卷七、《天咫偶聞》卷五、《道咸同光四朝詩史》甲集卷四等。

【元旦偶成示王公玉阿藝圃（之五）】

故人瑯琊王，過我同守歲。中書閒無事，元旦惠然至。公玉無家，來度歲。藝圃官中書。醉來共尋樂，復攜兒女輩。梨園重秦聲，竟日聽歌吹。技擊爭踴躍，無敵冠同類。苟非訓練精，安能獨拔萃。乃歎作優俳，習武亦非易。（《偶齋詩草》內集卷五「養拙集、飯眠集、癡聾集」，清光緒二十一年方家澍刻本）

【元旦偶書（之四）】

早飯出門去，詣兄賀新年。我兄睡方起，相見同開顏。邀兄往觀劇，辭言身畏寒。豈眞躭歌舞，難得同身閒。震甫兄自去年乞病。既無可憂事，及時聊求懽。明年縱同健，事或有變遷。小人無遠慮，行樂但目前。（《偶齋詩草》內集卷六「抱孫集、北山集、妙峯游草、漸知非集」，清光緒二十一年方家澍刻本）

【冬日襍詩（之四）】

少年喜歌舞，朝夕恣遊戲。京華名優多，聲容盡拔萃。悠悠廿餘年，迴首事一異。興來時一觀，梨園亦陵替。陽春罕再聞，淫哇詡鄭衛。技擊增新奇，差此強人意。消乏嗟人材，盛軌遠難繼。《偶齋詩草》內次集卷七「飯眠集、霜樹集、癡聾集、霧看集」，清光緒二十一年方家澍刻本）

【初度】

生日不宴會，古人心弗忍。老近聊復爾，求樂藉自遣。故交二三來，相對杯強引。無聊挈童稚，梨園聽絃管。歸來再開樽，客少筵易散。醉起仰天立，雲重明月隱。銀潢春水生，冰輪轉須穩。《偶齋詩草》內次集卷七「飯眠集、霜樹集、癡聾集、霧看集」，清光緒二十一年方家澍刻本）

林鶴年

林鶴年（1846～1901），字氅雲，一字鐵林，安溪（今屬福建）人。光緒壬午（八年，1882）舉人，官工部郎中。保道員，加按察使銜。氅雲少有大志，喜談兵，時人比之杜樊川、陳同甫。中年渡臺，與林時甫京卿同禦海氛，毀家紓難。座主寶竹坡侍郎，稱其場作五策通達時務，可見實行。侍郎罷官，貧甚，歲以巨資贍其家。故交寒士，時周其乏，千金無所吝。詩雄深沉鬱，兼有清麗之辭，是從玉谿得力而不模仿宋體，於閩派中自成一格者也。著有《福雅堂詩集》。見《晚晴簃詩匯》卷一七四。

【漳平寓李雁亭都戎水閣蒙以家蓄梨園佐觴賦詩答謝】

簫鼓元龍百尺樓，英雄裙屐兩千秋。驃騕民頌丁都護，款段吾從馬少遊。知有才人來日下，周竹山孝廉偕行。斷無儒將不風流。陌頭楊柳添新綠，夫婿何須悔覓侯！《福雅堂詩鈔》卷一「華年集」，民國五年刻本）

【贈女伶鄭襟友】

（其一）小菱轄窄鬢橫貂，楊柳樓頭醉舞腰。一樣木蘭兒女俠，歌場裝點總魂銷。襟友善串女俠諸劇。

（其二）酒罷箏停雨夜寒，玉蘭西畔碧闌干。鏡慁花影春燈寂，一卷宮詞兩校看。

（其三）花開姊妹事如何？願託通辭水不波。生世浮家太飄泊，

酒邊情緒負卿多。

（其四）將離乍合合還離，巧試郎心郎未知。淡後轉思濃更好，落花蝴蝶過牆時。

（其五）贈我崔徽舊畫圖，江湖風雨太模糊。讀書燈畔焚香供，聊當彭郎嫁小姑。

（其六）小別三年鬢有絲，那堪還問再來時！袖中零落秋風扇，知有深情寄阿誰？（《福雅堂詩鈔》卷二「珠謳集」，民國五年刻本）

【珠海大觀園觀劇漫賦】

（其一）紅棉十里鷓鴣風，如畫江城細雨濛。錦纜牙檣盛絃管，數聲檀板出簾東。

（其二）百扇琉璃九曲屏，團圞笑語隔花聽。牡丹樓閣酴醾架，箏未停催酒未醒。

（其三）歌吹南濠問水濱，壺中花木鏡中春。素馨斜畔如珪月，曾照昌華院裏人。

（其四）聽雨聽風百尺樓，海天霞唱摸魚謳。蓬萊清淺桃花笑，王母西來宴十洲。

（其五）江南簫鼓十番新，小隊雛鬟雜笑聲。東海雲璈親按拍，袖中誰復記揚塵？

（其六）前身明月後身花，香國修成萼綠華。遊戲人間仙眷屬，銀河風靜泊星槎。（《福雅堂詩鈔》卷二「珠謳集」，民國五年刻本）

【夜集潘園水榭贈海山主人（之四）】

解醉煙花放幾回，釵環聲動水雲開。十番女部新榮樂，菊部名。隔著星河上露臺。（《福雅堂詩鈔》卷五「煙滸集」，民國五年刻本）

【紅玉詞為邱伯貞男爵索贈】

紅拂早知河北帥，玉簫重遇劍南軍。英雄兒女千秋事，珍重詩題白練裙。（《福雅堂詩鈔》卷五「煙滸集」，民國五年刻本）

【除夕祀神曲】

（其一）荼花紅雪豆花青，簫鼓鞭春喜雨亭。休笑隨班迎太歲，十年前讀相牛經。

（其二）水田衣短舞婆娑，野廟神巫血食多。我亦豚蹄上蒼祝，萬家豐樂四時和。

（其三）和合山田樟柳仙，迎門利市福如天。果然賜得天官福，多買肥牛學種田。

（其四）太平租稅舊農家，郎賽茶神妾賽花。花價縱同茶價好，也應留地種桑麻。

（其五）一錢不值紙財神，枉化人間億萬身。自笑多烘無媚骨，相逢對面不相親。

（其六）紙馬紛飛竈疏黃，家家司命醉清觴。人間薪水尋常事，動輒煩君亦太忙。

（其七）家有先芬舊諫書，祗留青白薦香蔬。如今橫海徵兵急，慚抱遺經守敝廬。

（其八）送神歌罷又迎神，太古衣冠禮數真。相聚田頭話神貺，桃源雞犬一家春。（《福雅堂詩鈔》卷六「水僊集」，民國五年刻本）

樊增祥

樊增祥（1846～1931），字雲門，一字樊山，晚號天琴，湖北恩施人。生而岐嶷，弱不好弄，未授讀，已辨四聲。十一歲能詩，十三歲通經義，稱奇童。自為博士弟子，即代人司箋記。南皮張文襄典試宜昌，見文大奇，目以國士，招致賓座。歷主潛江、江陵講席。同治丁卯（六年，1867）舉鄉試，光緒丁丑（三年，1877）成進士，入翰林。累官陝西布政使，江寧布政使、護理兩江總督。樊山年少俶儻，才思橫溢，善博辯，精藻鑒，並時宗室盛昱、寶廷負文名者，爭與訂交，譽日鵲起。著有《樊山集》二十八卷、《樊山續集》二十八卷等。見《國朝詞綜續編》卷二一、《國朝詞綜補》卷五八、《道咸同光四朝詩史》甲集卷五、《民國人物碑傳集》等。

【春夜署齋觀齣】

粉墨居然象宰官，清歌濃醑破春寒。中開紗帽新花赤，十隊蠻鬟小契丹。綵仗臨風催急鼓，錦燈如月照雕欄。家人初聽伊涼曲，隔著珠簾到曉看。（《樊山集》卷十，清光緒十九年渭南縣署刻本）

【春暮至近郊勸農三首（之三）】

不獨官清吏也清，好詞曾記《牡丹亭》。使君出郭尋常事，莫遣騎

牛赴縣庭。（《樊山集》卷十，清光緒十九年渭南縣署刻本）

【贈蘭卿為子珍六兄屬賦】

玉勒驕驄柳外停，簾前鸚鵡喚紅丁。花如人面依然姣，山傍妝樓分外青。打槳正當桃葉渡，彈詞偏愛《牡丹亭》。多生緣業誰能懺？替寫《蓮華》十部經。子珍每日寫經一頁。（《樊山集》卷二十，清光緒十九年渭南縣署刻本）

【戲贈小兒女】

紫蘭堂下日遲遲，竹馬泥龍得意時。雜齣愛聽元院本，短章能背宋宮詞。裁紗泥母囊螢火，梯樹呼僮取雀兒。面具裝成眞將相，牙牌砌作小臺池。書中自夾乾蝴蝶，飯後爭嘗蜜荔枝。翦綵爲花黏戶牖，畫灰成字滿玻璃。偶逢佳果和筐買，每著新衣映鏡窺。看取封胡隨道韞，等閒同和謝公詩。（《樊山續集》卷六「晚晴軒集」，清光緒二十八年西安臬署刻本）

【暑夜東園觀齣】

午夜芳園溽暑收，新翻揭調唱伊州。當頭翠鳳排雲出，滿眼紅綃秉燭遊。楊柳風多迴舞袖，蓮花漏短換歌頭。青衫司馬渾無淚，不是潯陽送客秋。（《樊山續集》卷六「晚晴軒集」，清光緒二十八年西安臬署刻本）

【癸卯同鄉團拜張樂設飲梅老首點借雲一齣寓惜別之意致可感也賦此奉別】

舊曲梨園說借雲，部頭進點示殷勤。關中暫得陪楊尉，河內猶思乞寇君。南部煙花休著錄，東山絲竹感離羣。公爲當世胡安定，知否西湖待主文。（《樊山續集》卷十八「鰈舫集」，清光緒二十八年西安臬署刻本）

【戲和宋人李元膺十憶詩併序】

宋王全玉作《十憶詩》，李元膺和之。今王詩不可見。元膺所作，率多平直，如《憶行》云：「裙邊遮定雙駕小，只有金蓮步步香」，《憶飲》云：「從教弄酒春衫涴，別有風流上眼波」，《憶顰》云：「千愁萬恨關心曲，卻使眉尖學別離」，皆順題平寫，無屈曲要眇之致。至《憶歌》云：「也知唱到關情處，緩拍餘聲眼色招」，《憶妝》云：「眉間要點雙心事，不管蕭郎只畫眉」，則更是拙筆矣。僕性耽綺語，虛空樓閣，彈指花嚴，而密喻閨情，曲傳瑤想，性靈含吐，往往移人。今此十題，凡經四和，若以爲《國風》好色，則官身本滯《周南》；若以爲香草牽情，則舊宅常依宋玉。然而茶煙繩

榻，依然本分禪和；花雨瑤房，甘作盧聲處士。菁燭照酬形之影，雪屏匙侍櫛
之人。凡茲繪影繪聲，比於妄言妄聽而已。

《憶歌》：解唱蕭郎自作詞，教人緩按玉參差。詞中與妾相關處，
減字偷聲出口遲。（《樊山續集》卷二十六「十憶集」，清光緒二十八年西安臬
署刻本）

【前題再和】

《憶歌》：頓挫瀏灕字字清，間關花底囀流鶯。自從一折河橋柳，
廢盡陽關第四聲。（《樊山續集》卷二十六「十憶集」，清光緒二十八年西安臬
署刻本）

【前題三和】

《憶歌》：學得新聲絳樹雙，曼音遙在竹西窗。梨園弟子無人會，
別有花間自度腔。（《樊山續集》卷二十六「十憶集」，清光緒二十八年西安臬
署刻本）

【前題四和】

《憶歌》：《東溪樂府》舊知名，詞得珠喉井水清。宜稱女郎十八
九，曉風殘月唱耆卿。（《樊山續集》卷二十六「十憶集」，清光緒二十八年西
安臬署刻本）

【再和李元膺十憶詩併序】 余學詩自香匳入，《染香》一集，流播人間，什九
寓言，比於漆吏。良以僻耽佳句，動觸閒情，不希廡下之豚，自吐懷中之鳳。
少工側豔，老尚童心，往往譔敘麗情，微之、義山，勉焉可至。若《疑雨集》、
《香草箋》，則自謂過之矣。昨和宋人《十憶詩》，以原作思窘而語平、意單而
詞複，展為四十首，以存宮閨真面。而靈犀觸撥，綺語蟬嫣，更取十題，各為
六解，併前所作，恰得百篇。曹唐遊仙、王建宮詞，皆其類也。錄示知己，亦
以自娛。

《憶歌》：（其一）不是傷心為小青，好詞貪唱《牡丹亭》。大家妝
閣無愁思，夜雨燈前最可聽。

（其二）□□水詞換歌頭，閒拍闌干倚畫樓。一片孤城一彎月，《伊
州》唱了又《湖州》。

（其三）花底聞鶯喚奈何，萬金一曲採菱歌。紅箋八字從郎看，
多分金星入命多。

（其四）讀書常恨不冠巾，掃黛羞爲越女嚬。粉墨登場何所願，袍靴願現宰官身。

（其五）楊柳樓心一笛風，歌珠圓轉玉玲瓏。欲教妍唱聞千里，應策留聲鈿匣功。

（其六）慧性全工肉竹絲，晚涼閒唱女彈詞。若逢女學堂中女，不鼓洋琴不入時。（《樊山續集》卷二十六「十憶集」，清光緒二十八年西安臬署刻本）

編者案：《詩詞卷・初編》已收樊增祥，此係增補。

葉昌熾

葉昌熾（1849～1917），字頌魯，一字緣裻，號鞠裳，長洲（今江蘇吳縣）人。光緒己丑（十五年，1889）進士，改庶吉士，授編修。壬寅（二十八年，1902），出任甘肅學政，升授翰林院侍講。其搜錄古今藏書家作雜詠三百首，人係以傳，異聞佚事，箋羅極富。又聚集陀羅尼經幢搨本千通，自署幢主。著有《藏書紀事詩》六卷、《語石》十卷、《邠州大佛寺題刻考》二卷等。見《清史稿》卷四八六、《晚晴簃詩匯》卷一七六等。

【拳民（之一）】

蠻觸居然習戰爭，蒼頭突起一軍驚。諸子繡□三軍笑，□鼎扛車百戲呈。揚盾有同方相氏，跳刀本以拍張名。牟馳岡下兵將到，火速繙符召郭京。（《奇觚廎詩集》前集，民國十五年刻本）

皮錫瑞

皮錫瑞（1850～1908），字鹿門，湖南善化（今湖南長沙）人。光緒壬午（八年，1882）舉人。工詩及駢文，治經出入於古今文之間，頗與湘綺（王闓運）相類，而篤信公羊改制之說，又箋王制，翼張魯學，實開近代蜀派之先聲。亦頗考郡國利病，有經世之志。著述頗富，主要有《今文尚書考證》三十卷、《古文尚書冤詞平議》二卷、《尚書大傳疏證》一卷、《尚書古文疏證辨證》一卷、《尚書中候疏證》一卷、《鄭注疏證》八卷、《聖證論補評》二卷、《六藝論疏證》一卷、《經學通論》五卷、《經學歷史》一卷等，見《清續文獻通考》卷二五七、卷二五九、《碑傳集補》卷四一等。

【和檜門先生觀劇絕句三十首】

（其一）《加官》：無災無難到三公，朱爵高遷頌禱工。若問廬山眞面目，點頭都在不言中。

（其二）《八仙》：丹顏不老是眞仙，曹舅青巾亦少年。王母曪然今白首，瑤池桃熟歲三千。

（其三）《虞姬》：兒女情長霸氣摧，芳魂定不渡江來。祇今虞美人花發，羞向桃花廟裏開。<small>桃花夫人即息嬀。</small>

（其四）《蘇子卿》：北海看羊歲月多，上林射雁竟如何。大名留殿麒麟閣，猶勝雲臺缺伏波。

（其五）《明妃》：長門長信怨年年，團扇秋風歎棄捐。不向掖庭行自請，深宮老死有誰憐？

（其六）《李太白》：沉香亭畔酒中仙，歌到東巡絕可憐。不是蒼生望安石，何因老謫夜郎天。

（其七）《馬嵬驛》：血汗遊魂竟不歸，淒涼環上繫羅衣。宮中莫沮親征議，那怕將軍秉鉞威。

（其八）《南內》：滿階紅葉翠衾寒，垂淚《淋鈴》一曲彈。賸有隴頭鸚鵡鳥，感恩猶問上皇安。

（其九）《白羅衫》：難作冤親平等觀，事仇爲父詎終瞞。蓉屛崔尉夫妻合，只少佳兒作達官。

（其十）《周倉》：麥城同殉古無聞，從會單刀合是君。土地何嘗歸有德，能言公理獨將軍。

（其十一）《尋親記》：中途邂逅有神靈，未面安知阿爹形。不見東京戴文讓，空傳失父一零丁。

（其十二）《范蠡》：一舸鴟夷事有無，成名三徙號陶朱。松江笠澤仍吳地，肯許扁舟泛五湖。

（其十三）《黨太尉賞雪》：綠酒盈樽素手擎，美人映雪倍光明。銷金帳裏金睛眼，醉後模糊看不清。

（其十四）《琴心》：司馬題橋駟馬回，凌雲賦筆壓鄒枚。如何自敍平生事，不諱《求凰》一曲來。

（其十五）《玉簪記》：元機難得有情郎，玉貌黃袍又妙常。好事于湖老詞客，投梭翻爲執柯亡。

（其十六）《岳忠武》：班師一詔憾千秋，唾手燕雲志未酬。我讀公詞常自愧，等閒白了少年頭。

（其十七）《掃松》：廬墓中郎孝可嘉，何曾掃葉藉鄰家。是非身後原難定，千里青青變不花。

（其十八）《寫本》：萬言那顧祖靈哀，一疏批鱗意不回。每笑章妻太悾怯，神號鬼哭更何來。

（其十九）《趙文華》：甬江文集頗堪觀，少拒文君亦大難。由寶尚書隳晚節，忍將溲溺辱儒冠。

（其二十）《嚴嵩》：漫將孔雀掩文章，錯認欽鵶是鳳凰。銅穴黃頭老寒餓，讀書何似在鈴岡。

（其二十一）《獅吼記》：拜杖窺池說定誣，文人遊戲過描摹。龍邱詩與方山傳，同異還須問大蘇。

（其二十二）《別頭巾》：馬蹄得意走長安，老眼花從霧裏看。除卻儒巾謝頭責，贈官猶勝死方干。

（其二十三）《演官》：西園諧價奉錢神，漢代威儀又改新。銅臭那知持手版，紛紛都現宰官身。

（其二十四）《周遇吉》：睢陽死守竟延唐，萬里長城一旦亡。若使列皇能將將，豈終披髮見高皇。

（其二十五）《刺虎》：帝女花殘敢冒名，私攜匕首效荊卿。柔荑未染豬龍血，隻虎何關世重輕。

（其二十六）《柳敬亭》：梅村詩句云亭曲，稱道東風柳色新。底事漁洋親試技，卻將市井薄斯人。

（其二十七）《目連母》：出世何嘗棄六親，酬恩報母孝通神。中西一樣天倫重，莫聽梟聲誤眾人。

（其二十八）《鍾馗》：蔣家三妹事荒唐，又道終南送嫁裝。為報寫生吳道子，旁添豔質一新娘。

（其二十九）《邯鄲夢》：鄴侯談論好神仙，將相功名一夢圓。記出枕中親說法，開河未已又問邊。本鄴侯《枕中記》。

（其三十）《達摩》：律學將微禪學興，十年面壁一番僧。想應不解華文字，故使人傳暗室燈。（《觀劇絕句》中卷，葉德輝輯：《觀劇絕句》，《叢書集成續編》本）

【再和檜門先生觀劇絕句三十首】

（其一）《加官》：官樣文章傀儡場，鬚髯袍笏貌堂堂。無端面具塗真相，強學蘭陵狄武襄。

（其二）《八仙》：蟠桃獻壽太陳陳，年世參差頗不倫。唐代酒中仙有八，何如花樣一翻新。

（其三）《虞姬》：生別蛾眉便斫頭，遺骸猶爵五人侯。楚歌楚舞同哀泣，得失何須辨項劉。

（其四）《蘇子卿》：奉使張蘇史並誇，同持漢節聽胡笳。於今但說移中監，不及當年博望槎。

（其五）《明妃》：悲歌黃鵠憾天涯，漂泊紅顏誤漢家。何事王嬙一宮女，獨留青冢怨琵琶。

（其六）《李太白》：豈但清平撰調工，文人巨眼識英雄。蕭何國士推韓信，合數中興第一功。

（其七）《馬嵬驛》：三月長安渭水邊，蛾眉淡掃憶爭妍。平明騎馬人何在，宛轉非徒痛馬前。

（其八）《南內》：阿瞞幾作兵死鬼，何不同時死馬嵬。龍化為魚君失柄，虛傳龍馭蜀中回。

（其九）《白羅衫》：人情變換勝黎邱，報復何分恩與仇。車裂秦廷稱假父，惡名猶恐動諸侯。

（其十）《周倉》：黃巾擇主附青雲，姓字何當蜀史聞。作志每嫌承祚略，蠑磯懷石亦無文。

（其十一）《尋親記》：質孝愚誠孝感天，尋親萬里足重趼。計東奇士尊庸行，執贄曾師黃向堅。

（其十二）《范蠡》：吳宮花草豔千春，響屧廊空散舞塵。卻道夷光從少伯，不知鄭旦屬何人。

（其十三）《黨太尉賞雪》：驍勇威名動契丹，將壇何必上詩壇。美人羔酒英雄氣，應笑烹茶太瘦寒。

（其十四）《琴心》：綠綺當筵引鳳儔，青蛾貰酒典鷫裘。如何解作《長門賦》，卻使同心怨白頭。

（其十五）《玉簪記》：蓮性雖胎藕有絲，青天碧海兩心知。別時淚滴秋江水，應使江流故故遲。

（其十六）《岳忠武》：沙場不死死風波，奈彼小朝猜忌何。試問曲端呼鐵象，豈殊忠土掩青螺。

（其十七）《掃松》：碑志中郎是正宗，分書古勁屈虯龍。祖攜曾撰銘文在，何不親題父墓松。中郎自爲其祖攜碑，見《後漢書》註。

（其十八）《寫本》：封事明朝奏玉墀，鬼聲夜嘯出宗祠。丹心浩氣光先祖，豈似侯岡制字時。

（其十九）《趙文華》：紅氍彩燭壽筵中，丞相胡同獻媚工。濫說朱明多氣節，乾兒義子有如蟲。

（其二十）《嚴嵩》：青詞宰相老歸休，溷跡卑田劇可羞。何似南唐有熙載，歌姬乞食最風流。

（其二十一）《獅吼記》：尹邢相妒發嬌癡，那有禪機啓悟思。說法忽聞獅子吼，依稀天女散花時。

（其二十二）《演官》：初抗塵容尙自疑，畫眉恐不合時宜。叔孫綿蕞千秋事，且學昭公皷習儀。

（其二十三）《別頭巾》：槁項青燈未得官，此身多□誤儒冠。白袍如鵠門前立，幾輩雲霄振羽翰。

（其二十四）《周遇吉》：秦關一陷晉燕危，盡若將軍尙可支。宣府居庸重兵在，紛紛無那豎降旗。

（其二十五）《刺虎》：洞房竟有女專諸，可惜椎秦中副車。更有瓊枝曼仙在，欲除黃虎未能除。

（其二十六）《柳敬亭》：好向江頭辦釣蓑，南朝作者本無多。拂衣早散懷窈幕，老去還依馬伏波。

（其二十七）《目連母》：香花供佛解冤愆，陰律雖嚴亦玅圓。今日盂蘭盆盛會，蓮臺並供目犍連。

（其二十八）《鍾馗》：五嶽名山遊興長，一家兒女債難償。何知上界神仙府，亦有人間嫁娶忙。

（其二十九）《邯鄲夢》：富貴常悲春夢婆，徒驕妻妾意云何。奈當得志乘權日，夢醒人稀夢死多。

（其三十）《達摩》：定中生慧見天倪，宗旨來從雪嶺西。自此禪分南北派，傳心一直到金谿。（《觀劇絕句》中卷，葉德輝輯：《觀劇絕句》，《叢書集成續編》本）

【三和檜門先生觀劇絕句三十首】

（其一）《加官》：高遷鼎足極榮華，緩步雲霄意可嘉。不見古人行冠禮，彌尊已自慶三加。古官禮三加彌尊，即加官之意

（其二）《八仙》：漢家中壘列羣仙，六代通明眞誥編。八數斷從唐宋始，後生還不讓前賢。劉向《列仙傳》最古，次則陶宏景《眞誥》。今八仙，皆唐宋人也。鍾、呂、張、韓，唐人；藍采和即陳陶，亦唐人；何仙姑，或云唐，或云宋；曹國舅，宋人；李鐵拐，劇亦以爲宋人。

（其三）《虞姬》：唐山安世頌昭清，陸賈春秋載和聲。一極莊嚴一哀激，五言先已有長城。「漢兵已略地，四面楚歌聲。大王意氣盡，賤妾何聊生！」四語，見《楚漢春秋》，乃五言詩之最古者，更在蘇、李之前。《史記》但云：「歌數闋，美人和之。和詞不載。」

（其四）《蘇子卿》：豈眞雁帛解傳書，異說知非瓠史疏。公主授妻終不就，何來通國竟充閭。《琱玉集》：「蘇武，前漢人也。爲將北伐匈奴，乃爲匈奴所執。匈奴重之，用爲上相，以公主配之。武終不就，曰：『授妻爲相，理爲不仁，委身受死，願作忠臣。』使牧羊於北海，逕有餘年。武乃仰天歎曰：『北來之雁，南往之鳥，有過我故鄉者也？』天感其意，二雁落於石穴。武作書繫雁頭，飛至長安漢帝殿庭。帝讀其書，始知蘇武不死，遣使廿人，齎金贖之。其使未達，武已走還也。出《前漢書》。」案：此不知出何書，與《漢書》全不合。子卿奉使被執，非爲將北伐，亦無用上相、配公主事。且授妻不就又何得娶胡婦生子？上林鷹帛乃常惠告使者詒匈奴語，並非實事，又非齎金往贖、武已走還也。

（其五）《明妃》：忍使安危託婦人，漢家青史誤和親。畫工但殺毛延壽，恨不當年斬奉春。戎昱詩云：「漢家青史上，計拙是和親。社稷依明主，安危託婦人。」和親始於劉敬，誤漢公主多矣。黃鵠之歌，千載悲之。延壽止誤明妃一人，猶當末減。

（其六）《李太白》：愁見長安大可哀，浮雲蔽日鳳凰臺。此時白玉樓成未，不召仙才召鬼才。

（其七）《馬嵬驛》：唐主蒙塵入劍門，豈皆掩面誤承恩。羯奴敗後黃家到，笑起楊妃地下魂。黃巢犯闕、僖宗幸蜀，當時有詩曰：「地下冤魂應有語，者番休更怨楊妃。」

（其八）《南內》：淒涼夕殿一燈挑，快活三郎誤晚驕。若用九齡棄林甫，西宮何至竟囚堯。明皇英主嘗言：「李林甫妒賢嫉能，以太牢祭，九

齡非不辯忠奸者，如不以驕矜失之，何至幸蜀？」太白《遠別離》詩云：人言「堯幽囚」，當為明皇南內而作。

（其九）《白羅衫》：殺父仇讎作父呼，攘羊子證信非誣。麟書不載龍門載，更有程嬰匿趙孤。《春秋三傳》不載嬰、杵藏孤事，《史記》載之。《八義圖》程嬰以趙武屬屠岸賈子之，與《白羅衫》徐能事相類。

（其十）《周倉》：漢亭侯印太荒唐，河記撈刀更未詳。今日普天尊俎豆，宜乘赤兔從周倉。漢壽，地名；亭侯，爵名。後人誤以漢為漢朝，僞造壽亭侯印。吾鄉有撈刀河、落刀嘴，尤謾不經。

（其十一）《尋親記》：尋親萬里踏千山，走徧天涯未是艱。更有建昌王孝子，汝州春店一開顏。《王孝子尋親》劇，見《元史・孝義傳》。王覺經，建昌人，五歲遭亂失母，稍長，誓天，願求母所在，乃渡江涉淮，行乞而往。至汝州梁縣春店，得其母以歸。劇今不傳，此當是關羽之子飯店逢父事。所異者，一尋母，一尋父也。《雨村曲話・尋親記》詞雖稍俚，然讀之可以風世。亦《六十種曲》中之《尋親記》也。

（其十二）《范蠡》：大夫智數本通神，奇計還須用美人。一物欣然釋西伯，陰謀何況越君臣。

（其十三）《黨太尉賞雪》：釋兵杯酒計奇哉，舞女歌兒夜宴開。詠日曾傳趕星月，君臣一樣負詩才。宋太祖微時《詠日》云「趕郤殘星趕郤月」，雖粗豪，有開國氣象，猶黨進之《詠雪》也。史臣潤色之，云：「未離海底千山黑，纔到中天萬國明。」詞近文而氣不雄矣。

（其十四）《琴心》：文園位未至公卿，恨不同時反見輕。獨有閨中一知己，金徽那得更無情。《文心雕龍》「知音」篇曰：「昔《儲說》始出、《子虛》初成，秦皇漢武，恨不同時。既同時矣，則韓囚而馬輕。」李賀詩所以云，「梁王與武帝，棄之如斷梗」也。必若文君，方可謂之知音。李義山詩：「金徽卻是無情物，不許文君憶故夫。」

（其十五）《玉簪記》：鳩媒何事託詩箋，青鳥丁寧奈俗緣。解得博山沉水意，一爐煙竟化雙煙。《子夜歌》：「歡作沉水香，郎作博山煙。」太白用其意曰：「博山爐中沉香火，雙煙一氣凌紫霞。」妙常拒張于湖詞曰：「獨坐洞房誰是伴？一爐煙。」故以「雙煙」語謔之。

（其十六）《岳忠武》：青衣不忌忌黃袍，拒詔何容議論高。勿奉金牌當賜劍，宋廷豈復念功勞。李忠定奉詔救太原，辭不行。許翰書杜郵二

字示之，遂惶恐受命。論者謂：忠武當拒詔，則杜郵之劍必賜矣。

（其十七）《掃松》：墓門黃葉點青苔，煙鎖松楸鬱不開。解道新人不如故，煢煢白兔可曾來。漢寶元狀貌絕異，天子使出其妻，娶以公主。妻作《古怨歌》曰：「煢煢白兔，東走西顧。衣不如新，人不如故。」中郎盧墓盡孝，白兔馴擾，而傳奇事蹟頗似寶元，故借用「怨歌」、「白兔」之語。

（其十八）《寫本》：惟庸一敗罷中書，輔佐無人任掃除。底事椒山彈閣老，翻嫌丞相自尊居。明罷中書而奄宦熾，由於國無大臣，椒山劾嵩以丞相自居，嵩正坐媚奄，不能舉丞相之職耳。

（其十九）《趙文華》：仕宦無如虎子親，廟堂何策禦倭人？可憐獻媚權門后，又到錢江媚海神。「仕宦不止，執虎子」漢人語，借用以譴文華。明不能禦倭，使文華禱海。

（其二十）《嚴嵩》：貴溪已斫太師頭，晚扼華亭好去休。從此高張遞傾軋，積薪居上幾恩仇。明內閣首輔、次輔，尊卑懸絕，故次輔必傾首輔而代之。嚴傾夏，徐又傾嵩，高拱傾徐，張居正傾高，遂成一代風氣。

（其二十一）《獅吼記》：西方魔母使人驚，說法忽聞獅吼聲。安得文殊解降伏，龍邱居士可憐生。

（其二十二）《別頭巾》：青雲足下比登仙，難得看花學少年。任爾巾中饒白髮，頭顱如許雪盈顛。《遯齋閒覽》梁灝登第詩云：「饒他白頭巾中滿，且喜青雲足下生。」

（其二十三）《演官》：勢途奔走幾人間，官樣文章未可刪。誰似司空擅高節，失儀陽墜放還山。唐徵司空圖，圖見朱溫將篡，自陳老病，陽墜失儀，詔放還山。

（其二十四）《周遇吉》：重文輕武武功差，四鎮誰憐蟲與沙。苦守當關嗟已晚，惜哉戰死一曹家。明重文輕武，武功不振。四鎮蟲沙成底事，其明鑒也。將軍忠勇報國，而大勢已去。所可惜者，闖賊初起，曹文詔殺賊幾盡，問罪，御使劾之，遣戍。曹去，賊復熾。曹再來，遂戰死。此重文輕武之弊也。尤侗《明樂府》「曹家戰死賀家戮」。

（其二十五）《費宮人刺虎》：橋山痛哭鼎湖遙，誰把愁魖首級梟。刺永未汙楊后劍，貞魂一樣恨難銷。《十六國春秋·前秦錄》符丕后《楊氏傳》：「慕容永據長子即位，以楊氏為上夫人。楊氏不從，引劍刺永，為永所殺。」費宮人，蓋亦欲刺李自成而未得者。劇中有「可惜大材小用」語。

（其二十六）《柳敬亭》：各負夷齊愛國心，首陽薇蕨竟難尋。柳生晚客雲間帥，試問入山深不深。「西山薇蕨喫精光，一陣夷齊下首陽」，此國初謔語，笑明人守節不終者。尤侗作《西山移文》譏之，況柳敬亭輩乎？「入山恐不深」，用《桃花扇》劇中語。

（其二十七）《目蓮母》：阿劉殺業尚尋常，長舌彌加罪惡彰。事犯東窗刑必重，那來兒子救親娘。

（其二十八）《鍾馗》：《切韻》終葵即是椎，持椎擊鬼誤鍾馗。神茶鬱壘當門立，那有秦瓊與尉遲。終葵為椎，因畫大鬼持椎擊鬼而誤為鍾馗，乃有終南進士之說，正與神茶、鬱壘誤為秦瓊、尉遲恭相似。

（其二十九）《邯鄲夢》：富貴神仙未可兼，權高將相勢炎炎。唐人夢醒黃粱後，五代還聞劉海蟾。劉元英，號海蟾子，廣陵人，仕燕王劉守光為相。一日，有道人來謁，索鷄卵十枚、金錢十枚置几上，累卵子於錢，若浮圖狀。海蟾驚歎曰：「危哉！」道人曰：「人居榮樂之場，其危有勝於此者。」復盡以錢擘為二，擲之而去。海蟾大悟，易服從道。見《湖廣總志》。

（其三十）《達摩》：臺城餓死歎荷荷，破賊終憑陸法和。更有聞風達摩至，栖栖暗渡信多羅。梁武好佛致亂，賴有奉佛人陸法和能破侯景，差足解嘲。《傳燈錄》：「達摩，南天竺國香至王第三子也，從波若多羅法明心要。多羅曰：『吾滅後，汝當往震旦設大法藥，直接上招。』貽偈有『路行跨水復逢羊，獨有栖栖暗渡江』句。梁武帝迎至金陵。」（《觀劇絕句》中卷，葉德輝輯：《觀劇絕句》，《叢書集成續編》本）

趙　藩

趙藩（1851～1927），字樾村，一字介庵，又號蝯仙，雲南劍川人。光緒乙亥（元年，1875）舉人，官至四川永寧道，署按察使。有《向湖村舍詩初集》十二卷，刊於長沙。尚有二、三、四集及《詒安堂文》、《小鷗波館詞》、《滇中兵事錄》，均未刊。見《道咸同光四朝詩史》乙集卷五。

【上海（之二）】

海市樓臺鐙上下，梨園絲竹淚闌干。小家碧玉妝梳艷，大長蠻夷控馭難。喞唧鳥嘯花冢亂，拍浮人戀酒池寬。誰知醉夢蕓騰裏，有客凌風一劍寒。（《向湖村舍詩初集》卷七「庚辰」，清光緒十四年長沙刻本）

林　紓

　　林紓（1852～1924），字琴南，號畏廬，閩縣（今福建福州）人。光緒壬午（八年，1882）舉人。大挑教職，贈三品銜。畏廬古文導源韓、柳，於近代酷嗜震川、惜抱。所譯西史及說部不下數十種，風行海內。畫宗三王，上溯宋、元名家。寓京師垂三十年。嘗主金臺講席，晚年以授徒賣畫自給。詩以餘力爲之，自饒風骨。陳石遺盛推其題畫諸絕句，謂突過大癡雲林。著有《畏廬詩存》。見《清史稿》卷四八六、《晚晴簃詩匯》卷一七四等。

【桃花扇傳奇題後】

　　　　梨園唱徹孔雲亭，遺老筵前酒半醒。粉黛湖山新樂府，兵戈藩鎮
　　小朝廷。河房士女傳殘畫，舊內樓臺銹故釘。輸與橫波夫婿貴，揚州
　　檀板演燈屏。（李家驥、李茂肅、薛祥生整理：《林紓詩文選》，商務印書館 1993
　　年版，第 157 頁）

黎汝謙

　　黎汝謙（1852～？），字受生，貴州遵義人。光緒乙亥（元年，1875）舉人，官日本橫濱領事，廣東候補知府。著有《夷牢溪廬詩鈔》。見《晚晴簃詩匯》卷一七○。

【調小金】日本東京官妓。

　　　　（其一）蘭芝風韻海棠姿，嫵媚風流冠一時。豔極卻嫌脂粉汗，
　　意濃微覺性情癡。尊前度曲憐卿小，海外相逢恨我遲。欲倩東風報消
　　息，寄將紅豆慰相思。
　　　　（其二）酒罷低回日欲斜，隔花人遠若天涯。深情未解相如賦，
　　柳色空藏蘇小家。蓮瓣乍舒迷夜月，海棠初睡映朝霞。牧之少小風流
　　慣，忍見西施尚浣紗。
　　　　（其三）海外相逢詎偶然，得親香澤亦神仙。欲憑九老圖中客，
　　爲定三生石上緣。芳夢乍回猶婉孌，柔情無計致纏綿。願將司馬傳神
　　筆，爲賦琴心第一篇。是日日本名士嚴谷修、日下部均在。（《夷牢溪廬詩鈔》
　　卷三，清光緒二十五年羊城刻本）

張　謇

　　張謇（1853～1926），字季直，一字處默，號嗇菴，江蘇南通人。清光緒己

卯（五年，1879）優貢，乙酉（十一年，1885）順天鄉試南元，甲午（二十年，1894）科進士，殿試一甲第一名，授修撰。以事歸，不出。後商部、學部聘爲顧問官，禮部、度支部聘爲諮議官，亦嘗一任中央教育會會長，終不仕。南京政府成立後，任實業部長。自民國二年（1913）秋，任農商部總長、全國水利局總裁年餘。著有《張季子詩錄》。見《辛亥人物碑傳集》。

【青溪雜詠（之三）】

丁字簾前畫舫增，槳邊花氣酒邊鐙。伶人莫唱安公子，風月江山已中興。（《張季子詩錄》卷二，民國三年本）

【謁明史閣部墓】

攀號已失鼎湖弓，天意江河日向東。四鎮從容看跋扈，尺書憔悴見孤忠。冬青麥飯人誰託？《燕子》、《春鐙》曲自工。淚血年年消不盡，春來猶化落梅紅。（《張季子詩錄》卷三，民國三年本）

【王欣父劉馥疇范肯堂黃君儉楊子欽同在海門作消寒會別後分寄諸君（之一）】

皓雪晴冰照綺筵，纖歌妙舞雜繁絃。不須更說銷金帳，笑看吳鉤錦瑟邊。（《張季子詩錄》卷四，民國三年本）

【王欣父劉馥疇范肯堂黃君儉楊子欽同在海門作消寒會別後分寄諸君（之二）】

瑯琊風調夐堂堂，顧曲徵歌雅擅場。卻怪銀箏淒絕處，如何天壤怨王郎。（《張季子詩錄》卷四，民國三年本）

【王欣父劉馥疇范肯堂黃君儉楊子欽同在海門作消寒會別後分寄諸君（之三）】

興盡悲來漫拍張，白狼小范銅士有此印最能狂。酒酣一唱《箜篌引》，四坐無言各斷腸。（《張季子詩錄》卷四，民國三年本）

【董伎】

董家重見影梅荂，百首宮詞佐夜談。爲問當筵誰及汝，紅兒機警寶兒憨。（《張季子詩錄》卷四，民國三年本）

楊　銳

　　楊銳（1857～1898），字叔嶠，又字鈍叔，四川綿竹人。少儁慧，督學張之洞奇其才，招入幕。肄業尊經書院，年最少，嘗冠其曹。優貢，朝考得知縣。之洞督兩廣，從赴粵。光緒十一年（1885）舉順天鄉試，考取內閣中書。二十四年，之洞薦應經濟特科，又以陳寶箴薦，與劉光第、譚嗣同、林旭並加四品卿，充軍機章京。著有《說經堂詩草》。見《清史稿》卷四六四、《碑傳集補》卷一二、《晚晴簃詩匯》卷一七五等。

【都門代人贈歌者】

　　（其一）銅街更盡露華濃，油壁先歸莫太恩。寄語章台好楊柳，莫教攀折怨東風。又作「一樣青衫湖海客，可憐分散逐西風」。

　　（其二）春羅窄袖十三餘，手疊花牋教作書。記取晚香齋畔月，照人清潔勝芙蕖。

　　（其三）御河流水赤欄橋，車走雷聲酒未消。嚴管行雲飛不散，人間何處聽仙韶。

　　（其四）玉京絲管太繁華，惆悵燕台不作家。今夕爲君腸一斷，蘆溝橋外是天涯。又作「一拍陽關腸欲斷，春明門外是天涯」。

　　（其五）燕山夜雨漲韓潭，聽鼓雲和思不堪。天寶細蟬零落盡，舊人誰與識何戡？

　　（其六）愁腸輪轉酒初巡，聽唱陽關白髮新。猶有蘆溝橋畔月，照人雙淚落輕塵。

　　（其七）韓潭醉別兩依依，回首梁園事已非。雛燕莫傷離思苦，春來還拂帝城飛。（《楊叔嶠先生詩文集》詩集卷下，民國劉楊合刊本）

易順鼎

　　易順鼎（1858～1920），字實甫，一字中實，龍陽（今湖南漢壽）人。光緒乙亥（元年，1875）舉人，歷官廣東欽廉道。實甫童年奇慧，世以懷麓目之。早負詩名，足跡幾遍天下，所至成集，隨地署名，合編爲《琴志樓集》。詩體屢變，中以盧山詩爲最勝。張文襄雅賞之，曾加評點。後日趨恢詭，雖務爲工對，以雜用俚言，爲世譏訶。而才筆縱橫，自是健者，方諸舒鐵雲、王仲瞿，殆相伯仲。著有《丁戊之間行卷》十卷、《盾墨拾餘》十四卷、《琴志樓詩集》等。見《道咸同光四朝詩史》甲集卷五、《晚晴簃詩匯》卷一七○等。

【和金檜門先生觀劇絕句三十首】

（其一）《加官》：雅步無言出入頻，烏紗袍笏宰官身。纔知粉臉同官臉，面目廬山總不真。

（其二）《八仙》：花落天門掃鳳翎，岳陽三醉幾曾醒。蓬萊清淺蛟龍惡，過海何如渡洞庭。

（其三）《虞姬》：肯作楊枝駱馬無，名姬駿馬殉窮途。美人花即湘妃竹，夫婿重瞳妾姓虞。

（其四）《蘇子卿》：老母生妻不復憐，甘心雪窖與冰天。當時若使無胡婦，正恐難禁十九年。

（其五）《明妃》：賂毛贖蔡兩沉吟，歸國文姬總疚心。白髮生輸青冢死，美人原不仗黃金。

（其六）《李太白》：嚇蠻書稿失流傳，三調清平句欲仙。太白太真同醉酒，一枝芍藥一青蓮。

（其七）《馬嵬驛》：玉輦匆匆過馬嵬，羅衣環繫亦堪哀。梨花一樹何曾死，又向仙山帶雨開。

（其八）《南內》：南內無人看月明，君王垂老尚貪生。霓裳散序淋鈴曲，聽過風聲聽雨聲。

（其九）《白羅衫》：元奘傷心事一般，《西遊記》裏舊曾看。承平世界吞舟漏，強盜公然屢做官。

（其十）《周倉》：人名留似豹皮留，千古英雄貉一邱。料得麥城遭難日，也同勒馬望荊州。

（其十一）《尋親記》：萬里尋親事不同，淮南申喜寫來工。檜門題句吾能和，南海居然有二馮。先生原作引南海馮君成修事，近日南海馮竹儒年丈事，亦相類。

（其十二）《范蠡》：沼吳霸越不須憐，猿女西施兩劍仙。早把吳宮當塵土，風流盡在五湖船。

（其十三）《黨太尉賞雪》：羊羹美酒任安排，那及陶家水一杯。黨普固應慚趙普，君王雪夜訪誰來？

（其十四）《聽琴》：賦筆徒聞冠兩京，朱絃纔識倦遊情。梁園雪與文園雨，便為相如了一生。

（其十五）《玉簪記》：一墮情天解脫難，玉簪猶幸未盟寒。銷魂

二十年前事，曾聽《秋江》唱趕潘。

（其十六）《岳忠武》：金牌十二送南朝，寡婦孤兒恨始消。趙宋興亡雙重鎮，朱仙咫尺接陳橋。

（其十七）《掃松》：是非真偽本難知，只愛新詞比色絲。強對南薰先不樂，掃松休憶賞荷時。

（其十八）《寫本》：松筠庵裏槀猶留，漳浦詩中證可搜。豈但當時聞夜哭，千年還令鬼神愁。黃忠端《再賦示內》詩有云：「椒山鬼哭今知免」，則非蔣欽事也。

（其十九）《趙文華》：富貴熏心別有因，豈真嚼蠟視橫陳。纔知少拒文君者，即是能鑽狗洞人。

（其二十）《嚴嵩》：孔雀文章毒已深，冰山一錄逐初心。當時若向鈐山死，原是江西好翰林。

（其二十一）《獅吼記》：吼獅似類變羊誣，射鵲曾傳怒馬趨。更有女兒事無考，河東抉目去其夫。

（其二十二）《別頭巾》：太史傷心利祿途，馬蹄得意孟詩驢。儒冠合受高皇溺，能抵銅盆帽子無。

（其二十三）《演官》：發達居然學體操，桔皋俯仰不辭勞。中華四兆人羅列，程度如君已算高。

（其二十四）《周遇吉》：時髦喜唱《紅羊洞》，惹得人人熱淚彈。更有一門忠義者，如何不演《雁門關》。

（其二十五）《費宮人刺虎》：九葉唐家喚奈何，船山一老感懷多。女忠女孝原無二，堪配當年謝小娥。用王船山《龍舟會》詞意。

（其二十六）《柳敬亭》：左甯南客價非低，三百篇中賦簡兮。別有傷心人兩個，李龜年與賈鳧西。

（其二十七）《目蓮母》：士林祭塔共沾巾，一樣相逢母子親。試檢湖南通志看，目連原是澧州人。

（其二十八）《鍾馗》：太宗長策賺英豪，科舉終將社稷拋。走馬遊街都有覡，鍾馗而後又黃巢。

（其二十九）《邯鄲夢》：哀樂中年味飽經，祇今雙鬢已星星。邯鄲枕與中山酒，乞取長眠不願醒。

（其三十）《達摩》：面壁嵩山近十年，不將花雨散諸天。《禪真逸

－393－

史》何人作，別有高僧林澹然。(《觀劇絕句》中卷，葉德輝輯：《觀劇絕句》，
《叢書集成續編》本）

　　編者案：《詩詞卷‧初編》已收易順鼎，此係增補。

張　楠

　　張楠（1860～1942），字震軒，號眞俠。瑞安（今浙江溫州）人。父慶癸，
以軍功獎敘知縣。楠好學，工文詞，清光緒庚辰（六年，1880）入邑庠，旋食
餼。學使潘衍桐、徐致祥皆激賞，刊其文入浙江試牘，並詔七屬諸生以楠讀書
爲法。辛卯（十七年，1891），孫衣言太僕聘主講詒善礁商祠塾，得與太僕子
詒讓論文史。楠故嗜龍門書，見太僕手校歸，方涉筆史記，遂假錄。由是益肆
力馬《史》，纂《史讀考異》若干卷。丹徒柳詒徵爲之序，見《文徵》外編。
壬寅（二十八年，1902），詒讓爲溫處學務分處總理，延主講本邑中學文史，
嗣薦任溫州中學教習。歷主講溫州師範、甌海公學各校教席，造就後進無慮數
千人。平日所與往還如黃式蘇、劉紹寬等，類以詩文商榷，而地方利病、民生
疾苦亦極留意。光緒丙申（二十二年，1896）螟蟲爲災，當道未知蟲名，無所
措手。楠爲博稽載籍，撰《禾螣說》一篇，曉人以掃除、火攻之法，未幾，螟
患以息。壬寅（二十八年，1902）海嘯，田園多淹沒。張議築塘草規，條上之
邑侯盛洪濤。塘成，南北長五六十里，潮不爲害。他若改「聚星書院」、創辦
汀川小學，皆有功桑梓者。有園曰「戢隱」，編摩其間，老至不知。書法類趙、
董，手寫詩文、日記，密行細書，有終卷不遺一字者。暮年行楷尤勻潤，不類
老年人手筆。民國廿九年，年八十一，舉重遊泮水典禮。越二年卒。見《瑞安
縣誌稿》卷一九等。

【步月赴南門外惠佑廟看戲偶書所見得絕句十首】

　　（其一）畫燭銀屏豔綺羅，驀從此地聽笙歌。彩雲小隊天魔舞，
著意撩人是眼波。

　　（其二）清輝不讓廣寒遊，鬢影衣香夾道浮。博得行人齊喝采，
兒家新梳牡丹頭。

　　（其三）一曲琵琶唱念奴，中郎才調世間無。不知王四人何在，
輕薄虛名卻被誣。

　　（其四）阮家燕子演新詞，暗謎春燈若個知。千載聲名君自娛，
不關社黨有公私。

（其五）妒煞安仁玉樣姿，春鴻瘦影暗相窺。風流畢竟輸肥婢，賺得三郎帝子癡。

（其六）旖旎瑤台送好音，教人忍俊最難禁。須知良夜原無價，賭取吳娘纏臂金。

（其七）六街都爲看燈忙，處處深閨鬥晚妝。十五鴉鬟年紀少，那堪腸斷羽林郎。

（其八）元宵本是可憐宵，況復清歌度玉簫。儂散春愁郎買醉，未妨貰酒換金貂。

（其九）誰家嬌小擅心靈，法曲偷從隔座聽。待看廻廊斜月上，幾行脂印認雲屏。

（其十）勝景重遊又一年，尋春杜牧悵無緣。人生行樂須當記，笑拍冰輪爲底圓。（張鈞孫、張鐵孫、戴若蘭合編：《敞隱園詩文輯存》，香港出版社 2005 年版，第 3～4 頁）

編者案：此組詩寫於光緒十四年正月廿二日。

【在周氏駐春園看延陵吳太守內眷祝壽演劇口占一律呈曾滄雪先生】

銀燭華堂敞綺筵，名花高會勝群仙。四圍錦幄輝珠翠，百轉歌喉韻管絃。燕瘦環肥皆眼福，茶鐺酒盞亦詩緣。何當付與黃荃手，寫出丹青處處傳。（張鈞孫、張鐵孫、戴若蘭合編：《敞隱園詩文輯存》，香港出版社 2005 年版，第 9 頁）

編者案：此詩寫於光緒廿二年十一月廿二日。

丘逢甲

丘逢甲（1864～1912），字仙根，一字仲閼，號滄海君，臺灣彰化人。光緒進士。幼時讀書，出言輒驚耆宿。及補博士弟子員，大中丞見其文器之，許爲王景略、陳同甫一流人物。招致幕府，倚如左右手，遇事諮商，意輒下之。其感知己恩，益復自奮，不數年連捷鄉、會榜。常慨括帖之無用，輒復棄去，留心經濟學及天下山川、扼塞形勝，意攬轡澄清。甲午後，組織義軍抗日，失敗後內渡，任參議員。著有《嶺雲海日樓詩鈔》。見《五百石洞天揮麈》卷三。

【戲疊前韻柬同集諸君二首（之二）】

里門四鼓不曾關，此會良宵豈等閒。馬異盧同俱絕妙，更聞詩派

到牛山。是夕，里人以梨園宴客，柳汀往觀，陷於坎，跌而自誦：「兩足白如霜。」舉飛之族，有名牛者，秀而喜爲詩，亦同集。故以「個驢」戲之。「個驢」，詩名《牛山四十屁》也。（《嶺雲海日樓詩鈔》選外集，上海古籍出版社 1982 年版，第 371～372 頁）

【紀黃五娘事三首】

（其一）奪取魚軒射雉場，此身仍屬舊檀郎。美人甘爲多情死，不肯昌華事漢皇。

（其二）彩鳳辭籠恨未忘，九天呼籲傳降王。趙家若賞平南策，第一功臣是五娘。

（其三）艷詞空譜《荔枝香》，磨鏡遺聞事渺茫。誰改五花新院本，英雄兒女再登場。（《嶺雲海日樓詩鈔》選外集，上海古籍出版社 1982 年版，第 400 頁）

【席上有贈】

姍姍微步上瑤臺，笑看驚鴻艷影來。親製廣寒新樂府，諸天齊唱《紫雲廻》。（《嶺雲海日樓詩鈔》選外集，上海古籍出版社 1982 年版，第 405 頁）

【為蘭史贈席上小妓】

獺髓微痕玉有瘢，雙眉淡淡掃春山。珠江風月無邊好，都在佳人淺黛間。（《嶺雲海日樓詩鈔》選外集，上海古籍出版社 1982 年版，第 407 頁）

葉德輝

葉德輝（1864～1927），字煥彬，號郋園，湖南湘潭人。光緒壬辰（十八年，1892）進士，官吏部員外郎。著有《觀古堂藏書目》、《書林清話》等。見《清續文獻通考》卷二六八、《虛受堂詩存》卷一五等。

【和檜門先生觀劇絕句三十首】

（其一）《加官》：出門一笑遇加官，滿面春風做客歡。一步一回擡首望，上場容易下場難。沈德符《野獲編》二十五「雜劇」：「《三星下界》、《天官賜福》種種吉慶傳奇，皆係供奉御前，呼嵩獻壽，但宜教坊司、鐘鼓司肄習之，並勳戚貴藩鑒賞云耳。」按：今戲場加官手中所持條幅，有「天官賜福」

字樣，則其由來久矣。

（其二）《八仙》：高會蟠桃宴玉京，男男女女半年輕。仙家漫不分流品，座上昂然蝙蝠精。《八仙圖》，國朝周坦綸撰，今刊入錢沛思《綴白裘》中，名「堆仙」。沈汾《續仙傳》云：「曹國舅為青巾少年，與今世所傳五絡鬚像不合。藍采和、韓湘子、何仙姑，並少年也。」

（其三）《虞姬》：楚軍垓下困重圍，愁恨虞姬別淚揮。劉項何須分勝負，美人花落雉高飛。《千金記》，沈練川撰，今刊入毛晉《六十種曲》。

（其四）《蘇子卿》：雪窖冰天十九年，河梁回首淚愴然。於今使節通窮海，辛苦何人學嚙氈。《牧羊記》，明，無撰人，今刊入葉堂《納書楹譜》。

（其五）《明妃》：畫圖環佩已非真，想見當時絕代人。一曲琵琶千載恨，聲聲彈破《漢宮春》。《昭君出塞》，明陳與郊撰。又《昭君夢》，國朝吳縣薛既揚撰。今湘中歌筵所傳《和北番》者，即《綴白裘》之《小昭君》曲也。又有《大和番》者，演夢中雁足傳書事，疑即薛本之《昭君夢》。特其詞為俗伶點竄，不復入雅曲耳。

（其六）《李太白》：宜春無復舊梨園，興慶池頭有淚痕。我亦生逢亂離日，五年前事似開元。《彩毫記》，明屠赤水撰，今刊入《六十種曲》。

（其七）《馬嵬驛》：鼙鼓漁陽動地來，六軍不發令相催。玉顏已到中年後，落得香名葬馬嵬。《長生殿》，國朝洪昇撰，有刊本。宋樂史《楊太真外傳》云：「妃死，時年三十八。」

（其八）《南內》：琪樹飄零玉輦移，紅桃猶在笛聲悲。淒涼莫唱《涼州曲》，不是長生殿裏時。《長生殿》。

（其九）《白羅衫》：一家骨肉付鷗夷，剩有懷中褓褓兒。十八年間真父子，白羅衫上淚如絲。明，無撰人，今刊入《納書楹譜》。

（其十）《周倉》：單刀赴會有還期，月下貂蟬事可疑。不待裴松之補注，英雄兒女各傳奇。見元關漢卿撰《關大王單刀會》，元鍾嗣成《錄鬼簿》中已載之，今刊入《納書楹譜》。又貂蟬，見元無名人撰《連環計》，云：「任昂之女。」

（其十一）《尋親記》：孝子尋親不見親，天涯長作未歸人。傷心寫遍零丁帖，血淚難回寸草春。元無撰人，今刊入《六十種曲》，本原作意

和之。

（其十二）《范蠡》：載得西施入五湖，姓名三變作陶朱。千金散盡辭卿相，仕宦誰如范大夫。《浣紗記》，明梁伯龍撰，今刊入《六十種曲》。

（其十三）《黨太尉賞雪》：如此粗官那解詩，看梅賞雪酒溫時。當場寫出張飛莽，絕倒姬人唱曲兒。無撰人名，今刊入《綴白裘》雜曲中。黨太尉自云：「字普，身爲宋將，官居太尉。」蓋即《宋史‧列傳》之黨進傳，云：「進，朔州馬邑人，幼給事魏帥杜重威，愛其淳謹。及壯，猶令與姬妾雜侍。」劇曲疑因此傅會。按：褚人穫《堅瓠九集》三云：「讀野史，載陶穀有妾自黨進家來者。一日雪下，穀命取雪水烹茶。問曰：『黨家有此景否？』曰：『彼粗人，安識此景，但能於銷金帳下淺斟低唱、飲羊羔美酒耳！』」此事本載宋謝維新《古今合璧事類》「外集‧茶類」，注云：「出《類苑》。」又宋人《錦繡萬花谷前集》卷二載亦同。不知褚所見野史爲何書，又本傳不云官太尉，惟《金史‧黨懷英傳》云：「太尉進十一代孫。」是則劇曲稱太尉所本耳。

（其十四）《聽琴》：臨邛醞濁富家翁，財物偵知嫁女豐。未必文君眞絕代，琴心都在不言中。《琴心記》，明，無撰人，今刊入《六十種曲》。

（其十五）《玉簪記》：祝髮空門未是空，絳河迢遞接琳宮。秋江別後春闈捷，桃杏花開一色紅。明高濂撰，今刊入《六十種曲》。

（其十六）《岳忠武》：撼山誰撼岳家軍，天被當朝宰相薰。三字埋冤神鬼哭，西湖終古拜王墳。《精忠記》，明姚靜山撰，今刊入《六十種曲》。

（其十七）《掃松》：風樹哀傷孝子情，松枝橫路覓先塋。傳聞歲歲清明節，上有慈烏繞樹鳴。《琵琶記》，元高則誠撰，今刊入《六十種曲》。

（其十八）《寫本》：瑾瑇權燄力難勝，寫本方成黨禍興。莫怪傾心馮大伴，江陵心計似茶陵。《鳴鳳記》，明王世貞撰，今刊入《六十種曲》。依原作，用蔣欽事和之。

（其十九）《趙文華》：不能遺臭豈流芳，天水冰山錄未詳。試看東樓抄沒日，籍中那有趙刑郎。《鳴鳳記》。

（其二十）《嚴嵩》：祈鶴心情老更迷，嬌兒夜伴鳳皇樓。銷金溺器何人獻，失笑當筵大小雞。《鳴鳳記》，褚人獲《堅瓠廣集‧三》云：「海鹽優童金鳳，少以色幸於分宜嚴東樓。既色衰，食貧里居。比東樓敗，王鳳洲《鳴

鳳記》行，金復塗粉墨，扮東樓，舉動酷肖，名噪一時。」王世貞《史料後集・三十六》云：「世蕃當籍，有金絲帳，纍金爲之，輕細洞徹。有金溺器、象牙廁金觸器之類。執政恐駭上聞，令銷之，以金數報而已。有大司食事董姓者，以人雙陸饋世番，飾女童三十人，分紅、白繡衫二色，織紫絨罽爲局，每對直，當食子，則應移女子抱當食者出局。」沈德符《野獲編・二十六》云：「分宜當國，高新鄭時爲太史，候於私第。江西鄉袤來謁者旅集，分宜延客入，皆鞠躬屏氣，高因大笑。分宜問故，高曰：『適憶得昌黎《鬥雞行》：大雞昂然來，小雞悚而待。』分宜亦爲破顏，蓋俗號江西人爲臘雞頭也。」錢謙益《列朝詩集丁集・十一》載：「同惟云，江西士紳賀嵩生辰，今《鳴鳳記》中《嚴嵩慶壽》一折，大略本此，特皆屬之趙文華，則所謂天下之惡皆歸焉耳。」

（其二十一）《獅吼記》：佛言獅吼有來因，驚倒龜軒說法身。紅頰能歌綠頭鴨，枉教冤殺柳夫人。明汪廷訥撰，今刊入《六十種曲》。袁枚《隨園詩話・補遺九》云：「陳季常作龜軒，東坡詩云：『人言君畏事，欲作龜頭縮』，非譏其懼內也。坡別季常云：『家有紅頰兒，能歌綠頭鴨』，是季常有妾矣。又曰：『開門弄添丁，嘑笑雜呱泣』，是季常有子矣。」按：今《獅吼記》有《蘇姬生子》一折，在《冥遊》以後。坡詩云云，蓋必季常晚年事矣。

（其二十二）《別頭巾》：別卻襴衫控紫騮，暮年聞喜宴移舟。劉蕡下第羅橫隱，誰信簪花見白頭。

（其二十三）《演官》：不買文官買武官，當年門路得猶難。於今始覺官容易，別徑爭彈貢禹冠。《人歌關》，國朝吳縣李元玉撰，今刊入《綴白裘》。

（其二十四）《周遇吉》：慷慨如聞絕命詞，孤城扼守斷援師。將軍馬上眞英武，恨不相逢殺賊時。《鐵冠圖》，國朝，無撰人。今刊入《納書楹譜》及《綴白裘》。

（其二十五）《費宮人刺虎》：弱齡宮女憤填膺，勸進諸臣盡犬鷹。可惜賊頭分解後，不曾生祭烈皇陵。《鐵冠圖》。按：計六奇《北略》云：「刺李闖部賊羅部校。」陳其年《婦人集》但云：「刺賊錢馘。」《甲申傳信錄》云：「李闖攻西安，得一隻虎李遇。」亦非闖之兄弟。今院本稱虎爲二大王者，實傅會也。

（其二十六）《柳敬亭》：牢落江湖楚兩生，國亡家破一身輕。江南盡是傷春客，腸斷燈宵拍板聲。《桃花扇》，清孔尚任撰，今有刊本。

（其二十七）《目連母》：生多業障死誰憐，賴有賢兒孝感天。慚愧鄭莊盟誓日，忍教生母見黃泉。李斗《揚州畫舫錄》云：「《目連救母》，明無名人撰。」今坊本題新安鄭之珍編。明張岱《陶庵夢憶》六云：「余蘊叔演武場搭一台，選徽州旌陽戲子，剽輕精悍，能相撲跌打者三四十人，搬演《目連》凡三日三夜。如度索、舞絙、翻桌、翻梯、觔斗、蜻蜓、蹬罈、蹬白、跳索、跳圈、竄火、竄劍之類，大非情理。凡天神地祇、牛頭馬面、夜叉、羅剎、鋸磨、鼎鑊、刀山、寒冰、劍樹、森羅、鐵城、血湖，一似吳道子地獄變相，爲之費紙札者萬錢。人心惴惴，燈下面皆鬼色。戲中套數，如《招五方惡鬼》、《劉氏逃棚》等劇，萬餘人齊聲吶喊。熊太守謂是海寇卒至，驚起，差衙官偵問，余叔自往復之，乃安然。則《目連》爲徽班所獨擅長。此云「新安鄭氏編者」，殆有據矣。禮親王《嘯亭雜錄・續錄一》：「乾隆初，海內昇平，命張文敏照製諸院本進呈，以備樂部演習。各節皆按時奏演目犍連尊者救母事，析爲十卷，謂之《勸善金科》，於歲暮演之，以其鬼魅雜出，代古人儺祓之意。」按：此本今不傳，不知視新安本如何。

（其二十八）《鍾馗》：吳生一畫姓名傳，魑魅聞風絕可憐。欲恐終南留捷徑，有人花費買山錢。

（其二十九）《邯鄲夢》：不求富貴總心安，世局爭如夢境寬。畢竟夢中還擾攘，幾人酣睡學陳摶？明湯顯祖撰，今刊入《玉茗堂四夢》傳奇。

（其三十）《達摩》：面壁功深萬念灰，飄然一葦渡江來。那知世上風波惡，彼岸登時又一回。《祝髮記》，明張鳳翼撰，今刊入《綴白裘》。

（《觀劇絕句》下卷，葉德輝輯：《觀劇絕句》，《叢書集成續編》本）

【再和檜門先生觀劇詩三十首】

（其一）《加官》：加官喜見戲登場，日日朱門伺酒漿。一笑眞成長樂老，李郎送過又張郎。凡戲登場，先一人抱笏緩步而出，謂之跳加官。湘俗讌會，遇有任官入坐，則出一加官，不知其緣，始詢之老伶，云是唐魏徵丞相，又俗傳爲五代馮道。考張國賓《合汗衫》雜劇有『官上加官』之語，宋徽宗有官上加官畫軸，則『加官』之語，當起於南宋以前，至用之戲場。此外，李斗《揚州畫舫錄》所載戲班行頭，有『加官臉』名目，則其沿用久矣。

（其二）《八仙》：張四郎君去不還，徐翁遊戲在人間。神仙豈亦

傷陰雨，一向同班又出班。元范子安《陳季卿誤上竹葉舟》雜劇，八仙爲張果老、漢鍾離、李鐵拐、徐神翁、藍采和、韓湘子、何仙姑及本劇之呂洞賓，而無曹國舅。又谷子敬《呂洞賓三度柳樹精》雜劇，八仙爲漢鍾離、鐵拐李、張果老、藍采和、徐神翁、韓湘子、曹國舅及呂洞賓，而無何仙姑。又岳百川《呂洞賓度鐵拐李》雜劇，八仙爲漢鍾離、呂洞賓、張四郎、曹國舅、藍采和、韓湘子、張果老及本劇之鐵拐李，而無何仙姑、徐神翁。今世所傳八仙與沈汾《續仙傳》及王世貞《弇州集‧題八仙圖》，後八人相合，至徐神翁、張四郎，則不知何時出局也。

（其三）《虞姬》：發冢奇書手校過，項王妾本異文多。當時若解長生術，垓下胡因喚奈何。李日華《紫桃軒雜綴》，謝守灝、唐傅奕考覈《道德經》眾本，有項羽妾，本齊武平五年，彭城人開項羽妾冢得之。按：所謂妾者，不知是虞姬否也。

（其四）《明妃》：掖庭遺憾嫁昭君，絕倒毛生自解文。我讀《漢宮秋》一齣，胭脂山色奪青墳。昭君事，史書及樂府所載誣紊，讀之令人氣短。《西京雜記》載有元帝殺畫工毛延壽事，亦未及昭君嫁單于以後事。惟元馬致遠《破幽夢孤雁漢宮秋》雜劇，略言毛延壽因元帝怒其索宮人賄失昭君，欲斬延壽。延壽逃至單于，圖昭君貌獻之，單于遂向漢家索和親。昭君至胡，投江而死。單于恨，執延壽還漢。元帝斬延壽，祭昭君，足爲昭君吐氣。《唐文粹》有程晏《設毛延壽自解語》，爲元帝陳古今色荒之誡，去昭君以遏亂云云，則殺風景語也。

（其五）《蘇子卿》：漢家交外等兒嬉，使節紛紛動四夷。張博望妻蘇武妾，一傳宗種誤歸期。

（其六）《李太白》：霓裳舞罷月黃昏，一曲清平奉至尊。我笑當場屠赤水，膽粗弄斧向班門。

（其七）《馬嵬驛》：一抔香土恨長眠，終古梨花似雪天。要仿岳墳鎔鐵像，陳元禮跪馬嵬前。余嘗言，劇中有三罪人：一斬妲己之姜子牙，一收青白蛇之法海，一逼楊妃之陳元禮。子牙、法海，以方外人與人家國，陳元禮以臣子逼縊君后，皆事之無禮者也。馬嵬驛，今在陝西西安府興平縣西二十五里，楊妃墓猶在，相傳墳土可以療婦女面斑云。

（其八）《南內》：畫院猶傳《訓子圖》，那堪南內月明孤。較量劉季差強意，分我杯羹亦丈夫。唐宋畫史喜畫明皇故事。如《明皇訓子圖》，

則初年勤政時事；《御苑出遊》、《楊妃對弈》以及《弄毬》、《演樂》、《調馬》、《遊月宮》諸圖，則末年致亂時事；又有《幸蜀圖》，則幸蜀時事；又有《擊梧桐圖》，則禪位居南內時事也。

（其九）《白羅衫》：莫道人人口盡緘，舉頭三尺有神監。冤親剖別恩仇了，一案公孫合汗衫。元張國賓有《相國寺公孫合汗衫》雜劇，與此事相類。

（其十）《周倉》：何必人間識姓名，單刀俱會敵軍驚。臨沮亂後君何往，望帝魂歸白帝城。周倉不見於史志，元人《關大王單刀會》有其名。按《吳志・魯肅傳》云，「肅邀羽相見，單刀俱會，肅責羽未竟，坐有一人」云云，而無姓名。今元劇中之周倉，殆即本此。王棠《知新錄》云：明萬曆四十二年，遣太監李恩敕封關公為「三界伏魔大帝神威遠鎮天尊關聖帝君」，封長子平為「錫忠王」，次子興為「顯忠王」，將軍周倉為「忠勇公」。此周倉有封之始。今祀典亦有之，則世俗相傳為麥城殉難故也。

（其十一）《尋親記》：瘴海蠻鄉浪打萍，無端喜訊客途聽。分明一帖臺卿集，勝過千文血寫經。

（其十二）《范蠡》：當年遺像鑄金黃，今日相逢傀儡場。霸越沼吳成底事，春風閒話語兒鄉。

（其十三）《黨太尉賞雪》：聽說淮陰怒不平，一雙金眼愛卿卿。烹茶詠雪家風遠，成就賢孫藝苑名。《宋史・黨進傳》云：進名進，自稱曰暉。人問之，則曰：「吾從吾便耳」。先是，禁中軍校，自都虞侯已上，悉書所掌兵數於梃上，如笏記焉。太祖一日問進所掌，進不識字，但舉梃以示上曰：「盡在是矣。」上以其樸直，益厚之。官終忠武軍節度使副使。紀文達《姑妄聽之》：「宋黨進聞平話說韓信，即行斥逐。或問其故，曰：『對我說韓信，必對韓信亦說我，是烏可聽？』千古笑其憒憒，不知實絕大聰明。彼但喜對我說韓信，不思對韓信說我者，乃真憒憒耳。」又宋祝穆《事文類聚・前集四十一》云：「黨太尉進畫真，大怒，詰畫師云：『我前時見畫大蟲，猶用金薄點睛，我豈不消得一對金眼睛？』」注云：「曾《類說》」。蓋出曾慥《類說》也。宋謝維新《合璧事類》五十六引作會《類說》。會，蓋曾之形誤耳。《金史・文藝傳》：「黨懷英，進十一代孫。」元好問《續夷堅志》云：「太夫人夢道士吳筠來託宿生，文似歐公，詩似陶、謝，篆籀入神。」《中州集》「小傳」同。又明錢士升《南宋書》云：「初與辛幼安同師蔡伯堅，筮仕決以蓍，辛得離，決計南歸，黨得坎，遂留仕金。」按：今《中州集》錄其詠雪詩數首，徐釚《詞苑叢談》三錄其詠茶青玉案一首，

朱彝尊《詞綜》錄其詞二首云。著有《竹溪詞》。

（其十四）《聽琴》：雙文小簡妙常詩，怪底偷香有導師。一曲求凰偏不諱，琴心例作定情詩。

（其十五）《玉簪記》：仙家作合黃金脫，佛國姻緣碧玉簪。天下情人皆眷屬，不須紅線暗中尋。

（其十六）《岳忠武》：精忠報國泣英魂，天日昭昭獄太冤。今日箕山腸斷處，秋風猶自望中原。《宋史》「本傳」云：「秦檜以飛梗和議，諷万俟卨劾飛。初命何鑄鞫之，飛裂裳以背示鑄，有『精忠報國』四字，深入膚理。」又，《岳忠武遺事》云：「元韓中村《拜墓詩》云：『我恐精忠埋不得，白日英魂土中泣。』」又，宋曾之《異同話錄》云：「忠武獄案今在莆陽陳魯公家，世本無獄詞，但大書『天日昭昭，天日昭昭』八字。是罪案乃是細書，與前筆蹟不同，不知沒後如何粘成卷也。」又，王兆雲《揮麈新譚》云：「有請仙者，箕書一詩云：『百戰間關鐵馬雄，尚餘壯氣凜秋風。有時醉倚箕山望，腸斷中原一夢中。』復大書一『鄂』字，始知為武穆也。」

（其十七）《掃松》：去時浪暖正桃香，歸夢青山落葉黃。王四負心誰覷破，盲詞誤說蔡中郎。王世貞《四部稿·藝苑卮言》附錄云：「高則誠《琵琶記》，譏當時一大夫，而託言蔡伯喈，不知其說。偶閱《說郛》所載唐人小說，牛僧孺之子繁與同人蔡生文字交，尋同舉進士，欲以女弟適之。蔡已有妻趙氏，力辭不得。後牛與蔡處，卑順自將，蔡仕至節度使。其事姓相同，則誠何不直舉其人，而顧誣蟻賢者耶？」又，田藝蘅《留青日札》云：「王四能詞曲，高則誠與之友善，勸之仕。登第後即棄其妻，而贅於太師百花家。則誠悔之，因借此記以諷。名《琵琶記》者，取其四王字為王四耳。元人呼牛為『不花』，故謂之牛太師。而伯喈曾附董卓，乃以之託名也。高皇微時賞此戲，及登極，捕王四，置之極刑。」按：蔡中郎事，自宋以來盲詞傳衍，劉後村詩所云：「死後是非誰管得，滿村聽唱蔡中郎。」此自指牛僧孺事。今高則誠《琵琶記》，其為指王四事，亦未可知。然曲詞云趙五娘尋伯喈，沿途彈琵琶乞食，則琵琶又似非王四隱語，不知《留青日札》何據而云？且唐人詆誣牛僧孺書，一為《周秦行紀》，今有傳本；一為《牛羊日曆》，雖其書失傳，據宋人《續談助》中摘本，乃紀牛僧孺與馬虞卿竊弄政權始末，均未必及此。《說郛》今已不全，《卮言》所稱唐人小說，亦未知其何本。總之，伯喈因附董卓，宜致此謗耳。又伯喈父名稜，字伯

直，見《後漢書》注。母袁氏，爲袁曜卿姑，見張華《博物志》。曲詞云父字從簡，母秦氏，亦繆甚。又，《藝苑卮言》云：「偶見歌伯喈者云：『浪暖桃香欲化魚，期逼春闈，詔赴春闈。郡中空有辟賢書，心戀親闈，難捨親闈。』疑兩句意重。又曰：『詔曰書都無輕重。』後得一善本，其下句乃『浪暖桃香欲化魚，期逼春闈，難捨親闈，郡中空有辟賢書，心戀親闈，難赴春闈』，亦見作者之工。」按：今汲古閣所刻《六十種曲》本仍從前說，所據知非善本。余謂《琵琶記》洵曲中高手，即如《掃松》云：「青山古木何時了，斷送人多少」，及「只見黃葉飄飄把墳頭覆，厮趕的皆狐兔」，悽惋悲涼，別有諷諭，較之《西廂記》「西風緊，北雁南飛，曉來誰染霜林醉？總是離人淚」等句，尤爲情景雙絕也。

（其十八）《寫本》：獄壁親題絕命詞，幾番廷杖血如糜。徐黃定讞褫奸魄，可惜忠魂得見遲。褚人獲《堅瓠廣集》六引明人《客窗涉筆》云：「楊椒山先生下獄時，刑部尚書何鰲承嵩意，屬西部劉槚絕楊飲食，忠愍以指血題壁曰：『殺我者嚴嵩，絕我飲食者劉槚。』槚見書，命削去之，字浸入壁磚，不能沒。公之精誠不可滅也。後鰲白晝見公入其庭，捽其魄去。」

（其十九）《嚴嵩》：一刺流傳嵩拜名，比方客氏尙權輕。薰天勢燄終銷滅，辜負山堂十載情。姚元之《竹葉亭雜記》七云：「金陵三山街松茂典藏嚴嵩帖，寫『嵩拜』二字，字體學顏魯公，大可五寸，四邊不留餘地，乾隆四十五年曾親見之。舊聞嚴嵩當國時，凡質庫得嚴府持帖往候者，獻程儀三千金。蓋得此帖，可免外侮之患。」王士禎《池北偶談》二十云：「順治己亥，在京師慈仁寺中，見售故書者賣一敝刺，大書『客氏拜』三字。寶應朱國禎以三錢得之，賦《客氏行》。予笑曰：『使當天啓時，此一紙過詔書遠矣。』」

（其二十）《趙文華》：甬江文采似鈐岡，父子青詞各擅場。一體君臣同祝壽，萬花樓下百花香。

（其二十一）《獅吼記》：罰跪池邊罰甚輕，笑他伏地變羊鳴。十年我作朝飛雉，不買人間療妒羹。蘇詩：「龍邱居士亦可憐，談空說有夜不眠。忽聞河東獅子吼，拄杖落手心茫然。」施注引次公云：「龍邱居士，陳季常也。季常妻柳氏，最悍妒，每設客有聲伎，柳氏則以杖擊照壁大呼，客至爲散去。」又，洪邁《容齋三筆》云：「黃魯直與季常簡云：『審柳夫人時須醫藥，今已平安否？公暮年來想漸求清淨之樂，姬媵無新御矣，柳夫人比何所念以致疾耶？』又一帖云：『承諭老境情味，法當如是，河東夫人亦能哀憐老大，一任放不解事耶？』按：蘇、黃二公所云，則季常懼內，名著一時。今毛刻《六十種曲》中，《獅吼

記》有《跪池》、《變羊》等折，皆虛誕不經。然變羊一事則固有本，特非季常耳。歐陽詢《藝文類聚·人部》引《妒記》云：「京邑士人婦，大妒，常以長繩繫夫腳，喚便牽繩。士密與巫嫗計，因婦暝，以繩繫羊，緣牆走避。婦覺，牽羊至，大驚。召問巫，巫曰：『娘積惡，先人怪責，故郎君變成羊。能改悔，可祈請。』婦因抱羊痛哭，悔誓。巫乃令七日齋，祭鬼神，祝羊還復本形。婦見泣曰：『多日作羊，不辛苦耶？』婦後復妒，士因伏地作羊鳴，婦驚起，呼先人爲誓，不復敢爾。」按：今京師尚有此戲，謂之《變羊記》。

（其二十二）《別頭巾》：一枕黃粱夢醒身，叨叨舊事說頭巾。青袍總把儒生誤，吐氣揚眉看此人。

（其二十三）《演官》：名場幻相寫難窮，花樣翻新更不同。搬演未完場面改，也應忙殺老伶工。

（其二十四）《周遇吉》：黃天蕩口聞桴鼓，甯武關頭誓守陴。夫婦英雄雙烈配，一朝巾幗一鬚眉。

（其二十五）《費宮人刺虎》：痛哭龍髯去鼎湖，國仇未報已捐軀。酒闌燭黯停杯看，妙絕丹青刺虎圖。宋蔡絛《鐵圍山叢談》云：「御府所藏，有曹髦《卞莊子刺虎圖》。」

（其二十六）《柳敬亭》：老涕恩門鶴髮垂，行情定價幾人知。江南黑米餐辛苦，畫扇桃花彼一時。徐釚《詞苑叢談·九》云：「淮陽柳敬亭，以淳于滑稽之雄，爲左甯南幸舍重客。甯南沒，柳生東下，客於長安，龍松先生贈以《賀新郎》詞云『鶴髮開元叟』云云。又賦《沁春園》云，『堪憐處，有恩門一涕，青史難埋』云云。『恩門一涕』之語，直是敬亭知己。」又，明張岱《陶庵夢憶》五云：「南京柳麻子，黧黑，滿面疤瘤，悠悠忽忽，土木形骸。善說書，一日一回，定價一兩。十日前先進書帕下定，常不得空。南京一時有兩行情人，王月生、柳麻子是也。余聽其說景陽崗武松打虎，白文與本傳大異。其描寫刻劃，細入毫髮。貌奇醜，然其口角波俏，眼目流利，衣服恬靜，直與王月生同其婉孌，故其行情正等。」褚人穫《堅瓠秘集》五云：「泰興柳敬亭，以說平話擅名，吳梅村先生爲之作傳。順治初，馬進寶鎮海上，招致署中。一日侍飯，馬飯中有鼠矢，怒甚，取置案上，俟飯畢，欲窮治膳夫。進寶殘忍酷虐，殺人如戲。柳憫之，乘間取鼠矢啖之，曰：『是黑米也。』進寶遂已其事。柳之宅心仁厚，爲人排難解紛，率皆類此。」

（其二十七）《目連母》：一人成佛族生天，此語由來定浪傳。不見目連尋母日，上窮碧落下黃泉。唐王定保《摭言》十三云：「張處士祐《憶

柘枝》詩曰：『鴛鴦鈿帶拋何處，孔翠羅衫屬阿誰？』白樂天呼爲『問頭』。祐矛楯之曰：『鄙薄問頭之誚，所不敢逃，然明公亦有目連變，《長恨》詞云：上窮碧落下黃泉，兩處茫茫都不見。豈非目連訪母耶？』」按：宋李昉《太平廣記‧詼諧類》引《摭言》文較此稍詳，「問頭」作「款頭」，疑亦是劇曲，然則唐時梨園即演此耶？宋俞文豹《吹劍錄》云：「《長恨歌》『上窮碧落下黃泉，兩處茫茫皆不見』，人謂是目連救母。」

（其二十八）《鍾馗》：結縭小妹賦新婚，透漏春宵鬼卒喧。若使丹青傳故事，終南山是大姚村。《宣和畫譜》有宋石恪《春宵透漏圖》卷，即畫鍾馗小妹故事。元朱德潤《存復齋集》有題此畫云：「有兩年少婦人一小孩，似是老判婦與子也。其一不識是小妹否？」又，胡敬《西清箚記》卷一：「米友仁《姚山秋霽圖》卷，王穉登題：米敷文嫁妹於姚村，故有《大姚村圖》及《姚山秋霽圖》卷，皆在其妹家所作也。」

（其二十九）《邯鄲夢》：枕上曾無片刻寧，覺來仍自歎零丁。呂仙一夢盧生再，底怪癡人喚不醒。元馬致遠《邯鄲道省悟黃粱夢》雜劇，爲漢鍾離度呂洞賓事，與李泌《枕中記》所載開元十九年邯鄲道呂翁授盧生枕事無異。按：呂翁亦非洞賓。洞賓生貞元十四年，舉咸通進士，上距開元甚遠，元曲想因此附會，又顛倒以爲鍾離度洞賓，殊與本事不合。明湯若士所著《四夢》傳奇中有《邯鄲夢》，則由《枕中記》託出，但亦以呂翁爲洞賓，則又未考也。

（其三十）《達摩》：曾向金陵掛錫還，來從天竺去嵩山。江南傳播回文頌，誰睹眞形石壁間？朱烏象重刊宋桑世昌《回文類聚》後附達摩回文《眞性頌》，有張之象識云：「『達摩西來，不立文字，直指人心，見性成佛，獨有眞性』一頌，雖二十字，回環讀之，成四十首，計八百字，每首用韻，四至俱通，以表眞性無有窮盡也。」此近得之趙希觀用賓云。（《觀劇絕句》下卷，葉德輝輯：《觀劇絕句》，《叢書集成續編》本）

【三和檜門先生觀劇絕句三十首】

（其一）《加官》：借面如何不弔喪，卻攜袍袖舞郎當。陞官也是尋常事，笑爾當筵賀客忙。

（其二）《八仙》：八仙飄海鬧龍宮，判斷天曹頗不公。偏是玉皇多勢利，含冤水族可憐蟲。

（其三）《虞姬》：英雄好色爲多情，四面重圍變楚聲。僅有美人同一死，八千子弟愧田橫。

（其四）《蘇子卿》：十九年中歷苦辛，邊人知是漢家臣。李陵泣別河梁後，從此無顏見故人。

（其五）《明妃》：和戎妙策是和親，安用張騫一輩人。可惜當時王長者，不多生女作妃嬪。

（其六）《李太白》：金殿傳宣寫表忙，聖明容得謫仙狂。今人略識橫行字，便學康成牛觸牆。

（其七）《馬嵬驛》：一樹梨花縊女輕，美人顏色果傾城。當時又說吞金屑，總是君王太薄情。唐人劉禹錫《馬嵬驛》詩：「貴人飲金屑，倏忽舜英暮。」似貴妃之死，乃飲金屑，非賜縊也。傳聞異辭，在唐世已然矣。

（其八）《南內》：宋高不願二聖回，南內孤凄事可哀。燭影斧聲原不惡，終留疑案後人猜。唐郭湜《高力士外傳》：「上元元年七月，太上皇移仗西內安置，高公竄謫巫州，皆輔國之計也。上皇謂高公曰：『常用輔國之言，我兒不得忠孝道。明早向北內。』及曉，至北內，皇帝使人起拜云：『兩日來疹病，不復親起拜伏，伏願且留喫飯。』飯畢，又曰：『伏願且歸南內。』行欲至夾城，忽聞戛戛聲。上驚迴顧，見輔國領鐵騎數百人，便逼近御馬。輔國便持御馬。高公驚下，爭持曰：『縱有他變，須存禮儀，何得驚御？』輔國叱曰：『老翁大不解事，且去！』即斬高公從者一人。高公即攬御馬，直至西內安置。自辰及酉，然後老宮婢十數人，將隨身衣物至，一時號泣，上皇止之。皆輔國矯詔之所為也，聖上豈得知之乎？」宋王銍《默記》上：「晏元獻守長安，有村中富民異財，云：『素事一玉髑髏，因大富。今兄弟異居，欲分為數段。』元獻取而觀之，自額骨左右皆玉也，環異非常者可比。見之，公喟然歎曰：『此豈得於華州蒲城縣唐明皇泰陵乎？』民言其祖實於彼得之也。元獻因為僚屬言：『唐小說：唐元宗為上皇，遷西內，李輔國令刺客夜攜鐵槌擊其腦。元宗臥未起，中其腦，皆作磬聲。上皇驚謂刺客曰：『我固知命盡於汝手，然葉法善曾勸我服玉，今我腦骨皆成玉，且法善勸我服金丹，今有丹在首，固自難死。汝可破腦取丹，我乃可死矣。』刺客如其言取丹，乃死。」孫光憲《續通錄》云：「元宗將死，云上帝命我作九昇真人。爆然有聲，視之崩矣」亦微意也。然則此乃真元宗髑髏骨也。因潛命瘞於泰陵云。然則肅宗之罪著矣。」或云：「肅宗如武乙之死，可驗其非虛也。」

（其九）《白羅衫》：一家死別復團圞，天眼恢恢豈可瞞？祇是賊星該照命，不經憂患不平安。

（其十）《周倉》：前路黃巾悔失身，死從關聖便爲神。試將武廟推文廟，子路雄冠可嚇人。

（其十一）《尋親記》：一舉成名有老親，當年我是過來人。檜門永感潛齋泣，白首終天恨不辰。原詩馮成修事，見阮文達《廣東通志》列傳。云：馮成修，字達夫，號潛齋，南海人。學者稱潛齋先生。祖肖孟，好施與，多隱德。父進年，倜儻，抱遠志。廣西養利州牧王任辟爲從事，去久之不歸，成修蓋遺腹產也。七齡喪母，哀毀如成人。依世父以養，事大父母惟謹。每語及其父遠出事，輒涕泗交頤，益奮學。長而文行兼飭，舉乾隆丙辰鄉試，己未成進士，選庶常。散館，改吏部主事，遷文選司員外郎，充庚午福建副主考官，晉禮部祠祭郎中。癸酉復典試四川，己卯命督學貴州，揭條約十四則以訓士。巡視所至，諄諄講實學，正文風。復陳奏學政事宜，並條其禁止命題割截，免勘童生試卷，上採用之。旋召回京。成修初舉於鄉，計偕途次，即徧訪其父踪跡。得官後，兩次乞假尋親，卒無所遇，以故一生隱痛，無心通顯。年六十一，假歸，遂不復出。掌教粵秀、越華書院，授經里中，粹然師範，受業者率數百人。年八十，計其父已百有一齡，乃持服三年，終身衣布。性耿介，不事干謁，月吉外，未嘗輕投刺當道，惟關桑梓利病，則毅然言之。乙卯重赴鹿鳴。逾年卒，壽九十有五。著有《文基》、《文式》、《養正要規》、《學庸集要》、《人生必讀書纂要》諸書。

（其十二）《范蠡》：伍胥伏劍鑒前車，鳥盡弓藏將士除。一舸西施同載去，千金留得計然書。

（其十三）《黨太尉賞雪》：把節如何喜忽嗔，風流須讓玉堂春。一雙鬼眼同金眼，都是登徒好色人。宋張知甫可書云：「耿著在淮東宣幕，有滑稽之稱，說黨太尉以守邊有功建節。一日出謁，問左右曰：『我節如何不見？』左右曰：『皆在前，各令從人秉之。』黨曰：『我死生活受得來，卻交別人把看，都收拾來，待我一擔子擔著。』坐客莫不大笑。」宋釋文瑩《湘山野錄》續錄云：「國初，陶尚書以朝廷眷待詞臣不厚，乞罷禁林。太祖曰：『此官職甚難做？依樣胡盧，且作且作。』不許罷，復不進用。因題玉堂壁云：『官職須由生處有，文章不管用時無。堪笑翰林陶學士，年年依樣畫胡盧。』駕幸見之，愈不悅，卒不大用。」宋張舜民《畫墁錄》云：「太祖嘗謂陶穀一雙鬼眼。」

（其十四）《聽琴》：感人深入白頭吟，便使相如有悔心。夫賣賦時妻賣酒，富人習氣重黃金。

（其十五）《玉簪記》：佛言玉女是屍囊，多事于湖壞道場。錯認

桑中作桑下，去來三宿野鴛鴦。

（其十六）《岳少保》：長城自壞古今同，莫怨班師長腳翁。二帝若歸應內禪，奪門流恨有南宮。

（其十七）《掃松》：惡事皆歸莫洗污，當時衹爲哭屍愚。《琵琶記》後《荊釵記》，何事梅谿也被誣？宋王十朋劾史浩八罪，孫汝天權實慫恿之，爲史氏所切齒，遂妄作《荊釵》傳奇謬其事以讒之，眞厚誣其賢矣。

（其十八）《寫本》：通天白簡挾風霜，字字揢來劍有鋩。今日松筠庵下路，寒蟬無語送殘陽。

（其十九）《嚴嵩》：弇州院本播三吳，國賊親仇恨洩無？舊事流傳《一捧雪》，如何影射《上河圖》？《明史》列傳一百七十五《王世貞傳》：楊繼盛下吏，時進湯藥，其妻訟夫冤，爲代草。既死，復棺殮之。嵩大恨。父忬以灤河失事，嵩構之論死繫獄。世貞與弟世懋蒲伏嵩門，涕泣求貸。嵩陰持忬獄，而時爲譙語以寬之。忬竟死西市。按：沈德符《野獲編》「補遺」二云：嚴分宜勢熾時，鄢懋卿、趙文華各承意旨，蒐取古玩，有《清明上河圖》手卷，宋張擇端畫，在故相王文恪公家。蘇人湯臣，以善裝潢客嚴門下，亦與婁江王思質中丞往還，乃說王購之。王時鎮薊門，即命湯善價求市，既不可得，遂屬蘇人黃彪摹眞本應命。有妒王中丞者，知其事，直發爲贗本，嚴世蕃大怒，恨中丞，謂有意紿之，禍本自此成。或云：即湯姓怨弇州伯仲，自露始末。又按：王世貞《弇州山人四部續稿》一百六十八云：張擇端《清明上河圖》有眞贗本，余俱獲寓目。眞本初落墨相家，尋入天府。贗本乃吳人黃彪造。然則，《清明上河圖》本無與弇州事，《續稿》所言可證也。即其父忬之死爲嵩構陷，亦非因此圖致禍，《野獲編》所云殊不足據。

（其二十）《趙文華》：萬里平南詡戰功，誰知觸怒到奸嵩。泰山已作冰山碎，狗寶朱門路不通。明沈德符《野獲編》二十八云：趙甪江少保文華，以分宜相昵厚，從侍郎驟拜三孤，既而失歡奪職。因先倭功晉少保，改歲，自書桃符云：「仗鉞專征萬里平南之府，鳴珂入相一心拱北之家。」分宜聞之，大恚云：「是兒謀踞我位矣！」尋有仙酒進御一事，怒不可解，因決意逐去。

（其二十一）《獅吼記》：談空說有一般同，前有方山後牧翁。都讓夫人稱腳色，宋明兩代兩河東。

（其二十二）《別頭巾》：一榜龍頭屬老成，少年科第莫相輕。黃槐丹桂花開落，天意人間重晚晴。

（其二十三）《演官》：場屋多年受折磨，羨君演禮勝登科。高頭講義房科卷，一樣寒窗費揣摩。

（其二十四）《周遇吉》：一將當關賊膽寒，一家殺敵妾身單。丈夫報國妻殉烈，九死英魂繞將壇。

（其二十五）《費宮人》：讖應錢文馬入門，紛紛降表盡狂奔。帳中一劍賊頭落，瑨井千年碧血痕。計六奇《北略》二十云：費宮人投瑨井，賊出之以配羅部校，因詭稱長公主。夜懷利刃殺賊，自刎頸死。今云刺闖賊之弟李虎，不知何本。

（其二十六）《柳敬亭》：本是魁官篾片流，一朝抵掌動王侯。傷心說到南都事，嗚咽秦淮水不流。余懷《板橋雜記》下：「曲中狎客有張卯官笛，張魁官簫，柳敬亭說書，或集於二李家，或集於眉樓，每集必費百金。」又云：「後魁面生白點風，眉樓客戲榜於門曰：革出花面篾片一名，張魁不許復入。張慚恨，遍求奇方洒削，得芙蓉露治之良已。」

（其二十七）《目連母》：地獄泥犁佛創聞，請公入甕口難分。人言佛法無邊大，何不私將鬼國焚。

（其二十八）《鍾馗》：鬼混唐朝事有因，夢中進士自稱臣。盈庭魑魅驅除淨，愧死當朝執笏人。

（其二十九）《邯鄲夢》：起滅無端幻想生，戲中景是夢中情。世間熱客何曾悟，苦向邯鄲道上行。

（其三十）《達摩》：不傳文字更無言，一葦西來創法門。應是怕人偷《語錄》，便從無佛處稱尊。（《觀劇絕句》下卷，葉德輝輯：《觀劇絕句》，《叢書集成續編》本）

程頌萬

程頌萬（1865～1932），字子大，號鹿川，晚號十髮居士，長沙寧鄉人。父程榮發，兄程伯翰，姊妹程頌芬、程頌芳，一門文采。頌萬十五歲就學於武陵楊彝珍，以辭章聞名。及冠，往來湘、鄂間，與詩界名流切磋酬唱，詩詞日工。與易順鼎、曾傳鈞並稱「湖南三詩人」。著有《楚望閣詩集》、《石巢詩詞集》、《鹿川田父集》、《十髮庵類稿》等，後總輯為《十髮居士全集》七十卷。見《長沙市志》、《中國美術家名人詞典》等。

【四十四歲初度兩姊集家人觴予君子亭經兒度曲歌以侑明日為詩刻靈巖棋石間】

　　　（其一）江城狂客十三年，諸姊難逢竹醉前。朱戶曲廊燈錯落，小亭疎樹石嬋娟。買山無計聊供畫，汲古能禆似引泉。僚友相遮問初度，未妨予意解逃禪。

　　　（其二）石巢遙夜發嬰香，微福眞宜百琲量。花草幽居小雲石，龍鸞新詠玉山堂。承親兒有能文慧，薄宦吾爲養拙方。窗外靈巖簾裏月，一家端似住瀟湘。

　　　（其三）老大情懷仗酒醺，竭來憂樂笑平分。商量樂府愁中婦，取次花枝供細君。樹裏後堂飄笛管，月邊奇石礙釵裙。不知兒女人天曲，幾同風波宦海聞。（《石巢詩集》卷五，民國十二年武昌刻十髮居士全集本）

【題廣陵鐘傳奇】

　　　江館秋衣動芰荷，鐘聲催散廣陵歌。中年漸覺詞流少，世事無如痛飲何？夜雨龕燈扶恨立，夕陽尊酒諫情多。憑渠點拍招洪蔣，花想鬟天泣曼陀。（《石巢詩集》卷五，民國十二年武昌刻十髮居士全集本）

梁煥奎

　　梁煥奎（1868～1929），字星甫，一字璧垣（也作辟園），晚號青郊居士。祖籍廣西桂林，咸豐二年（1852）因避太平軍圍困，北遷湖南，遂落籍湘潭縣。三歲喪父，家境清貧。少時勤苦力學，光緒十三年（1887）爲秀才，十九年（1893）中舉人。時武岡鄧輔綸主講文正書院，被聘評閱課卷。二十二年（1896）春，任湖南礦務總局文案，受維新思想感染，力主「破迷信以開民智，辦學堂以倡科學」，又堅持「官不奪民利」之說。光緒二十九年（1903）經濟特科進士。著有《青郊詩存》六卷，今存。見《湖南省志‧人物志》、《清人別集總目》等。

【夜出觀劇】

　　　馳道無塵清漏長，良遊勝友不尋常。寒燈照地輕車遠，微雨飄衣短鬢涼。明治座，日本劇場名。中春瑟瑟二重橋，在東京御溝上。上夜蒼蒼（編者案：此句疑闕三字）。人間賀老琵琶舊，卻憶江南淚幾行。（《青郊詩存》卷一，民國元年梁煥均長沙刻本）

主要參考文獻

（按書名音序排列）

一、基本文獻類

〔A〕

1. 《艾陵詩文鈔》，清·雷士俊撰，清康熙莘樂草堂刻本。
2. 《拗堂詩集》，清·景星杓撰，清乾道蘭陔堂刻本。

〔B〕

1. 《八旗詩話》，清·法式善撰，稿本。
2. 《八千卷樓書目》，清·丁仁撰，民國本。
3. 《巴塘詩鈔》，清·李苞撰，清嘉慶二十二年刻本。
4. 《白華前稿》，清·吳省欽撰，清乾隆刻本。
5. 《白鹿山房詩集》，清·方中發撰，清刻本。
6. 《白茅堂集》，清·顧景星撰，清康熙刻本。
7. 《白松草堂詩鈔》，清·朱玉蛟撰，清乾隆刻本。
8. 《半處士詩集》，清·馬惟敏撰，清康熙四十八年郎廷槐刻本。
9. 《半舫齋編年詩》，清·夏之蓉撰，清乾隆夏味堂等刻本。
10. 《抱眞書屋詩鈔》，清·陸應穀撰，民國雲南叢書本。
11. 《抱珠軒詩存》，清·薛雪撰，清乾隆掃葉村莊刻本。
12. 《碑傳集》，清·錢儀吉纂，中華書局，1993 年。
13. 《碑傳集補》，閔爾昌撰，民國十二年刊本。
14. 《北黔山人詩》，清·吳苑撰，清康熙刻本。

15. 《本事詩》，清・徐釚撰，清光緒十四年徐氏刻本。

16. 《逋齋詩》，清・劉正宗撰，清順治刻本。

17. 《補勤詩存》，清・陳錦撰，清光緒三年橘陰軒刻光緒十年增修本。

〔C〕

1. 《滄湄詩鈔》，清・尤珍撰，清康熙刻本。

2. 《蒼雪和尚南來堂詩集》，清・釋讀徹撰，民國雲南叢書本。

3. 《查浦詩鈔》，清・查嗣瑮撰，清刻本。

4. 《茶香室叢鈔》，清・俞樾撰，清光緒二十五年刻春在堂全書本。

5. 《巢經巢詩文集》，清・鄭珍撰，民國遵義鄭徵君遺著本。

6. 《掣鯨堂詩集》，清・費錫璜撰，清康熙刻本。

7. 《宸垣識略》，清・吳長元輯，清乾隆池北草堂刻本。

8. 《檉華館詩集》，清・路德撰，清光緒七年解梁刻本。

9. 《檉華館雜錄》，清・路德撰，清光緒七年解梁刻本。

10. 《澄秋閣集》，清・閔華撰，清乾隆十七年刻本。

11. 《尺木樓詩集》，清・程世繩撰，清乾隆二十五年程志隆刻本。

12. 《恥躬堂詩文鈔》，清・彭士望撰，清咸豐二年刻本。

13. 《崇素堂詩稿》，清・張廷樞撰，清乾隆三十九年吉大泰等刻本。

14. 《崇雅堂刪餘詩》，清・胡敬撰，清道光二十六年刻本。

15. 《崇雅堂詩鈔》，清・胡敬撰，清道光二十六年刻本。

16. 《疇人傳》，清・阮元撰，清文選樓叢書本。

17. 《疇人傳三編》，清・諸可寶撰，清皇清經解續編本。

18. 《疇人傳四編》，清・黃鍾駿撰，清光緒留有餘齋叢書本。

19. 《樗莊詩文稿》，清・沈維材撰，清乾隆十四年刻本。

20. 《楚望閣詩集》，清・程頌萬撰，清光緒二十七年刻本。

21. 《傳恭堂詩集》，清・張廷瓚撰，清康熙刻本。

22. 《春和堂詩集》，清・允禮撰，清雍正刻本。

23. 《春暉閣詩選》，清・蔣湘南撰，民國十年陝西教育圖書社本。

24. 《春及堂集》，清・方世舉撰，清乾隆方觀承刻本。

25. 《春在堂詩編》，清・俞樾撰，清光緒二十五年刻春在堂全書本。

26. 《詞話叢編》，唐圭璋編，中華書局，1986 年。

27. 《詞苑叢談》，清・徐釚撰，清海山仙館叢書本。

28. 《詞苑萃編》，清・馮金伯輯，清嘉慶刻本。

29. 《存審軒詞》，清‧周濟撰，清光緒十八年周恭壽刻求志堂存稿彙編本。

30. 《寸心草堂集外詩》，清‧李欣榮撰，清光緒十六年海幢經坊刻本。

31. 《寸心草堂詩鈔》，清‧李欣榮撰，清光緒十六年海幢經坊刻本。

〔D〕

1. 《帶耕堂遺詩》，清‧蒯德模撰，民國十八年刻蒯氏家集本。

2. 《丹魁堂詩集》，清‧季芝昌撰，清同治四年紫琅寓館刻本。

3. 《擔峰詩》，清‧孫洤撰，清康熙刻本。

4. 《彈指詞》，清‧顧貞觀撰，清乾隆四十年積書巖刻本。

5. 《澹靜齋詩文鈔》，清‧龔景瀚撰，清道光二十年恩錫堂刻澹靜齋全集本。

6. 《(道光) 廣東通志》，清‧阮元修、清‧陳昌齊纂，清道光二年刻本。

7. 《(道光) 濟南府志》，清‧成瓘撰，清道光二十年刻本。

8. 《道咸同光四朝詩史》，清‧孫雄輯，清宣統二年刻本。

9. 《點蒼山人詩鈔》，清‧沙琛撰，民國雲南叢書本。

10. 《定齋詩鈔》，清‧李光國撰，清乾隆二十五年師儉堂刻本。

11. 《東海漁歌》，清‧顧春撰，清鈔本。

12. 《東苑詩文鈔》，清‧毛先舒撰，清康熙刻思古堂十四種書本。

13. 《獨漉堂詩文集》，清‧陳恭尹撰，清道光五年陳量平刻本。

14. 《欵隱園詩文輯存》，清‧張棡撰，張鈞孫、張鐵孫、戴若蘭合編，香港出版社，2005 年。

15. 《讀史亭詩文集》，清‧彭而述撰，清康熙四十七年彭始摶刻本。

16. 《敦夙好齋詩全集》，清‧葉名澧撰，清光緒十六年葉兆綱刻本。

17. 《鈍齋詩選》，清‧方孝標撰，清鈔本。

〔E〕

1. 《二十五史》，上海古籍出版社、上海書店，1986 年。

〔F〕

1. 《樊山集》，清‧樊增祥撰，清光緒十九年渭南縣署刻本。

2. 《樊山續集》，清‧樊增祥撰，清光緒二十八年西安臬署刻本。

3. 《焚餘詩草》，清‧于學謐撰，清乾隆榮慶堂刻本。

4. 《風希堂詩集》，清‧戴殿泗撰，清道光八年九靈山房刻本。

5. 《鳳池園詩文集》，清‧顧汧撰，清康熙刻本。

6. 《缶廬別存》，清‧吳昌碩撰，清光緒十九年刻本。

7. 《缶廬詩》，清・吳昌碩撰，清光緒十九年刻本。

8. 《浮春閣詩集》，清・沈景運撰，清乾隆五十四年刻本。

9. 《桴亭先生詩文集》，清・陸世儀撰，清光緒二十五年唐受祺刻陸桴亭先生遺書本。

10. 《福雅堂詩鈔》，清・林鶴年撰，民國五年刻本。

11. 《復菴刪詩舊集》，清・孫錫蕃撰，清康熙麓樵居刻本。

〔G〕

1. 《改亭詩文集》，清・計東撰，清乾隆十三年計璸刻本。

2. 《溉堂集》，清・孫枝蔚撰，清康熙刻本。

3. 《感舊集》，清・王士禎輯，清乾隆十七年刻本。

4. 《高雲堂詩集》，清・釋曉青撰，清康熙釋道立刻本。

5. 《杲堂詩文鈔》，清・李鄴嗣撰，清康熙刻本。

6. 《耕餘居士詩集》，清・鄭世元撰，清康熙江相書帶草堂刻本。

7. 《宮巖詩集》，清・李予望撰，清乾隆三十五年李鼍等刻本。

8. 《古處齋詩集》，清・陳祖法撰，清康熙刻本。

9. 《古夫于亭雜錄》，清・王士禎撰，清文淵閣四庫全書本。

10. 《古衡山房詩集》，清・陳樽撰，清刻本。

11. 《古今醫史》，清・王宏翰撰，清鈔本。

12. 《古雪山民詩後》，清・吳銘道撰，清乾隆刻本。

13. 《觀劇絕句》，清・金德瑛撰，清乾隆刻本。

14. 《觀劇絕句》，清・葉德輝輯，《叢書集成續編》本。

15. 《（光緒）處州府志》，清・潘紹詒修，清光緒三年刊本。

16. 《（光緒）廣州府志》，清・史澄撰，清光緒五年刊本。

17. 《（光緒）湖南通志》，清・曾國荃撰，清光緒十一年刻本。

18. 《（光緒）嘉興府志》，清・許瑤光修，清光緒五年刊本。

19. 《（光緒）順天府志》，清・張之洞撰，清光緒十二年刻十五年重印本。

20. 《（光緒）無錫金匱縣志》，清・裴大中修，清光緒七年刊本。

21. 《（光緒）武進陽湖縣志》，清・王其淦修，清康熙三十四年刻本。

22. 《（光緒）湘潭縣志》，清・王闓運撰，清光緒十五年刻本。

23. 《（光緒）宣平縣志》，清・皮錫瑞修，清光緒四年鉛印本。

24. 《（光緒）重修安徽通志》，清・何紹基撰，清光緒四年刻本。

25. 《（光緒）重修天津府志》，清・徐宗亮修纂，清光緒二十五年刻本。

26. 《廣清碑傳集》，錢仲聯主編，蘇州大學出版社，1999 年。
27. 《歸樸齋詩鈔》，清‧曾紀澤撰，清光緒十九年江南製造總局本。
28. 《歸愚詩鈔餘集》，清‧沈德潛撰，清乾隆刻本。
29. 《桂山堂詩文選》，清‧王嗣槐撰，清康熙青筠閣刻本。
30. 《國朝詞綜》，清‧王昶輯，清嘉慶七年王氏三泖漁莊刻增修本。
31. 《國朝詞綜補》，清‧丁紹儀輯，清光緒刻前五十八卷本。
32. 《國朝詞綜續編》，清‧黃燮清輯，清同治十二年刻本。
33. 《國朝閨閣詩鈔》，清‧蔡殿齊編，清道光娜嬛別館刻本。
34. 《國朝漢學師承記　國朝經師經義目錄　國朝宋學淵源記》，清‧江藩撰，中華書局，1983 年。
35. 《國朝畫識》，清‧馮金伯撰，清道光刻本。
36. 《國朝畫徵補錄》，清‧劉瑗撰，清道光刻本。
37. 《國朝畫徵錄》，清‧張庚撰，清乾隆刻本。
38. 《國朝畿輔詩傳》，清‧陶樑輯，清道光十九年紅豆樹館刻本。
39. 《國朝名家詩鈔小傳》，清‧鄭方坤撰，清李登云校刻本。
40. 《國朝詩別裁集》，清‧沈德潛編，中華書局，1975 年。
41. 《國朝詩人徵略》，清‧張維屏撰，清道光十年刻本。
42. 《國朝詩人徵略二編》，清‧張維屏輯，清道光二十二年刻本。
43. 《國朝書人輯略》，清‧震鈞輯，清光緒三十四年刻本。
44. 《國朝先正事略》，清‧李元度撰，台灣明文書局，1985 年。
45. 《國朝先正事略補編》，清‧李元度輯，清光緒十一年敦懷書屋刻本。
46. 《國朝御史題名》，清‧黃叔璥撰，清光緒刻本。

〔H〕
1. 《海峰詩集》，清‧劉大櫆撰，清刻本。
2. 《海秋詩集》，清‧湯鵬撰，清道光十八年刻本。
3. 《鶴關詩集》，清‧吳邦治撰，清康熙刻本。
4. 《衡華館詩錄》，清‧王韜撰，清光緒六年弢園叢書本。
5. 《紅雪軒稿》，清‧高景芳撰，清康熙五十八年刻本。
6. 《壺園詩鈔選》，清‧徐寶善撰，清道光刻本。
7. 《湖北詩徵傳略》，清‧丁宿昌輯，清光緒七年孝感丁氏涇北草堂刻本。
8. 《湖海詩傳》，清‧王昶輯，清嘉慶刻本。
9. 《湖海文傳》，清‧王昶輯，清道光十七年經訓堂刻本。

10. 《笏庵詩》，清・吳清鵬撰，清咸豐五年刻吳氏一家稿本。

11. 《花間堂詩鈔》，清・允禧撰，清乾隆刻本。

12. 《華林莊詩集》，清・姚孔鋼撰，清乾隆刻本。

13. 《淮海英靈集》，清・阮元輯，中華書局，1985 年。

14. 《淮海英靈續集》，清・王豫、清・阮亨輯，清道光刻本。

15. 《槐廳載筆》，清・法式善編，清嘉慶刻本。

16. 《懷古堂詩選》，清・楊炤撰，清康熙懷古堂刻本。

17. 《黃鵠山人詩初鈔》，清・林壽圖撰，清光緒六年刻本。

18. 《稽古堂詩集》，清・許全治撰，清乾隆十一年許安瀾等刻本。

〔J〕

1. 《積翠軒詩集》，清・高述明撰，清乾隆三年高晉刻本。

2. 《績學堂詩文鈔》，清・梅文鼎撰，清乾隆梅穀成刻本。

3. 《戢思堂詩鈔》，清・李宏撰，清乾隆五十七年李奉瀚刻本。

4. 《集義軒詠史詩鈔》，清・羅惇衍撰，清光緒元年刻本。

5. 《己未詞科錄》，清・秦瀛撰，清嘉慶刻本。

6. 《霽軒詩鈔》，清・袁佑撰，清康熙五十六年陸師等刻本。

7. 《（嘉慶）大清一統志》，清・穆彰阿撰，四部叢刊續編景舊鈔本。

8. 《（嘉慶）湖北通志檢存稿》，清・章學誠撰，民國劉氏嘉業堂刻章氏遺書本。

9. 《（嘉慶）直隸太倉州志》，清・王昶撰，清嘉慶七年刻本。

10. 《嘉遇堂詩》，清・沈廣輿撰，清康熙刻本。

11. 《稼門詩文鈔》，清・汪志伊撰，清嘉慶十五年刻後印本。

12. 《簡松草堂詩文集》，清・張雲璈撰，清道光刻三景閣叢書本。

13. 《簡莊詩文鈔》，清・陳鱣撰，清光緒刻本。

14. 《江西詩徵》，清・曾燠輯，清嘉慶九年刻本。

15. 《劫餘詩選》，清・齊學裘撰，清同治八年天空海闊之居刻增修本。

16. 《介亭詩文集》，清・江濬源撰，清介亭全集本。

17. 《芥浦詩刪》，清・胡蘇雲撰，清乾隆刻本。

18. 《借閒生詞》，清・汪遠孫撰，清道光二十年錢塘汪氏振綺堂刻本。

19. 《借閒生詩》，清・汪遠孫撰，清道光二十年錢塘汪氏振綺堂刻本。

20. 《今白華堂詩錄》，清・童槐撰，清同治八年童華刻本。

21. 《今白華堂詩錄補》，清・童槐撰，清光緒三年童華刻本。

22. 《錦瑟詞》，清‧汪懋麟撰，清康熙刻本。

23. 《經鋤堂詩稿》，清‧葉奕苞撰，清康熙刻本。

24. 《景文堂詩集》，清‧戚學標撰，清乾隆五十六年刻本。

25. 《敬亭詩文》，清‧沈起元撰，清乾隆刻增修本。

26. 《敬一堂詩鈔》，清‧顧八代撰，清乾隆十五年刻本。

27. 《靜遠齋詩集》，清‧允禮撰，清刻本。

28. 《靜志居詩話》，清‧朱彝尊撰，人民文學出版社，1990 年。

29. 《酒邊詞》，清‧謝章鋌撰，清光緒刻賭棋山莊所著書本。

30. 《鞠通樂府》，清‧沈自晉撰，吳梅鈔本。

31. 《居易堂詩集》，清‧王曾翼撰，清乾隆王祖武刻本。

32. 《劇説》，清‧焦循撰，民國誦芬室讀曲叢刊本。

〔K〕

1. 《看山閣集》，清‧黃圖珌撰，清乾隆刻本。

2. 《(康熙) 會稽縣志》，清‧呂化龍修，民國二十五年紹興縣修志委員會校刊鉛印本。

3. 《(康熙) 江西通志》，清‧謝旻修，清文淵閣四庫全書本。

4. 《柯家山館遺詩》，清‧嚴元照撰，清湖州叢書本。

5. 《可園詩存》，清‧陳作霖撰，清宣統元年刻增修本。

6. 《空青館詞稿》，清‧邊浴禮撰，清刻本。

7. 《窺園詩鈔》，清‧朱崲撰，清康熙刻本。

8. 《壺園詩外集》，清‧徐寶善撰，清道光二十三年徐志導等刻本。

〔L〕

1. 《來鶴堂詩鈔》，清‧于宗瑛撰，清乾隆五十二年刻本。

2. 《樂志堂詩集》，清‧李明嶅撰，清康熙李宗渭刻本。

3. 《李文恭公遺集》，清‧李星沅撰，清同治五年李槩等刻本。

4. 《歷代畫史彙傳》，清‧彭蘊璨撰，清道光刻本。

5. 《練江詩鈔》，清‧程之鵷撰，清乾隆十八年王鳴刻本。

6. 《兩浙輶軒錄》，清‧阮元輯，清嘉慶刻本。

7. 《聊園詩略》，清‧孔貞瑄撰，清康熙刻本。

8. 《蓼齋集》，清‧李雯撰，清順治十四年石維崑刻本。

9. 《了菴詩文集》，清‧王岱撰，清乾隆刻本。

10. 《列朝詩集小傳》，清‧錢謙益撰，上海古籍出版社，1959 年。

11. 《林蕙堂全集》，清・吳綺撰，清文淵閣四庫全書本。

12. 《林睡廬詩選》，清・林良銓撰，清乾隆二十年詠春堂刻本。

13. 《林屋詩集》，清・鄧旭撰，清道光鄧廷楨刻本。

14. 《臨野堂詩文集》，清・鈕琇撰，清康熙刻本。

15. 《靈巖山人詩集》，清・畢沅撰，清嘉慶四年畢氏經訓堂刻本。

16. 《嶺南群雅》，清・劉彬華輯，清嘉慶十八年玉壺山房刻本。

17. 《嶺南詩集》，清・李文藻撰，清乾隆刻本。

18. 《嶺雲海日樓詩鈔》，清・丘逢甲撰，上海古籍出版社，1982 年。

19. 《留素堂詩刪》，清・蔣薰撰，清康熙刻本。

20. 《龍壁山房詩草》，清・王拯撰，清同治桂林楊博文堂刻本。

21. 《婁東詩派》，清・汪學金輯，清嘉慶九年詩志齋刻本。

22. 《陋軒詩》，清・吳嘉紀撰，清康熙元年賴古堂刻增修本。

23. 《邵亭遺詩》，清・莫友芝撰，清光緒刻本。

24. 《綠筠書屋詩鈔》，清・葉觀國撰，清乾隆五十七年刻本。

25. 《綠漪草堂集》，清・羅汝懷撰，清光緒九年羅式常刻本。

26. 《羅浮偫鶴山人詩草》，清・鄭官應撰，清宣統元年本。

〔M〕

1. 《耄餘詩話》，清・周春撰，清鈔本。

2. 《梅庵詩鈔》，清・鐵保撰，清道光二年石經堂刻梅庵全集本。

3. 《梅東草堂詩集》，清・顧永年撰，清康熙刻增修本。

4. 《梅會詩選》，清・李稻塍輯，清乾隆三十二年寸碧山堂刻本。

5. 《梅里詞》，清・朱一是撰，清初清遠堂刻本。

6. 《夢樓詩集》，清・王文治撰，清乾隆六十年食舊堂刻道光二十九年補修本。

7. 《夢堂詩稿》，清・英廉撰，清嘉慶刻本。

8. 《夢澤堂詩文集》，清・黃師憲撰，清刻本。

9. 《密娛齋詩稿》，清・鄧汝功撰，清乾隆刻本。

10. 《妙香齋詩集》，清・趙德懋撰，清光緒十一年趙嘉肇三原縣署刻本。

11. 《（民國）高邑縣志》，王天傑修，民國二十二年鉛印本。

12. 《（民國）杭州府志》，李榕撰，民國十一年本。

13. 《（民國）吳縣志》，曹允源修，民國二十二年鉛印本。

14. 《敏齋詩草》，清・李苞撰，清嘉慶二十二年刻本。

15. 《閩詩錄》，清·鄭傑輯，清宣統三年刻本。

16. 《閩中書畫錄》，清·黃錫蕃撰，民國三十二年合眾圖書館叢書本。

17. 《明詞綜》，清·王昶撰，清嘉慶七年王氏三泖漁莊刻本。

18. 《明善堂詩文集》，清·弘曉撰，清乾隆四十二年刻本。

19. 《明詩紀事》，清·陳田輯撰，上海古籍出版社，1993年。

20. 《明詩綜》，清·朱彝尊選編，中華書局，2007年。

〔N〕

1. 《耐菴詩文存》，清·賀長齡撰，清咸豐十年刻本。

2. 《南垞詩鈔》，清·張秉彝撰，清刻本。

3. 《南村詩稿》，清·潘高撰，清康熙鶴江草堂刻本。

4. 《南村詩稿乙集》，清·潘高撰，清康熙鶴江草堂刻本。

5. 《南阜山人詩集類稿》，清·高鳳翰撰，清乾隆二十八年刻本。

6. 《南耕詞》，清·曹亮武撰，清康熙刻本。

7. 《南華山房詩鈔》，清·張鵬翀撰，清乾隆刻本。

8. 《南坪詩鈔》，清·張學舉撰，清乾隆刻增修本。

9. 《南山堂自訂詩》，清·吳景旭撰，清康熙刻本。

10. 《南州草堂集》，清·徐釚撰，清康熙三十四年刻本。

11. 《南州詩略》，清·朱滋年輯，清乾隆刻本。

〔O〕

1. 《偶存軒稿》，清·釋等安撰，清康熙鄭性等刻本。

2. 《偶齋詩草》，清·寶廷撰，清光緒二十一年方家澍刻本。

〔P〕

1. 《培遠堂詩集》，清·張藻撰，清乾隆刻本。

2. 《篷窗附錄》，清·沈兆澐輯，清咸豐刻本。

3. 《樸學齋詩稿》，清·林佶撰，清乾隆九年家刻本。

〔Q〕

1. 《奇觚廎詩集》，清·葉昌熾撰，民國十五年刻本。

2. 《千山詩集》，清·釋函可撰，清康熙四十二年刻本。

3. 《（乾隆）長洲縣志》，清·李光祚修，清乾隆十八年刻本。

4. 《（乾隆）福建通志》，清·郝玉麟修，清文淵閣四庫全書本。

5. 《（乾隆）福州府志》，清·魯曾煜撰，清乾隆十九年刊本。

6. 《（乾隆）江南通志》，清‧趙宏恩修，清文淵閣四庫全書本。

7. 《（乾隆）吳江縣志》，清‧陳荳纕修，清乾隆修民國年間石印本。

8. 《（乾隆）續河南通志》，清‧阿思哈修，清乾隆三十二年刻本。

9. 《切問齋集》，清‧陸燿撰，清乾隆五十七年暉吉堂刻本。

10. 《欽定八旗通志》，李洵等校點，吉林文史出版社，2002 年。

11. 《青郊詩存》，清‧梁煥奎撰，民國元年梁煥均長沙刻本。

12. 《清稗類鈔》，清‧徐珂編撰，中華書局，1984 年。

13. 《清朝通典》，清‧乾隆官修，浙江古籍出版社，2000 年。

14. 《清朝通志》，清‧乾隆官修，浙江古籍出版社，2000 年。

15. 《清朝文獻通考》，清‧乾隆官修，浙江古籍出版社，2000 年。

16. 《清朝續文獻通考》，清‧劉錦藻撰，浙江古籍出版社，2000 年。

17. 《清秘述聞續》，清‧王家相撰，清光緒十四年刻本。

18. 《清詩別裁集》，清‧沈德潛輯評，清乾隆二十五年教忠堂刻本。

19. 《清詩話》，清‧王夫之等撰，上海古籍出版社，1978 年。

20. 《清詩話續編》，郭紹虞編選，富壽蓀校點，上海古籍出版社，1983 年。

21. 《晴峰詩集》，清‧閻沛年撰，清乾隆刻本。

22. 《秋蟪吟館詩鈔》，清‧金和撰，民國五年刻本。

23. 《秋影樓詩集》，清‧汪繹撰，清康熙五十二年刻本。

24. 《求是堂詩集》，清‧胡承珙撰，清道光十三年刻本。

25. 《裘文達公詩集》，清‧裘曰修撰，清嘉慶刻本。

26. 《全閩詩話》，清‧鄭方坤撰，清乾隆詩話軒刻本。

27. 《全清詞‧順康卷》，南京大學中國語言文學系《全清詞》編纂研究室編，中華書局，2002 年。

28. 《全清詞‧順康卷補編》，張宏生主編，南京大學出版社，2008 年。

29. 《全浙詩話》，清‧陶元藻輯，清嘉慶元年怡雲閣刻本。

30. 《確庵文稿》，清‧陳瑚撰，清康熙毛氏汲古閣刻本。

〔R〕

1. 《然脂餘韻》，清‧王蘊章撰，民國本。

2. 《壬癸藏札記》，清‧陳康祺撰，清光緒刻本。

3. 《訒葊詩存》，清‧汪啓淑撰，清乾隆刻本。

4. 《儒林傳稿》，清‧阮元撰，清嘉慶刻本。

5. 《瑞榴堂詩集》，清‧托渾布撰，清道光刻本。

〔S〕

1. 《三長物齋詩略》，清・黃本驥撰，清三長物齋叢書本。

2. 《刪後詩存》，清・陳梓撰，清嘉慶二十年胡氏敬義堂刻本。

3. 《沈德潛詩文集》，清・沈德潛撰，潘務正、李言校點，人民文學出版社，2011 年。

4. 《師伏堂詩草》，清・皮錫瑞撰，清光緒三十年師伏堂刻本。

5. 《石柏山房詩存》，清・趙文楷撰，清咸豐七年趙昀惠潮嘉道署刻本。

6. 《石巢詩集》，清・程頌萬撰，民國十二年武昌刻十髮居士全集本。

7. 《石帆軒詩集》，清・徐駿撰，清康熙刻本。

8. 《石溪詩鈔》，清・陶煊撰，清康熙刻本。

9. 《石漁詩鈔》，清・張璨撰，清康熙六十年刻本。

10. 《時園詩草　四餘詩草》，清・余家駒撰、清・余珍撰，余宏模編注，貴州民族出版社，1993 年。

11. 《式馨堂詩文集》，清・魯之裕撰，清康熙乾隆間刻本。

12. 《適可軒詩集》，清・胡文學撰，清康熙十二年李文胤刻本。

13. 《守柔齋詩鈔》，清・蘇廷魁撰，清同治三年都門刻後印本。

14. 《守柔齋行河草》，清・蘇廷魁撰，清光緒刻本。

15. 《書畫鑒影》，清・李佐賢輯，清同治十年利津李氏刻本。

16. 《書目答問》，清・張之洞撰，清光緒刻本。

17. 《舒嘯閣詩集》，清・李兆齡撰，清乾隆李渭刻本。

18. 《舒藝室詩存》，清・張文虎撰，清光緒刻本。

19. 《樞垣記略》，清・梁章鉅撰、清・朱智續撰，清道光十八年七峰別墅刻增修本。

20. 《樞垣題名》，清・吳孝銘輯，清道光十八年七峰別墅刻增修本。

21. 《碩園詩稿》，清・王昊撰，清五石齋鈔本。

22. 《司業詩集》，清・陳祖范撰，清乾隆二十九年刻本。

23. 《思益堂集》，清・周壽昌撰，清光緒十四年王先謙等刻本。

24. 《四百三十二峰草堂詩鈔》，清・趙希璜撰，清乾隆五十八年安陽縣署刻增修本。

25. 《四庫全書總目》，清・永瑢等撰，中華書局，1965 年。

26. 《四照堂詩集》，清・盧綋撰，清康熙汲古閣刻本。

27. 《似齋詩存》，清・王廷燦撰，清刻本。

28. 《松鶴山房詩文集》，清・陳夢雷撰，清康熙銅活字印本。

29. 《松龕先生詩文集》，清・徐繼畬撰，民國四年松龕先生全集本。

30. 《松夢寮詩稿》，清・丁丙撰，清光緒二十五年丁立中刻本。

31. 《松梧閣詩集》，清・李暾撰，清雍正乾隆間刻本。

32. 《松心詩錄》，清・張維屏撰，清咸豐四年趙惟濂羊城刻本。

33. 《蘇門山人詩鈔》，清・張符升撰，清乾隆寄雲書屋刻本。

34. 《遂初草廬詩集》，清・杜堮撰，清同治九年杜受廉刻本。

〔T〕

1. 《陶菴夢憶》，明・張岱撰，上海古籍出版社，2001 年。

2. 《藤塢詩集》，清・梁允植撰，清康熙刻本。

3. 《天涯詩鈔》，清・蔣棨撰，清康熙三十三年丘如升刻本。

4. 《天遊閣集》，清・顧春撰，清宣統二年風雨樓本。

5. 《天咫偶聞》，清・震鈞撰，清光緒甘棠精舍刻本。

6. 《鐵堂詩草》，清・許珌撰，清乾隆五十五年蘭山書院刻本。

7. 《聽雨樓隨筆》，清・王培荀撰，清道光二十五年刻本。

8. 《(同治) 湖州府志》，清・宗源瀚修，清同治十三年刊本。

9. 《(同治) 蘇州府志》，清・馮桂芬撰，清光緒九年刊本。

10. 《(同治) 徐州府志》，清・劉庠撰，清同治十三年刻本。

11. 《桐陰論畫三編》，清・秦祖永撰，清光緒八年刻朱墨套印本。

12. 《銅梁山人詩集》，清・王汝璧撰，清光緒二十年京師刻本。

13. 《退復軒詩》，清・錫縝撰，清末刻本。

〔W〕

1. 《萬青閣詩餘》，清・趙吉士撰，清康熙刻本。

2. 《汪子詩錄》，清・汪縉撰，清嘉慶三年方昂刻本。

3. 《王叔聞先生詩鈔》，清・王鏳撰，清乾隆七年清芬堂刻本。

4. 《微尚齋詩集初編》，清・馮志沂撰，清同治三年廬州郡齋刻本。

5. 《微尚齋詩集續集》，清・馮志沂撰，清同治九年刻本。

6. 《微雲集詩餘》，清・秦松齡撰，清嘉慶四年秦瀛刻本。

7. 《未谷詩集》，清・桂馥撰，清道光二十一年刻本。

8. 《味經山館詩鈔》，清・戴鈞衡撰，清道光王祜蕃刻本。

9. 《文獻徵存錄》，清・錢林撰，清咸豐八年有嘉樹軒刻本。

10. 《聞音室詩集》，清・王嘉曾撰，清嘉慶二十一年王元善等刻本。

11. 《問心堂詩》，清・江鼎金撰，清康熙六十年刻本。

12. 《我詩稿》，清·傅眉撰，清鈔本。
13. 《臥山詩鈔》，清·胡栩然撰，清乾隆十年釋真靖刻本。
14. 《無不宜齋未定稿》，清·翟灝撰，清乾隆刻本。
15. 《無悔齋集》，清·周京撰，清乾隆刻本。
16. 《吳詩集覽》，清·吳偉業撰、清·靳榮藩注，清乾隆四十年凌雲亭刻本。
17. 《吳興詩話》，清·戴璐撰，民國吳興叢書本。
18. 《五百石洞天揮麈》，清·邱煒萲撰，清光緒二十五年邱氏粵垣刻本。
19. 《五百四峰堂詩鈔》，清·黎簡撰，清嘉慶元年刻本。

〔X〕
 1. 《霞光集》，清·沈鍾撰，清刻本。
 2. 《（咸豐）重修興化縣志》，清·梁園隸修，清咸豐二年刊本。
 3. 《閑青堂詩集》，清·朱倫瀚撰，清乾隆刻本。
 4. 《香葉草堂詩存》，清·羅聘撰，清嘉慶刻道光十四年印本。
 5. 《湘麋閣遺詩》，清·陶方琦撰，清光緒十六年鄂局刻本。
 6. 《湘瑟詞》，清·錢芳標撰，清康熙刻本。
 7. 《向湖村舍詩初集》，清·趙藩撰，清光緒十四年長沙刻本。
 8. 《小匏庵詩存》，清·吳仰賢撰，清光緒刻本。
 9. 《小匏庵詩話》，清·吳仰賢輯，清光緒刻本。
10. 《小腆紀傳》，清·徐鼐撰，清光緒金陵刻本。
11. 《小峴山人集》，清·秦瀛撰，清嘉慶刻增修本。
12. 《曉亭詩鈔》，清·塞爾赫撰，清乾隆十四年鄂洛順刻本。
13. 《孝思堂詩文集》，清·侯七乘撰，清康熙九年刻本。
14. 《肖巖詩鈔》，清·趙良霖撰，清嘉慶五年涇城雙桂齋刻本。
15. 《嘯雪菴詩集》，清·吳綃撰，清初刻民國鈔配本。
16. 《澥陸詩鈔》，清·顧于觀撰，清乾隆四年汪頎刻本。
17. 《心知堂詩稿》，清·汪仲洋撰，清道光七年刻本。
18. 《新蘅詞》，清·張景祁撰，清光緒九年百億梅花仙館刻本。
19. 《胥石詩文存》，清·吳蘭庭撰，民國吳興叢書本。
20. 《虛白齋詩集》，清·欽璉撰，清乾隆刻本。
21. 《栩栩園詩》，清·屠粹忠撰，清康熙刻本。
22. 《許子詩文存》，清·許濬撰，清康熙刻本。
23. 《續文獻通考》，清·乾隆官修，浙江古籍出版社，2000年。

24. 《學易菴詩集》，清・趙賓撰，清康熙二十四年劉植等刻本。

25. 《雪川詩稿》，清・陳葰撰，清康熙鶯湖蘇嘯堂刻本。

26. 《雪門詩草》，清・許瑤光撰，清同治十三年刻本。

27. 《雪翁詩集》，清・魏畊撰，民國四明叢書本。

28. 《雪園詩賦》，清・單隆周撰，清康熙刻本。

29. 《雪杖山人詩集》，清・鄭炎撰，清嘉慶五年鄭師尚刻本。

30. 《雪作鬚眉詩鈔》，清・劉謙吉撰，清康熙刻本。

31. 《尋古齋詩文集》，清・李繼聖撰，清乾隆刻本。

32. 《馴鶴軒詩選》，清・趙端撰，清康熙刻本。

33. 《遜學齋詩鈔》，清・孫衣言撰，清同治刻增修本。

〔Y〕

1. 《煙波漁唱》，清・張應昌撰，清同治二年西昌旅舍刻增修本。

2. 《煙嶼樓詩集》，清・徐時棟撰，清同治七年葉鴻年刻本。

3. 《研華館詞》，清・羅汝懷撰，清光緒刻本。

4. 《揚州畫舫錄》，清・李斗撰，汪北平、涂雨公點校，中華書局，1960年。

5. 《揚州畫苑錄》，清・王鋆輯，清光緒十一年刻本。

6. 《楊叔嶠先生詩文集》，清・楊銳撰，民國劉楊合刊本。

7. 《養浩齋詩稿》，清・桂超萬撰，清同治五年刻惇裕堂全集本。

8. 《養素堂詩集》，清・張澍撰，清道光二十二年刻本。

9. 《野客齋詩集》，清・毛曙撰，清乾隆二十二年敦厚堂刻本。

10. 《一瓢齋詩存》，清・薛雪撰，清乾隆掃葉村莊刻本。

11. 《一齋舊詩》，清・魏學誠撰，清康熙刻本。

12. 《依園詩集》，清・顧嗣協撰，清康熙刻本。

13. 《夷牢溪廬詩鈔》，清・黎汝謙撰，清光緒二十五年羊城刻本。

14. 《怡志堂詩初編》，清・朱琦撰，清咸豐七年刻本。

15. 《頤志齋感舊詩》，清・丁晏撰，民國四年羅氏雪堂叢刻本。

16. 《彝壽軒詩鈔》，清・張應昌撰，清同治二年西昌旅舍刻增修本。

17. 《倚晴樓詩餘》，清・黃燮清撰，清同治六年刻本。

18. 《倚聲初集》，清・鄒祇謨、清・王士禛輯，清順治十七年刻本。

19. 《易簡齋詩鈔》，清・和瑛撰，清道光刻本。

20. 《逸德軒詩文集》，清・田蘭芳撰，清康熙二十六年劉榛等刻本。

21. 《意苕山館詩稿》，清·陸嵩撰，清光緒十八年陸潤庠刻本。

22. 《憶雪樓詩集》，清·王煐撰，清康熙三十五年王氏貞久堂刻本。

23. 《殷齋詩文集》，清·張穆撰，清咸豐八年祁寯藻刻本。

24. 《（雍正）河南通志》，清·王士俊修，清文淵閣四庫全書本。

25. 《（雍正）畿輔通志》，清·李衛修，清文淵閣四庫全書本。

26. 《（雍正）四川通志》，清·黃廷桂撰，清文淵閣四庫全書本。

27. 《（雍正）浙江通志》，清·嵇曾筠撰，清文淵閣四庫全書本。

28. 《咏花軒詩集》，清·張廷璐撰，清乾隆刻本。

29. 《幼學堂詩文稿》，清·沈欽韓撰，清嘉慶十八年刻道光八年增修本。

30. 《榆溪詩鈔》，清·徐世溥撰，清康熙三十年宋犖刻本。

31. 《與稽齋叢稿》，清·吳翌鳳撰，清嘉慶刻本。

32. 《玉芳詩草》，清·覃光瑤撰，清乾隆三十五年覃光暐曹南衛署刻本。

33. 《玉鑒堂詩集》，清·汪曰楨撰，民國吳興叢書本。

34. 《玉山詩鈔》，清·項樟撰，清乾隆二十六年項成龍等刻本。

35. 《芋香詩鈔》，清·釋宗渭撰，清康熙四十三年刻本。

36. 《爰始樓詩刪》，清·陸弘定撰，清順治刻本。

37. 《遠香亭詩鈔》，清·楊有涵撰，清乾隆五十九年楊懋珩等刻本。

38. 《雲臥山莊詩集》，清·郭崑燾撰，清光緒十一年郭氏岵瞻堂刻本。

39. 《雲左山房詩鈔》，清·林則徐撰，清光緒十二年刻本。

40. 《雲左山房詩餘》，清·林則徐撰，清光緒十二年刻本。

〔Z〕

1. 《在園雜志》，清·劉廷璣撰，張守謙點校，中華書局，2005 年。

2. 《澤雅堂詩二集》，清·施補華撰，清光緒十六年兩研齋刻本。

3. 《澤雅堂詩集》，清·施補華撰，清同治刻本。

4. 《曾庭聞詩》，清·曾畹撰，清康熙刻本。

5. 《曾文正公詩文集》，清·曾國藩撰，四部叢刊景清同治本。

6. 《張季子詩錄》，清·張謇撰，民國三年本。

7. 《張秦亭詩集》，清·張丹撰，清康熙石甀山房刻本。

8. 《張文襄公古文書札駢文詩集》，清·張之洞撰，民國十七年刻張文襄公全集本。

9. 《枕江堂集》，清·魏憲撰，清康熙十二年有恒書屋刻本。

10. 《鄭堂讀書記》，清·周中孚撰，民國吳興叢書本。

11. 《鄭堂讀書記》，清・周中孚撰，民國吳興叢書本。

12. 《中山集詩鈔》，清・郝浴撰，清康熙刻本。

13. 《衰聖齋詩文集》，清・劉光第撰，民國本。

14. 《重修兩浙鹽法志》，清・延豐撰，清同治刻本。

15. 《竹梧書屋詩稿》，清・龔培序撰，清康熙五十一年竹梧書屋刻本。

16. 《竹巖詩草》，清・邊中寶撰，清乾隆四十年刻本。

17. 《壯懷堂詩初稿》，清・林直撰，清咸豐六年福州刻本。

18. 《壯懷堂詩》，清・林直撰，清光緒三十一年羊城刻本。

19. 《斫桂山房詩存》，清・薛雪撰，清乾隆掃葉村莊刻本。

20. 《紫瓊巖詩鈔》，清・允禧撰，清乾隆二十三年永城刻本。

21. 《紫幢軒詩集》，清・文昭撰，清雍正刻本。

22. 《檇李詩繫》，清・沈季友撰，清文淵閣四庫全書本。

二、研究、著述類

〔H〕

1. 《湖南省志第三十卷・人物志》，湖南省地方志編纂委員會編，湖南出版社，1992年。

〔L〕

1. 《歷代詠劇詩歌選註》，趙山林選注，書目文獻出版社，1988年。

2. 《林紓詩文選》，李家驥、李茂肅、薛祥生整理，商務印書館，1993年。

〔M〕

1. 《明清江蘇文人年表》，張慧劍撰，人民文學出版社，2008年。

〔Q〕

1. 《清代名人傳略》，〔美〕A・W・恆慕義主編，中國人民大學清史研究所《清代名人傳略》翻譯組譯，青海人民出版社，1990年。

2. 《清代人物生卒年表》，江慶柏編撰，人民文學出版社，2005年。

3. 《清代散見戲曲史料彙編（詩詞卷・初編）》，趙興勤、趙韡編，台灣花木蘭文化出版社，2014年。

4. 《清代學術概論》，梁啓超撰，中國人民大學出版社，2004年。

5. 《清代職官年表》，錢實甫編，中華書局，1980年。

6. 《清人別集總目》，李靈年、楊忠主編，安徽教育出版社，2000年。

7. 《清人室名別稱字號索引：增補本》，楊廷福、楊同甫編，上海古籍出版社，2001 年。

8. 《清詩話考》，蔣寅撰，中華書局，2005 年。

9. 《清詩記事》，錢仲聯主編，江蘇古籍出版社，1987、1989 年。

10. 《清詩紀事初編》，鄧之誠撰，上海古籍出版社，1984 年。

〔Z〕

1. 《中國文學家大辭典·清代卷》，錢仲聯主編，中華書局，1996 年。

2. 《中國早期戲曲生成史論》，趙興勤撰，北京大學出版社，2015 年。

後　記

　　幾歷寒暑，《清代散見戲曲史料彙編（詩詞卷・二編）》終於編竣。我望著書桌上厚厚的一疊打印稿，嗅著它默默散發出的淡淡墨香，感觸油然而生，大有不吐不快之感。

　　本人涉獵中國古代戲曲研究，已歷經四十餘個春秋。這期間，也陸續發表了不少相關論文。記得上個世紀七十年代，我曾經長期泡在南京的各大圖書館，閱讀了四五百種古代劇作，且逐一作了讀書筆記。日後一系列論著的產生，均與這段時間的讀書積累有關。然而，披覽典籍之餘，掩卷深思，心常慊慊，情有不甘，對自己的研究對象，似乎既熟悉又陌生。熟悉的是戲曲史的一般發展流程以及不同時代的著名作家、代表作品，不熟悉的是古代戲曲研究中的不少節點問題。譬如，那些被後人判定爲「案頭文學」的劇作，是否眞的如論者所言，只適宜於案頭把玩？爲何這些作品在當時卻能頻繁演出，且還曾產生過轟動效應？如果歸功於文人運作，那麼，當今的運作手段更爲豐富、高妙，爲何遠遠達不到預期效果？深層原因何在？部分如今已佚失的劇作，爲什麼當時卻能活躍於場上，並受到不少人的追捧？社會的變遷、接受群體興奮點的轉移與劇作的散佚有著怎樣的內在聯繫？花部各劇種在生成、發展的過程中，是如何充分利用地方小調充滿內在張力的優勢，來逐漸豐富、完善自身聲腔藝術的？它的發展、演變軌跡究竟如何？《牡丹亭》是明代劇作家湯顯祖的代表作，「伶人史輕雲演《牡丹亭》劇，三夕始畢」（清・彭桂【偷聲木蘭花】）。然而，在入清以後相當長的一段時間內，《邯鄲夢》的演出卻絲毫不亞於《牡丹亭》，這反映出接受群體怎樣的文化認同心理？……諸如此類現象，尚有大量的研究空間。而這類問題，也正是我在整理、校訂

清代散見戲曲史料的過程中，逐漸發現並提出的。

以上難題解決起來，儘管可能要大費周章，但不可忘記，「古人之事，應無不可考者。縱無正文，亦隱在書縫中，要須細心人一搜出耳」（清・閻若璩《潛邱箚記》卷二）。本書所收文獻，或能為我們尋找、詮釋此類問題的答案拓展一點思路。在古代文學的學習與研究過程中，能否發現問題，在於研究者之識見；而識見之養成，則離不開博覽與慎思。一些疑團的謎底，或許就在既有典籍之中。若僅憑頭腦發熱、血脈賁張，強不知以為知，藉井底以窺天，憑一孔之所見，信口雌黃；逞一時之狡獪，妄下論斷，當然是不可取的。做學問靠的是下苦功夫，倘若缺乏文獻功底，僅靠嘴皮子上「耍花活」或拽兩句半生不熟的「洋詞」，是難以做出真學問的。「讀書不尋源頭，雖得之，殊可危」（清・張穆《閻潛丘先生年譜》），正此謂也。

鄙意以為，為學且須執著。「一義未析，反覆窮思。饑不食，渴不飲，寒不衣，熱不解，必得其解而後止」（清・杭世駿《閻若璩傳》，《道古堂全集》文集卷二十九「傳」），有如此治學精神，方令後學景仰。清代詩人盧軒《贈閻百詩徵君》詩略云：「人生一世如寄館，光陰敲石何容蹔。俗士唐捐最可悲，狗苟蠅營畢昏旦。羨君歲月免虛糜，寒暑晦明惟伏案。」（清・潘衍桐《兩浙輶軒續錄》卷四）詩中描寫的兩種生活態度，「雅」、「俗」之分野立見。在當今非常寬鬆的學術環境下，作為一名學者，理應忠於職守，兢兢業業，積極做好優秀傳統文化的傳播與賡續。

截止今年，本人在高校教書已整整四十個春秋。久膺教職的我，也將步入另外一段生活歷程。雖然教書生涯在這個夏天暫時畫上了一個休止符，但是學術日程表上的研究計劃，仍是排得滿滿當當。近四十萬字的《莊一拂〈古典戲曲存目彙考〉補正》一書，2013 年經專家評審，已被列入國家社科基金後期資助項目，有待修訂完善後出版。《清代散見戲曲史料彙編》、《民國時期戲曲研究學譜》、《兩漢伎藝發展史論》、《清代戲曲傳承史論》這幾部書的撰著計劃，亦皆已有序開展。而《清代散見戲曲史料彙編》，是其中最為宏大的學術工程，計劃出版「詩詞卷」、「方志卷」、「筆記卷」、「小說卷」、「詩話卷」、「尺牘卷」、「日記卷」、「文告卷」、「圖像卷」等多種。目前已出版了七十萬字的「詩詞卷・初編」（全三冊）和五十餘萬字的本書，「方志卷・初編」、「筆記卷・初編」也已列入出版計劃，將於一、兩年內推出。至於整個規劃的完成，三、五年時間恐怕難以畢其功。長路漫漫，何其修遠！

　　我自知不敏，所以只能以勤補拙。如果說取得過一點成績，那無疑得益於苦讀和勤奮。幾十年來，自己抱著「咬定青山不放鬆」的堅定精神，孜孜矻矻，焚膏繼晷，並把爲人的謙遜和爲學的堅韌傳遞給學生，激勵他們堅持不懈地追求進步。今年七月一日，是我六十五周歲生日，當天收到包裝精美的鮮花一束，附帶的賀卡上寫著：「興之所至，唯有學問；勤以自勉，福澤桃李。」這是一幅嵌名聯。賀詞還曰：「桃李不言，下自成蹊；默默耕耘，功不可沒。」事後始知，這是一眾早年畢業的研究生集體商議後委託花店所送。這些學生，前後跨越一二十屆，如今分佈在大江南北，工作不同，志趣不一，有的甚至尚未曾謀過面，卻俱以「趙門」弟子爲標榜，並建立了他們認爲最便捷的互動方式，不時共享我的學術研究動態和最新信息。至於賀詞，乃是在政府機關工作的早年研究生胡利民所撰。所謂「趙門」，決非自設壁壘、別立畛域，這不過是他們聯絡感情、分享回憶的一種方式。眾弟子知我爲人處世低調，淡泊自守，與世無爭，所以，他們的此類「溝通」和時不時製造的「驚喜」，並不事先告知於我。作爲一名普通教師，時隔多年，還能每每被那些天各一方、事業有成的學生們記掛，我已感到相當欣慰和滿足。至於賀詞中「福澤」一說，愧不敢當；「功勞」二字，豈能專美？數十年來，我恪守學術信仰，堅持教書育人，不爲微名所誘，不爲利益所驅，身無罣礙，胸無牢騷，心地坦然，從容爲文。寒暑晦明，含飴弄孫外，惟伏案讀書、寫作而已。此亦人生之大幸，不亦快哉！

趙興勤

二〇一四年七月十八日

古彭城鳳凰山東麓倚雲閣